LEVENS REDDEN

Dit boek draag ik op aan mijn bewonderenswaardige kinderen Gemma en Mark, en aan mijn kleindochters Alice en Chloe.

Stephen Westaby

LEVENS REDDEN

VERHALEN VAN EEN HARTCHIRURG

Nieuw Amsterdam

Vertaling Ludo Hellemans

Oorspronkelijke titel *Saving Lives. A Heart Surgeon's Stories of Life and Death on the Operating Table*
Oorspronkelijke uitgever HarperCollins *Publishers*

Tekstredactie Yulia Knol
Ontwerp omslag Philip Stroomberg
Ontwerp binnenwerk Yulia Knol
NUR 740
ISBN 978 90 468 2266 1
www.nieuwamsterdam.nl

MIX
Papier van verantwoorde herkomst
FSC® C004472
FSC www.fsc.org

Inhoud

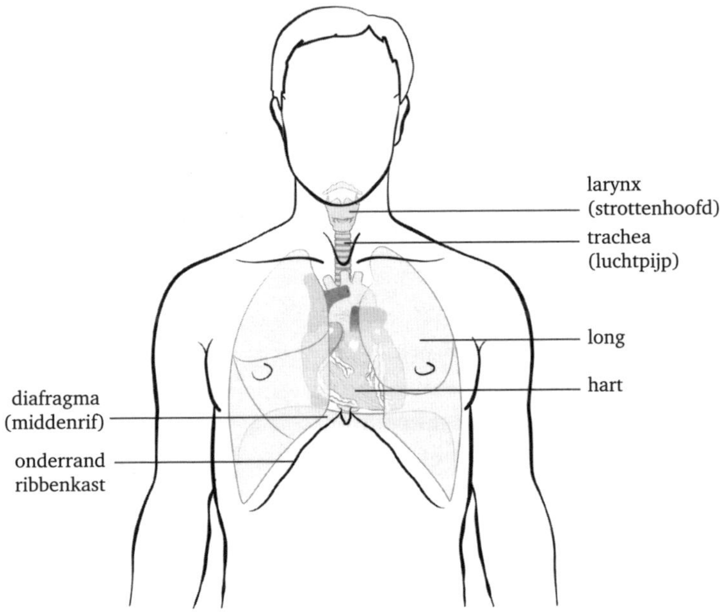

Positie van hart en longen in de borstkas

VOORWOORD

'De hersenen zijn mijn tweede favoriete orgaan,' zei Woody Allen eens. Voor mij was dat het hart. Ik hield ervan om het te bekijken, om het stil te zetten, het te repareren en het dan weer op gang te brengen, zoals een monteur die onder de motorkap van een auto aan de motor sleutelt. Toen ik op een gegeven moment doorhad hoe het werkte, ging de rest vanzelf. In mijn jonge jaren had ik dan ook geschilderd. Ik had simpelweg kwast en doek ingeruild voor scalpel en menselijk vlees. Meer hobby dan baan, en meer plezier dan plicht, het was gewoon iets waar ik goed in was.

Mijn carrière heeft een merkwaardig kronkelige weg gevolgd, van schuchtere schooljongen naar heftig extraverte geneeskundestudent, van meedogenloos ambitieuze jonge arts tot introverte chirurgische pionier. Tijdens deze reis is me dikwijls gevraagd wat ik zo boeiend vond aan hartchirurgie. Ik hoop dat dit boek dat duidelijk zal maken.

Maar alvorens van wal te steken wil ik graag een aantal feiten over dit zinderend orgaan met u delen. Elk hart is anders. Sommige harten zijn vet, andere mager. Sommige zijn dik, andere dun. Sommige zijn snel, andere traag. Geen twee zijn gelijk. De meeste van de 12.000 waaraan ik heb gesleuteld waren vreselijk ziek en veroorzaakten ellende: onverdraaglijke pijn in de borst, onophoudelijke vermoeidheid en beangstigende kortademigheid.

Het fascinerende van het menselijke hart is zijn werking – het ritme en de efficiëntie ervan. De feitelijke gegevens zijn verbazingwekkend.

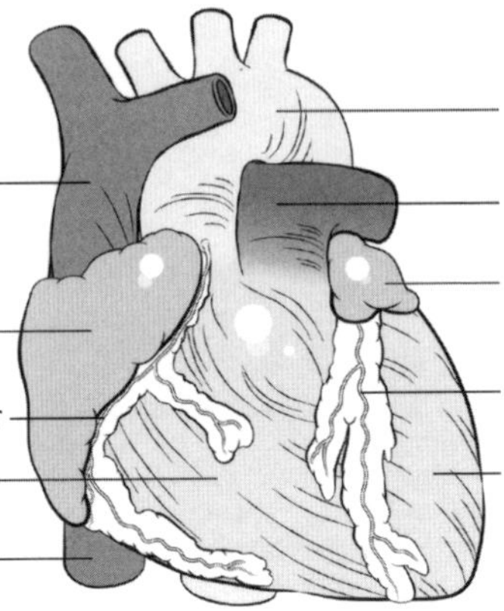

Het hart in vooraanzicht

Het hart slaat meer dan 60 keer per minuut om 5 liter bloed rond te pompen. Dit komt op 3600 hartslagen per uur, 86.400 per etmaal. Het slaat meer dan 31 miljoen keer in een jaar en 2,5 miljard keer in 80 jaar. De linker- en rechterhelft van het hart pompen dagelijks meer dan 6000 liter bloed naar lichaam en longen; een ongelooflijk zware werklast, die enorm veel energie kost. Dus als het hart faalt zijn de gevolgen ernstig. En, gezien deze verbazingwekkende prestatie, kun je je voorstellen dat dit menselijk hart wordt vervangen door een mechanisch apparaat? Of zelfs door het hart van een dode?

Tijdens de biologieles op school leerde ik dat het hart in het midden van de borstkas zit en uit vier delen bestaat: twee verzamelruimtes, het linkeratrium en het rechteratrium, en twee pompkamers, het linkerventrikel en het rechterventrikel. Op de schema's in de studieboeken worden ze zij aan zij afgebeeld, zoals een huis met beneden een zitkamer en een keuken en boven twee slaapkamers. De sponsachtige, uitzetbare longen omgeven het hart en lijken op het dak van een Zwitsers chalet. Ononderbroken vernieuwen ze het zuurstofgehalte van het bloed en stoten ze kooldioxide uit in de atmosfeer. (De meesten van ons weten dat er via de adem ook andere chemische stoffen uitgescheiden worden, met name alcohol wanneer de bloedspiegel daarvan zo hoog is dat de lever het niet kan verwerken.)

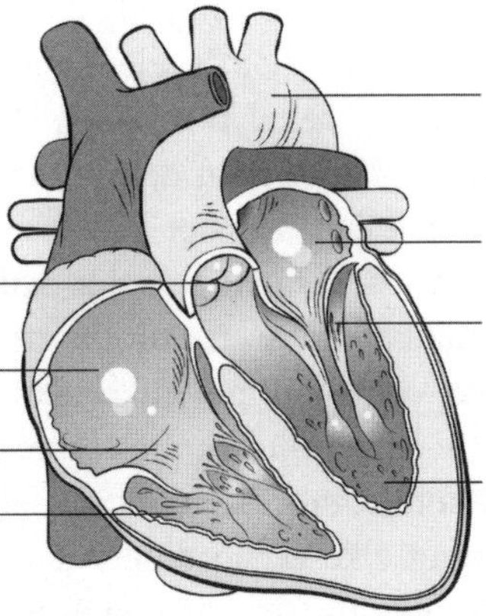

Hartkamers, kleppen en belangrijkste bloedvaten in vooraanzicht

Zuurstofrijk bloed verlaat de longen en komt in het linkeratrium terecht via vier verschillende aders, twee van elke kant. Tijdens de diastole, dat is de fase waarbij het hart zich vult, stroomt het bloed door de mitralisklep – die zo heet vanwege de gelijkenis met een bisschopsmijter (Grieks: *mitra*) – naar binnen in het krachtige linkerventrikel. Wanneer het ventrikel zich samentrekt, deze fase heet systole, gaat de mitralisklep dicht. De inhoud van het linkerventrikel wordt naar buiten geperst door de aortaklep in de aorta, en verder door de slagaders naar het lichaam.

Fascinerend is dat het rechterventrikel op een heel andere manier werkt. Het heeft de vorm van een croissantje en ligt zijdelings van het linkerventrikel, tegen wat bekendstaat als het kamertussenschot of ventrikelseptum. Dankzij deze croissantvorm kan het rechterventrikel als een blaasbalg pompen. Dus beide ventrikels zijn van elkaar afhankelijk. Dit hartritme vond ik zoiets fascinerends, alsof je naar de vingers van een pianist keek of naar de voeten van een danser.

Maar is het allemaal wel zo simpel? Mijn moeder kocht vroeger schapenharten bij de slager; goedkoop, best lekker en prachtig om te ontleden. Doordat ik die harten heb opengesneden, heb ik ontdekt dat echte harten ingewikkelder en lastiger te begrijpen zijn dan diagrammen in studieboeken, want de vorm en de spieropbouw van de twee ventrikels zijn volkomen verschillend. Ze zitten ook niet links en rechts maar veeleer voor en achter. Het forsere linkerventrikel is kegelvormig en heeft kringvormige spierbanden die samentrekken en daarbij de kamer roteren. Nu kunnen we ons voorstellen hoe het linkerventrikel in werkelijkheid functioneert. Als de krachtige spier samentrekt en daarbij dikker wordt, versmalt de holte en wordt korter. Tijdens de relaxatiefase – de diastole – ontspant het linkerventrikel zich en de aortaklep gaat dicht. De ontspannen holte verbreedt en wordt langer, en zuigt bloed uit het atrium via de mitralisklep het ventrikel in. Op deze wijze bestaat elke gecoördineerde cyclus van contractie en relaxatie uit vernauwing, draaiing en verkorting, gevolgd door verbreding, terugdraaiing en verlenging. Een echte Argentijnse tango… maar met twee belangrijke verschillen: het hele proces duurt minder dan een seconde en de dans gaat oneindig door.

Elke cel in het lichaam leeft door bloed en zuurstof; is dat er niet, dan gaan celweefsels meer of minder snel dood, de hersenen het eerst, en de botten het laatst. Dat hangt helemaal af van hoeveel zuurstof elke cel nodig heeft. Wanneer het hart stopt, zijn de hersenen en het zenuwstelsel in minder dan vijf minuten beschadigd. Daarna volgt de hersendood.

Nu bent u een cardioloog. U hebt kennis van het hart en de bloedsomloop. Maar u heeft nog steeds een chirurg nodig om de patiënt te helpen.

1
DE *ETHER DOME*

Dank voor de aflossing; het is bitter koud en mijn hart is bedroefd.

– William Shakespeare, *Hamlet*, Akte I, Scène 1

De marge tussen leven en dood, triomf en nederlaag, hoop en wanhoop is uiterst klein – iets meer spiercellen die afsterven, iets meer melkzuur in het bloed, iets meer zwelling in de hersenen. Magere Hein leunt over de schouder van iedere chirurg, en de dood is altijd definitief. Er is geen tweede kans.

November 1966. Ik ben achttien, en sinds een week ben ik eerstejaarsstudent geneeskunde aan Charing Cross Hospital Medical School in het centrum van Londen, pal tegenover het ziekenhuis. Ik wilde een zinderend, kloppend hart zien, niet zo'n slijmerig stuk levenloos vlees op de snijtafel. Een conciërge van de Medical School vertelde me dat er op woensdagen in het ziekenhuis aan de overkant van de straat hartoperaties werden gedaan, en dat ik de *ether dome* moest zien te vinden. Je moet de groene deur hebben, op de bovenste verdieping vlak onder het dak, waar nooit iemand komt. Maar laat je niet pakken, waarschuwde hij me. Preklinische studenten mogen daar boven niet komen.

Het was al laat in de namiddag, donker en er viel motregen op de Strand toen ik eropuit trok om de etherkoepel te ontdekken, die een ouderwetse glas-in-loodkoepel bleek te zijn, boven de operatiezaal van het oude Charing Cross Hospital. Sinds mijn toelatingsgesprek was ik niet meer door de heilige poorten van het ziekenhuis naar binnen gegaan. Dat voorrecht moesten wij studenten zien te verdienen door te slagen voor examens in anatomie, fysiologie en biochemie. Daarom nam ik ook niet de hoofdingang met zijn Griekse zuilen, maar sloop naar binnen onder de blauwe lamp van de ongevallenafdeling, en vond daar een lift, een oude, krakkemikkige kooi die gebruikt werd om apparatuur en lijken van de afdelingen naar het souterrain te brengen.

Ik was bang dat ik te laat zou komen – dat de operatie al voorbij zou zijn en de groene deur op slot. Maar dat was niet het geval. Achter de groene deur was een donkere, stoffige gang die als opslag diende voor verouderde anesthesietoestellen en afgedankte chirurgische instrumenten. Tien meter verder zag ik de gloed van de operatielampen onder de koepel. Het was een oude galerij om operaties bij te wonen achter glas, respectvol afgescheiden van het schouwspel op de operatietafel amper twee meter lager, en voorzien van een reling en kromme houten banken die glad gesleten waren door de onrustige ruggen van chirurgen in spe.

Ik zat daar met mijn handen om de reling geklemd, met alleen Magere Hein als gezelschap, en tuurde door het glas dat wazig was door condens. Het was een hartoperatie en de borstkas was nog open. Ik zocht naar de plek waar ik het beste zicht had en dat was precies boven het hoofd van de chirurg. Hij was zeer bekend, althans aan onze medische opleiding, een lange man, slank en imposant, met zeer lange vingers. In de jaren zestig was hartchirurgie nog nieuw en opwindend; degenen die het beoefenden waren dun gezaaid, en er waren maar weinig chirurgen goed opgeleid voor dit specialisme. Vaak waren het vakkundige algemeen chirurgen die een van de pionierscentra hadden bezocht en die het vervolgens op zich hadden genomen om een nieuw programma op te zetten. Ze waren allemaal intensief aan het leren, en de kosten daarvan werden in mensenlevens gemeten.

De twee assistent-chirurgen en de operatiekamerverpleegkundige stonden schouder aan schouder over de gapende wond gebogen, en gaven elkaar in koortsachtig tempo instrumenten aan. En daar was het dan, het centrum van hun aandacht en van mijn gefascineerde blik: een kloppend menselijk hart. In feite was het eerder kronkelen dan kloppen, en het was nog met canules en slangen verbonden aan de hart-longmachine. Cilindrische schijven draaiden door een bak met van zuurstof verzadigd bloed en een eenvoudige slangenpomp stuurde dit levensbloed via slangen terug naar het lichaam. Ik probeerde meer te zien, maar kon alleen maar het hart zien omdat de patiënt volledig toegedekt was met groene doeken en daardoor aangenaam anoniem bleef voor alle betrokkenen.

De chirurg verplaatste rusteloos zijn gewicht van de ene voet naar de andere. Hij droeg de grote witte operatielaarzen die chirurgen vroeger aantrokken om hun sokken te beschermen tegen bloedspatten. Het team had de mitralisklep van de patiënt vervangen maar het hart stribbelde tegen toen ze de hart-longmachine wilden loskoppelen. Hoewel dit de eerste keer was dat ik een kloppend mensenhart zag, zag ik dat het zwak was, opgeblazen als een ballon en dat het wel pulseerde maar niet pompte. Aan de muur achter me hing een kastje met het opschrift INTERCOM. Ik zette de knop om en het drama werd nu begeleid door geluid.

Door de herrie van versterkte achtergrondgeluiden heen hoorde ik de chirurg zeggen: 'Laten we het nog een keer proberen. Meer adrenaline. Beademen, en laten we dan proberen los te koppelen.'

Stilte, terwijl iedereen het wanhopige orgaan zag vechten voor zijn leven.

'Er zit lucht in de rechterkransslagader,' zei de eerste assistent. 'Geef me een holle naald.' Hij duwde de naald in de aorta, schuimend bloed spoot in de wond en toen begon de bloeddruk van de patiënt te verbeteren.

De chirurg benutte het moment en keerde zich tot de perfusionist. 'Nú loskoppelen! Dit is onze laatste kans.'

'Hart-longmachine los,' was het antwoord; een feitelijke mededeling uitgesproken zonder veel hoop.

De hart-longmachine was uitgeschakeld en het hart was nu vrij, het linkerventrikel pompte bloed naar het lichaam en het rechterventrikel naar de longen. Voor allebei was het vechten. De anesthesist keek hoopvol naar het scherm, lettend op bloeddruk en hartslag. Wetende dat dit hun laatste poging was haalden de chirurgen in stilte de canules uit het hart en hechtten de gaten dicht. Iedereen wilde dat het hart krachtiger zou worden. Een tijdlang bleef het zwakjes fibrilleren maar toen begon de bloeddruk langzaam te dalen. Ergens was er een bloeding – niet erg hevig maar wel aanhoudend. Ergens aan de rugkant. Ergens op een onbereikbare plaats.

Het hart optillen deed het heviger fibrilleren. Het begon weer te kronkelen, wriemelend als een zak vol wormen, maar zonder tot contractie te komen, het gevolg van ongecoördineerde elektrische activiteit. Verspilde energie. Het duurde even voordat de anesthesist dit op zijn scherm te zien kreeg. 'VF,' riep hij. Ik zou spoedig leren dat dit 'ventrikelfibrilleren' betekende. 'Geef het een schok.'

De chirurg had dit verwacht en drukte de elektroden van de defibrillator stevig tegen het hart. '30 joules.' Zap! Geen verandering. 'Maak er 60 van.'

Zap! Deze keer stopte het fibrilleren, maar het hart bleef stil en zonder elektrische activiteit. Het leek op een natte bruinpapieren zak. Asystolie, zo noemen we dat.

Het bloed bleef de borstkas in stromen en de chirurg porde in het hart met zijn vinger. De ventrikels reageerden door samentrekking. Hij porde opnieuw en het ritme begon weer. 'Te traag. Geef me een spuit met adrenaline.' De naald werd zonder veel omhaal door het rechterventrikel in het linkerventrikel geduwd, en een heldere vloeistof werd ingespoten. Vervolgens masseerde hij het hart met zijn lange vingers om de krachtige stimulans in de kransslagaders te duwen.

De dankbare hartspier reageerde snel. Precies volgens het boekje versnelde de hartslag en ging de bloeddruk steil omhoog, wat de hechtingen gevaarlijk op de proef stelde. Toen begonnen de hechtingen in de aortawand, waar de canule had gezeten, het als in slowmotion te begeven. Woesj! Een helderrode fontein spoot als een geiser tegen de operatielampen en de chirurgen, en doorweekte de groene doeken. Iemand mompelde: 'O shit.' Een understatement. Het gevecht was verloren.

Voordat een vinger het gat kon dichthouden was het hart leeg. Bloed droop van de lampen en stroomde over de vloer. Rubberzolen bleven erin kleven. De anesthesist drukte koortsachtig zakjes bloed in de aders, maar zonder resultaat. Het leven ebde snel weg. Toen de geïnjecteerde adrenalineshot uitgewerkt raakte, begon het al gezwollen hart uit te zetten als een ballon en viel stil. Voor altijd stil.

De chirurgen stonden stil in wanhoop, zoals dat elke week gebeurde. De hoofdchirurg verdween uit mijn blikveld en de anesthesist wachtte totdat het cardiogram een vlakke lijn was geworden en zette daarna de beademing uit. Hij verwijderde de intubatiebuis uit de luchtpijp van de patiënt en verdween toen ook uit beeld. De hersenen waren al dood.

Enkele meters verderop daalde mist neer op de Strand. Forenzen haastten zich Charing Cross Station in om aan de regen te ontsnappen, de laatste lunchgasten verlieten Simpson's and Rules, in Waldorf en Savoy werden cocktails klaargemaakt. Daar was het leven, hier de dood. Een eenzame dood op de operatietafel. Geen pijn en geen kortademigheid meer, en geen liefde of haat. Helemaal niets.

De perfusionist rolde zijn machine de operatiezaal uit. Het zou uren kosten om die uit elkaar te halen, schoon te maken en weer in orde te brengen en te steriliseren voor de volgende patiënt. Alleen de operatiekamerverpleegkundige bleef rondhangen. Ze kreeg gezelschap van de anesthesieverpleegkundige die de patiënt voor de operatie nog had gerustgesteld. Zij deden hun mondkapjes af en bleven even zwijgend staan, onverschillig voor het kleverige bloed dat alle oppervlakten bedekte en voor de nog openliggende borstkas. De anesthesieverpleegkundige zocht de hand van de patiënt onder de doeken en hield die vast. De operatiekamerverpleegkundige trok de van bloed doorweekte doeken van het gelaat en streelde het. Ik kon zien dat de patiënt een jonge vrouw was.

Ze waren zich niet bewust van mijn aanwezigheid boven in de etherkoepel. Niemand had me daar gezien. Alleen Magere Hein, en die was al vertrokken met de ziel. Ik schoof voorzichtig langs de bank om het gezicht van de vrouw te kunnen zien. Haar ogen waren wijd open en staarden omhoog naar de koepel. Ze was grauwbleek maar nog steeds mooi, met fijne gelaatstrekken en pikzwart haar.

Net als de verpleegkundigen kon ik niet weggaan. Ik moest gewoon weten wat er nu zou gebeuren. Ze rolden de bloedige doeken weg van haar naakte lichaam. In stilte schreeuwde ik ze toe dat ze die lelijke wondspreider, die haar borstbeen openhield, moesten weghalen en haar arme hart weer terug moesten plaatsen. Toen ze dat deden bewogen de ribben terug op hun plek en het arme levenloze orgaan was weer aan het zicht onttrokken. Het lag nu plat, leeg en verslagen in zijn eigen ruimte, met alleen nog maar een afschrikwekkende diepe snede tussen haar gezwollen borsten.

De intercom stond nog aan en de verpleegkundigen begonnen te praten.

'Wat gebeurt er nu met haar baby?'

'Adoptie, denk ik. Ze was niet getrouwd. Haar ouders zijn gedood tijdens de Blitz.'

'Waar woonde ze?'

'Whitechapel, maar ik denk niet dat ze in London Hospital al hartoperaties uitvoeren. Ze werd echt ziek tijdens de zwangerschap. Acuut reuma. Ze stierf bijna tijdens de bevalling. Dat zou misschien het beste zijn geweest.'

'Waar is de baby nu?'

'Op de afdeling, denk ik. De hoofdzuster zal het moeten regelen.'

'Weet ze het al?'

'Nog niet. Ga jij het haar vertellen. Ik vind wel iemand die kan helpen om dit af te maken.'

Het ging allemaal zo zakelijk. Een jonge vrouw was dood, haar baby bleef zonder verwanten alleen op de wereld achter. Geen liefde meer, geen warmte, dat was verloren gegaan tussen al die verwarde en bebloede technologie van de operatiekamer. Was ik hier tegen opgewassen? Was dit wat ik wilde?

Twee leerling-verpleegsters kwamen om het lichaam te wassen. Ik kende ze van de eerstejaars-dansavonden, nette meisjes van een gereputeerde particuliere school. Ze hadden een emmer met sop en sponzen meegebracht en begonnen haar schoon te boenen. Ze verwijderden de infusen en de blaaskatheter maar waren zichtbaar geschokt door de wond en wat eronder lag. Er sijpelde nog steeds bloed naar buiten.

'Wat hebben ze met haar gedaan?' vroeg het meisje met wie ik had gedanst.

'Hartoperatie, dat is duidelijk,' was haar antwoord. 'Nieuwe hartklep, denk ik. Arm kind. Ze is net zo oud als wij. Haar moeder zal wel erg van streek zijn.'

Ze dekten de wond af met gaas om het bloed op te vangen en plakten het vast met tape. De operatiekamerverpleegkundige kwam terug en bedankte de verpleegsters met een compliment. Ze piepte de chirurg in opleiding op. Hij moest de wond dichten zodat het lichaam naar het mortuarium kon worden gebracht, want alle sterfgevallen op de operatietafel gaan naar de lijkschouwer voor autopsie. De jonge vrouw zou opnieuw opengesneden worden, van de hals tot aan het schaambeen, dus het was onnodig om het borstbeen en de verschillende lagen van de borstkaswand weer aan elkaar te voegen. Met een grote naald en dik hechtdraad werd ze dichtgenaaid als een postzak. De wondranden stonden nog open en er sijpelde serum uit. Postzakken zien er netter uit.

Het was nu rond half zeven 's avonds en ik werd eigenlijk in de pub verderop in de straat verwacht om me met het rugbyteam te bezatten. Maar ik kon nog steeds niet weggaan. Ik was gehecht geraakt aan dat lege omhulsel, dat magere lijk dat ik nooit had ontmoet maar dat ik nu goed kende. Ik was bij haar tijdens dat ene, belangrijkste deel van haar leven.

De drie verpleegsters trokken haar een gesteven wit lijkkleed met een kraagje om de nek aan, bonden dat dicht aan de achterzijde en fixeerden haar enkels met een stuk verband. Ze begon lijkstijfheid te vertonen. De leerling-verpleegsters hadden hun taak vriendelijk en respectvol verricht. Ik wist dat ik ze weer zou ontmoeten. Misschien zou ik ze vragen wat er in hen was omgegaan.

Nu waren er slechts wij tweeën, het lijk en ik. De operatielampen schenen op haar gezicht en ze staarde mij recht aan. Waarom hadden ze haar ogen niet gesloten, zoals in de film? Ik kon door die wijde pupillen de pijn zien, in haar hersenen gegrift.

Door wat ik had gehoord aan gespreksflarden en met een klein beetje medische kennis kon ik haar levensverhaal schetsen. Ze was in de twintig. Geboren in East End. Ze moet nog heel jong zijn geweest toen haar ouders omkwamen tijdens een bombardement. Als kind moet ze de littekens meegedragen hebben van wat ze had gezien en gehoord, en de angst om alleen te blijven in een desintegrerende wereld. Opgroeiend in armoede krijgt ze reuma, keelpijn door een simpele streptokokkeninfectie, waardoor een vernietigend ontstekingsproces op gang komt. Acuut reuma kwam algemeen voor in ondervoede en overbevolkte stadsdelen. Misschien had ze enkele weken lang pijnlijk opgezwollen gewrichten. Ze weet niet dat dezelfde ontsteking ook haar hartkleppen aantast. In die dagen was daar geen diagnostische test voor.

Ze ontwikkelt een chronische reumatische hartkwaal en wordt een ziekelijk kind. Misschien kreeg ze chorea minor – gekenmerkt door onwillekeurige schokkende bewegingen, een onzekere manier van lopen en emotionele onrust. Ze werd zwanger, een beroepsrisico. Maar dat maakt alles erger omdat haar zieke hart nu veel harder moet werken. Ze krijgt last van ademnood en zwellingen maar ze overleeft de zwangerschap. Misschien is ze in het London Hospital veilig bevallen maar werd daar hartfalen vastgesteld. Een ruisend geluid. Een lekkende mitralisklep. Men schrijft haar het hartversterkend middel digoxine voor, om haar hartslag te versterken, maar ze gebruikt het niet omdat ze er misselijk van wordt. Al gauw is ze te vermoeid en te kortademig om haar baby te verzorgen, en ze kan niet meer plat liggen. Door het toenemende hartfalen zijn haar vooruitzichten slecht. Ze sturen haar naar de City om een chirurg te consulteren, een echte gentleman in lichtgrijs krijtstreeppak. Hij is vriendelijk en meevoelend, en zegt dat het enige wat haar kan helpen een mitralisklep-operatie is. Maar het heeft haar niet geholpen. Het heeft haar leven beëindigd en een ander weeskind in East End achtergelaten.

Toen de brancardiers haar kwamen halen waren de operatielampen allang uitgeschakeld. De mortuariumbrancard – een tinnen doodskist op wielen – werd naast de operatietafel geplaatst. Haar ledematen waren tegen die tijd al stijf. Het lijk werd zonder veel omhaal in dat sardientjesblik voor mensen gehesen. Haar hoofd maakte daarbij een weerzinwekkende smak maar niets kon haar toen nog kwetsen. Ik voelde me opgelucht dat er geen oogcontact meer was. Een groene wollen deken werd opgevouwen over de bovenkant gelegd, waardoor het geheel er als een gewone brancard uit zou zien, en toen gingen ze op weg om haar in een koelcel te duwen. Haar baby zou haar nooit meer te zien krijgen, zou nooit meer een moeder hebben.

Welkom bij de hartchirurgie.

Ik zat daar, de ellebogen op de reling en mijn kin in mijn handen, en staarde naar beneden vanuit de etherkoepel naar het zwarte rubberoppervlak van de operatietafel, zoals generaties van chirurgen in spe dat voor mij moeten hebben gedaan. De etherkoepel was een amfitheater voor gladiatoren, mensen kwamen naar hier om neer te kijken op een schouwspel van leven of dood. Als er nog anderen bij waren geweest zou het minder hard hebben geleken, andere mensen met wie de schok van de dood van dit arme meisje kon worden gedeeld, en de ellende die haar kind te wachten stond.

Verpleeghulpen kwamen aanzetten met emmers en dweilen om haar laatste sporen uit te wissen – haar bloed dat nu opgedroogd was rond de operatietafel, de bloederige voetsporen naar de deur, het bloed op de anesthesiemachine, het bloed op de operatielampen. Bloed overal, dat nu zorgvuldig werd gewist. Een jong meisje dat omhoog reikte om de operatielamp schoon te maken zag me in de koepel, mijn bleek gezicht en starende ogen in de sombere duisternis. Ze schrok van mij en dat was voor mij een teken om weg te gaan. Maar één bloedvlek bleef zitten, boven op de lamp, waar hij van beneden niet te zien was. Vastgehecht en zwart – een deel van mij is nog hier aanwezig, zei die vlek. Vergeet me niet.

Ik trok de groene deur achter me dicht en liep weg naar de schokkerige lift waarmee ook haar lichaam naar beneden was gebracht om neergelegd te worden in een koude koelcel van het mortuarium.

Autopsies werden aangekondigd op een bord in de ingangshal van de Medical School. Meestal betrof het oudere patiënten. De jonge waren ofwel drugsverslaafden, verkeersslachtoffers, mensen die zelfmoord hadden gepleegd door voor de metro te springen of hartchirurgiepatiënten. Ik vond haar op de lijst voor vrijdagochtend. Ze heette Beth. Niet Elizabeth, gewoonweg Beth. Ze was zesentwintig jaar. Dat moest ze wel zijn. Op de dag van de autopsie werden de lichamen van het ziekenhuismortuarium naar de kelder gebracht, en dan in een tinnen kist op rails met katrollen onder de straat door getrokken, en dan met een lift naar de autopsieruimte gebracht. Zou ik erheen gaan? Zou ik gaan kijken hoe haar ingewanden en hersenen uit haar lijf werden gesneden, kijken hoe haar hart in schijven werd gesneden, en ze vertellen hoe ze in werkelijkheid was gestorven in een helderrode fontein?

Nee, dat kon ik niet opbrengen.

Beth heeft me die dag in de etherkoepel een zeer belangrijke les geleerd. Raak nooit betrokken. Ga gewoon weg net zoals haar chirurgen deden en begin de volgende dag opnieuw. Sir Russel Brock, de bekendste hartchirurg in die tijd, stond bekend om zijn botheid wat betreft het verliezen van patiënten. 'Ik heb drie patiënten op mijn operatielijst voor vandaag. Ik vraag me af wie zal overleven.' Dit mag gevoelloos lijken, en zelfs harteloos, maar om stil te blijven staan bij een dode was toen een grote fout, en dat is het nu nog. We moeten leren van mislukkingen en proberen het de volgende keer beter te doen. Maar toegeven aan verdriet of spijt leidt tot ondraaglijke ellende.

Ik heb hiermee geworsteld, later in mijn loopbaan toen mijn interesse neigde naar waar de strijd het hevigst is: hartchirurgie van aangeboren afwijkingen bij baby's en jonge kinderen. Sommige van hen kwamen gelukzalig het ziekenhuis binnengehuppeld, met een teddybeer in de ene hand terwijl hun moeder de andere hand vasthield. Blauwe lipjes, het kleine borstje op en neer gaand, het bloed zo dik als stroop. Ze hadden nooit een ander leven gekend en dat probeerde ik hun te geven. Ik wilde ze roze en vol energie zien te krijgen, en ze vrijwaren van het naderend onheil. Ik deed mijn uiterste best, maar soms zonder succes. Wat had ik moeten doen? Met de huilende ouders in een donker mortuarium gaan zitten en een koud, levenloos handje vasthouden, en mezelf verwijten dat ik dat risico had genomen?

Elke hartoperatie is risicovol. Diegenen onder ons die dat als chirurgen aandurven kijken niet terug. Wij gaan verder, naar de volgende patiënt, altijd een gunstige afloop verwachtend, en daar nooit aan twijfelend.

2
EEN BESCHEIDEN BEGIN

Moed is datgene doen waar je bang voor bent. Er is geen sprake van moed als je niet bang bent.

– Edward V. Rickenbacker, *The New York Times Magazine*, 24 november 1963

Ik ben ter wereld gekomen aan het begin van de naoorlogse babyboom, op 27 juli 1948 op de kraamafdeling van het Scunthorpe War Memorial Hospital; sterrenbeeld Leeuw. Dat goede oude Scunthorpe, een staalindustriestad en geliefd mikpunt van grappen in variététheaters, waar ik ben opgegroeid en tot mijn achttiende heb gewoond.

Mijn dierbare moeder, uitgeput van een lange en zware bevalling maar dolblij met haar eerste kind, bracht me veilig thuis na het bloedbad van de verloskamer. Ik was een roze, stevige zoon, luid schreeuwend vanuit het diepst van zijn nieuwe, net ontvouwde longen.

Mijn moeder was een intelligente vrouw, zorgzaam, aardig en geliefd. Tijdens de oorlog runde ze een klein bankkantoor, en ook als er andere loketten vrij waren, bleven de vaste klanten bij haar in de rij staan om over hun beslommeringen te praten. Mijn vader had op zijn zestiende dienst genomen bij de RAF om tegen de Duitsers te vechten. Na de oorlog kreeg hij een baan in een plaatselijk filiaal van een levensmiddelencoöperatie en werkte hij zich uit de naad om onze levensomstandigheden te verbeteren. Het was geen makkelijk leven.

We leefden straatarm in een grauwe gemeentewoning. Huisnummer 13. Iets aan de muur ophangen was niet toegestaan vanwege het pleisterwerk. In de achtertuin was een schuilkelder van tinnen golfplaten waar nu geiten en kippen huisden, en het buitentoilet.

Mijn grootouders van moederskant woonden recht tegenover ons in de straat. Grootmoeder was vriendelijk en bezorgd om mij, maar ze had een zwak gestel. Grootvader werkte in de staalfabrieken. Tijdens de oorlog was hij het hoofd geweest van de plaatselijke luchtbescherming. Op betaaldag ging ik vaak met hem mee om zijn loon op te halen. Ik was geboeid door het schouwspel van witheet gesmolten metaal dat in gietvormen werd gegoten, bezwete mannen die met ontbloot bovenlijf en platte petten op de hoogovens stookten, stoomtreinen die vuur spuwend heen en weer ratelden tussen de walsen en de slakkenhopen, en de vonken die overal rondvlogen.

Mijn grootvader heeft me met veel geduld geleerd om te tekenen en te schilderen. Hij zat naast me en pafte Woodbine-sigaretten terwijl ik rode nachtelijke hemels schilderde boven schoorstenen, straatlampen en treinen. Mijn grootvader rookte twintig sigaretten per dag en werkte zijn hele leven in de rook van de staalfabrieken. Geen goed recept.

In 1955 kregen we onze eerste televisie, een vierkante doos met een 10-inch-scherm met korrelig beeld en slechts één kanaal, de BBC. De televisie heeft mijn kennis over de wereld enorm verbreed. Dat jaar beschreven twee wetenschappers in Cambridge de moleculaire structuur van DNA. In Oxford vond de arts Richard Doll een verband tussen longkanker en roken. Toen kwam er opwindend nieuws in een programma dat *Your Life in Their Hands* heette, en dat mijn verdere leven zou gaan bepalen. In Amerika hadden chirurgen een gat in het hart gedicht en daarbij een nieuwe machine gebruikt. Ze noemden het de hart-longmachine omdat het de taak van beide organen overnam. De televisiedokters droegen lange witte jassen die tot de grond reikten, de verpleegsters hadden mooie, gesteven uniformen met witte kapjes, en zeiden meestal geen woord, en de patiënten zaten stijfjes rechtop met hun lakens netjes gevouwen.

Het programma ging verder in op hartoperaties en er werd over gesproken dat chirurgen van het Hammersmith Hospital in Londen er spoedig ook een wilden uitvoeren. Ook zij wilden gaten in het hart dichten. Deze zevenjarige straatjongen was gefascineerd.

Gewoonweg betoverd. Ik besloot hartchirurg te worden.

Toen ik tien was slaagde ik voor de toelatingstoetsen voor de plaatselijke *grammar school*. Ik was toen stil, gedwee en verlegen. Als een van de 'veelbelovenden' was ik gedwongen hard te werken. Ik was van mezelf al goed in kunstvakken, maar die lessen moest ik verruilen voor exacte vakken. Maar één ding was duidelijk: ik was goed met mijn handen en mijn vingertoppen stonden in verbinding met mijn hersenen.

Op een middag, na school, wandelde ik met mijn grootvader en zijn West Highland white terriër Whisky door een buitenwijk van de stad toen hij op een heuvel plotseling doodstil bleef staan, en naar de kraag van zijn linnen hemd greep. Zijn hoofd boog voorover, zijn huid werd asgrauw en zwetend en buiten adem viel hij neer als een gevelde boom. Hij kon niet spreken en ik zag de angst in zijn ogen. Ik wilde snel een arts gaan halen maar mijn grootvader stond me dat niet toe. Hij kon het zich niet veroorloven om te moeten stoppen met werken, ook al was hij al achtenvijftig. Ik hield zijn hoofd vast totdat de pijn verminderde. Het duurde dertig minuten, en toen hij zich eenmaal had hersteld gingen we langzaam huiswaarts.

Zijn slechte gezondheid was geen nieuws voor mijn moeder. Ze vertelde me dat hij vaak last kreeg van 'indigestie' als hij naar zijn werk fietste. Tegenstribbelend had grootvader ermee ingestemd niet meer per fiets naar zijn werk te gaan, maar daar was hij niet beter van geworden. De aanvallen werden frequenter, zelfs als hij zich niet inspande, maar vooral wanneer hij de trap opging. Kou was slecht voor zijn borst, daarom kreeg het oude ijzeren bed een plaats beneden bij de haard, en de postoel werd binnen neergezet, om hem de gang naar buiten te besparen.

Zijn enkels en kuiten waren zo opgezwollen door vocht dat hij grotere schoenen nodig had. Het vergde een enorme inspanning om alleen al zijn schoenveters dicht te knopen, en van toen af kwam hij nauwelijks nog buiten. Meestal verplaatste hij zich slechts van het bed naar de stoel voor het vuur. Ik ging vaak bij hem zitten en maakte tekeningen voor hem om zijn gedachten af te leiden van zijn nare ziekteverschijnselen.

Ik herinner me die afschuwelijk natte namiddag in november, de dag voordat president Kennedy werd vermoord in Dallas. Toen ik thuiskwam van school stond er een zwarte Austin Healey voor het huis van mijn grootouders. Die was van de dokter en ik wist wat dat betekende. Ik tuurde door de condens op het voorraam maar de gordijnen waren dicht. Dus ging ik achterom en kwam stil naar binnen door de keukendeur. Ik hoorde gesnik en mijn hart kromp ineen.

De zitkamerdeur stond op een kier en binnen was het licht gedempt. Ik keek naar binnen. De dokter stond bij het bed met een injectiespuit in zijn hand, en mijn moeder en grootmoeder stonden aan het voeteneind van het bed en hielden elkaar stevig vast. Grootvader was asgrauw, zijn borstkas ging op en neer en zijn hoofd lag achterover, en schuimend roze vocht droop van zijn blauwe lippen en paarse neus. Hij hoestte moeizaam en spuwde daarbij bloederig schuim over de lakens. Toen viel zijn hoofd opzij, zijn wijd geopende ogen staarden naar de muur, waar een bordje met de tekst 'Zegen Dit Huis' hing. De dokter voelde zijn pols en fluisterde: 'Hij is heengegaan.' In de kamer heerste nu een sfeer van kalmte en opluchting; het lijden was voorbij.

Op de overlijdensakte kwam 'Dood door hartfalen' te staan. Ik glipte onopgemerkt naar buiten en ging bij de kippen zitten, in de schuilkelder; ik was volledig overstuur.

Kort daarop werd er schildklierkanker vastgesteld bij mijn grootmoeder; het gezwel begon haar luchtpijp dicht te drukken. 'Stridor' is de medische term voor het ademgeluid wanneer de ribben en het middenrif lucht door de beknelde luchtweg proberen te persen, en dat is wat we hoorden. Ze ging naar Lincoln, zestig kilometer verderop, voor bestraling, maar de behandeling verbrandde haar huid en bemoeilijkte het slikken. We kregen enige hoop op verlichting toen een poging gedaan zou worden om een tracheacanule aan te brengen, maar de chirurg die de tracheotomie uitvoerde kon in de luchtpijp geen plek vinden die laag genoeg zat om onder de vernauwing te komen. Onze hoop bleek ijdel en ze was gedoemd om te lijden totdat ze doodging. Het zou beter geweest zijn als men haar onder narcose had laten sterven. Elke avond na school zat ik bij haar en deed wat ik kon om het haar zo comfortabel mogelijk te maken. Al gauw werd haar bewustzijn beneveld door opiaten en het verhoogde koolstofdioxidegehalte in haar bloed en op een nacht glipte ze vredig uit het leven door een massieve hersenbloeding. Van mijn grootouders had zij, met drieënzestig jaar, de hoogste leeftijd bereikt.

Zodra ik zestien was nam ik een vakantiebaan in de staalfabriek, maar na een botsing tussen een kiepwagen en een dieseltrein die gesmolten ijzer vervoerde werd ik ontslagen. Ik zag dat het ziekenhuis een tijdelijke hulpkracht zocht en werd aangenomen als hulp voor de operatiekamer. Er waren daar uiteenlopende groepen mensen die je het naar de zin moest maken. Met de patiënten – nuchter, angstig en, in hun operatiehemden, aangetast in hun waardigheid – moest vriendelijk, geruststellend en respectvol worden omgegaan. Leerling-verpleegsters waren aardig en prettig in de omgang, de zusters deden gewichtig en waren bazig en zakelijk, ik moest vooral mijn mond houden en doen wat ze me zeiden, en de anesthesisten wilden vooral geen tijd verliezen. De chirurgen waren simpelweg arrogant en namen geen enkele notie van me – althans in het begin.

Een van mijn taken was patiënten onder narcose van de brancard op de operatietafel helpen tillen. Ik wist wat voor operatie er voor ieder van hen gepland was omdat ik de operatielijst gelezen had, en ik was behulpzaam bij het afstellen van de operatielampen. Ik richtte ze op de plek van de incisie (omdat ik schilderde was ik geïnteresseerd in anatomie en ik had enige kennis over wat zich waar in het lichaam bevindt). Geleidelijk aan begonnen de chirurgen dit op te merken, en enkele vroegen me wat me zo interesseerde. Ik vertelde hun dat ik later hartchirurg zou worden, en het duurde niet lang of ik kreeg toestemming om toe te kijken bij de operaties.

Nachtwerk vond ik geweldig vanwege de noodgevallen: gebroken botten, gescheurde ingewanden en bloedende aneurysma's. Het grootste deel van de mensen met aneurysma's ging dood en de verpleegsters wasten de lijken en trokken ze lijkwades aan, waarop ik ze dan van de operatietafel op de tinnen mortuariumbrancard tilde, wat telkens gepaard ging met een doffe klap. Dan rolde ik ze naar het mortuarium en plaatste de lijken in de koelruimte. Ik raakte er snel aan gewend.

Het was onvermijdelijk dat mijn eerste kennismaking met het mortuarium in het holst van de nacht was. Het grijze bakstenen gebouw zonder ramen stond apart van het hoofdgebouw van het ziekenhuis en ik was ronduit bang voor wat ik daar zou aantreffen. Ik draaide de sleutel om van de zware houten deur die rechtstreeks toegang gaf tot de autopsiekamer, maar toen ik naar binnen wilde kon ik de lichtschakelaar niet vinden. Ze hadden me een zaklamp meegegeven en terwijl ik de lichtstraal rond liet schijnen verzamelde ik al mijn moed om naar binnen te gaan.

Groene plastic schorten, scherpe instrumenten en glimmend marmer glinsterden in het duister. De kamer rook naar de dood, of naar wat ik verwachtte te zullen ruiken van de dood. Ten slotte viel de lichtstraal op een lichtschakelaar en ik draaide de tl-verlichting aan. Ik voelde me daardoor niet beter. Er waren rijen vierkante metalen deuren van de vloer tot aan het plafond – de koelcellen. Ik moest een koelcel zien te vinden maar wist niet goed welke leeg waren.

Op enkele deuren hingen stukjes karton waarop een naam geschreven stond, en ik bedacht dat die bezet moesten zijn. Ik draaide het handvat om van een deur zonder naam, maar daar lag een naakte oude vrouw onder een witlinnen laken. Een naamloos lijk. Shit. Probeer het eens een rij hoger. Deze keer had ik geluk, en ik trok de tinnen schuiflade naar buiten en duwde het krakende hijsapparaat richting mijn lijk. Hoe moet je zo'n ding bedienen zonder dat het lichaam op de grond valt? Riemen, hendels en spierkracht. Het lukte me maar net en ik duwde de schuiflade weer in de koelcel.

De deur van het mortuarium stond nog wijd open – ik wilde hier niet opgesloten raken. Ik haastte me naar buiten en duwde de piepende mortuariumbrancard terug naar het hoofdgebouw, klaar voor de volgende klant. Ik vroeg me af hoe pathologen de helft van hun carrière in deze omgeving konden doorbrengen, snijdend in de ingewanden van de doden op tafels van marmer.

Later lukte het me een oudere vrouwelijke patholoog over te halen om me te laten toekijken bij autopsies. Ondanks verscheidene verminkende operaties en vreselijke verwondingen die ik al had gezien, kostte het me moeite hieraan te wennen. De opengesneden lichamen, jonge en oude, van de hals tot aan het schaambeen, de weggehaalde ingewanden, de hoofdhuid die eerst van oor tot oor werd ingesneden en dan als een sinaasappelschil naar voren over het gelaat werd getrokken. Een oscillerende zaag verwijdert de schedelkap, zoals het topje van een gekookt ei, en dan liggen daar voor me de complete hersenen van een mens. Hoe regelt deze zachte, grijze, kronkelige massa ons gehele leven? En hoe in hemelsnaam kunnen chirurgen hier operaties op uitvoeren, op deze slappe gelei?

Ik leerde zoveel in die groezelige desolate autopsiekamer: de complexiteit van de menselijke anatomie, die uiterst dunne grens tussen leven en dood, de psychologie van afstand nemen. Er is geen plaats voor sentiment in pathologie. Een vleugje medelijden, dat mag. Maar sympathie voor het lijk? Nee. Toch voelde ik me begaan met de jonge mensen die hier terechtkwamen. Baby's, kinderen en tieners met kanker of misvormingen aan het hart, zij die voorbestemd waren voor een kort en ellendig leven of wier leven beëindigd was door een tragisch ongeval. Vergeet het hart als bron van liefde en toewijding, vergeet de hersenen als de zetel van de ziel. Ga gewoon aan de slag en snij ze in plakken.

Het duurde niet lang of ik kon een coronaire trombose identificeren, en een myocardinfarct, een reumatische hartklep en een aortadissectie, of uitgezaaide kanker in de lever of de longen. De gewone dingen. Verbrande of in ontbinding verkerende lijken stonken erg, en met Vicks-zalf in je neusgaten kon je je reukzenuwen ontzien. Suïcides vond ik zeer triest maar toen ik dat verwoordde kreeg ik te horen: 'Zet je eroverheen als je chirurg wilt worden', en dat het allemaal makkelijker zou zijn wanneer ik oud genoeg was om te mogen drinken. Ik merkte dat bij chirurgen alcohol boven aan de lijst van recreatieve activiteiten stond, en dat was goed te merken wanneer ze 's nachts werden opgeroepen. Maar wie was ik om een oordeel te vellen?

Ik begon me af te vragen of ik wel geschikt was voor de studie geneeskunde. Ik was geen licht in exacte vakken en had echt moeite met wis- en natuurkunde. In mijn ogen waren deze vakken een soort intelligentiebarometer. Maar ik blonk uit in biologie en was ook goed in scheikunde, en uiteindelijk haalde ik een hoop examens, stof die ik nooit nodig zou hebben, zoals Latijn en Franse literatuur, aanvullende wiskunde en godsdienst. Dat zag ik allemaal als een kwestie van inspanning, niet van intelligentie, maar door hard werken kon ik weg uit die arme woonwijk. Bovendien had de tijd die ik in het ziekenhuis had doorgebracht me wereldwijs gemaakt. Ik was nog nooit buiten Scunthorpe geweest, maar met leven en dood was ik al bekend.

Ik ging op zoek naar een plaats aan een medische opleiding en werkte elke schoolvakantie in het ziekenhuis. Ik werd bevorderd tot 'operatiekamerassistent' en ik werd een expert in het opruimen van bloed, braaksel en poep. Een bescheiden begin.

Tot mijn verbazing kreeg ik een uitnodiging voor een toelatingsgesprek op een magnifiek college in Cambridge. Iemand moet een goed woordje voor me hebben gedaan maar ik ben nooit te weten gekomen wie. De straten waren vol levendige, jonge studenten in toga's, luid pratend in eliteschool-tongval, en ze leken me allemaal veel knapper dan ik. Erudiete, bebrilde professoren fietsten met baretten op over hobbelige straten naar hun collegediners met wijn en port na. In mijn hoofd flitste het beeld van smerige staalarbeiders met platte petten en dikke sjaals die in de smog zwijgend huiswaarts keerden voor brood of aardappelen, en misschien een glas stout. Mijn moed begon weg te zakken. Hier voelde ik me niet thuis.

Het gesprek met twee gedistingeerde stafleden vond plaats in een vertrek met eiken lambrisering en uitzicht over het vierkante binnenplein van het college. We zaten in versleten leren leunstoelen. De opzet was een ontspannen gesprek en mijn achtergrond kwam niet ter sprake. De vraag die ik verwachtte, 'Waarom wilt u geneeskunde studeren?', bleef uit. Mijn gespreksvoorbereiding bleek tijdsverspilling te zijn geweest. In plaats daarvan werd me gevraagd waarom de Amerikanen Vietnam waren binnengevallen en of ik had gehoord aan welke tropische ziekten de soldaten blootgesteld zouden kunnen worden. Ik wist niet of er malaria voorkwam in Vietnam en daarom antwoordde ik 'syfilis'.

Dat brak het ijs, zeker nadat ik eraan had toegevoegd dat napalm en kogels een groter gezondheidsrisico zouden vormen. Vervolgens vroeg men mij of het roken van sigaren bijgedragen zou kunnen hebben aan de dood van Winston Churchill, die kort daarvoor was overleden. Roken was een van de sleutelwoorden waar ik op wachtte. De woorden stroomden vanzelf uit mijn mond: kanker, bronchitis, aandoeningen van de kransslagaders, hartinfarcten, hartfalen, hoe de lijken van rokers eruitzagen op de autopsietafel. 'Of ik een autopsie had bijgewoond?' 'Talrijke.' En na afloop had ik hersenen, darmen en lichaamsvloeistoffen weggewerkt. 'Dank u. We laten het u over enkele weken weten.'

Daarna kreeg ik een uitnodiging van het Charing Cross Hospital, aan de Strand tussen Trafalgar Square en Covent Garden. Het ziekenhuis was oorspronkelijk gebouwd voor de armen in het centrum van Londen en had een aanzienlijke oorlogsreputatie. Hoewel ik vroeg was gekomen, was de volgorde zoals gebruikelijk alfabetisch en zou ik pas als laatste aan de beurt zijn. Zenuwachtig zat ik met mijn duimen te draaien, naar mijn gevoel vele uren lang. Een vriendelijke hoofdzuster ontving de kandidaten met thee en koekjes, en ik maakte beleefd een praatje met haar over wat er tijdens de oorlog met het ziekenhuis was gebeurd.

Het gesprek vond plaats in de bestuurskamer van het ziekenhuis. Tegenover me aan de bestuurstafel zat degene die het grootste deel van de vragen voor zijn rekening zou nemen – een gerenommeerde chirurg van Harley Street in lichtgrijs pak – met naast hem de als opvliegend bekendstaande Schotse anatomieprofessor naar wie een personage uit de televisieserie *Doctor in the House* is gecast. Ik zat kaarsrecht op een eenvoudige houten stoel – hier kon je er niet onderuitgezakt bij gaan zitten. Eerst vroeg men me wat ik wist over het ziekenhuis. Dank u wel, God, of Hoofdzuster, of allebei. Daarna werd geïnformeerd naar mijn cricketprestaties en of ik rugby kon spelen. En dat was het dan, het gesprek was ten einde. Ik was de laatste van die dag, ze hadden er genoeg van en ze zouden het me laten weten.

Ik liep naar buiten Covent Garden in langs de kleurrijke marktkraampjes en de bruisende bars. Hier was het leven: zwervers, hoeren, straatmuzikanten en bankiers, de clientèle van het Charing Cross Hospital, de zwarte taxi's en rode Londense bussen, die in beide richtingen over de Strand reden. Ronddolend door de menigte en het verkeer kwam ik bij de imposante ingang van het Savoy Hotel. Ik vroeg me af of ik naar binnen zou durven gaan. Ik zag er vast knap genoeg uit in mijn nieuwe pak en met Brylcreem in mijn haar. Maar de beslissing werd mij uit handen genomen door een piekfijne portier die de deuren openzwaaide en me naar binnen nodigde met een 'Welkom, meneer'. Ik was goedgekeurd. Van Scunthorpe rechtstreeks naar het Savoy.

Ik liep doelbewust door de foyer, langs de Savoy Grill, en hield slechts even in om het menu in de gouden omlijsting te bestuderen. Wat een prijzen! Ik bleef niet staan. Een bord wees naar de American Bar. In de gang hingen gesigneerde karikaturen, foto's en schilderijen van West End-sterren. Het was nog maar vijf uur 's middags en daarom was het er nog niet druk. Zittend op een hoge barkruk at ik gratis toastjes en bekeek het cocktailmenu. Zonder enige kennis – dit was mijn eerste alcoholische drankje – moest ik wel een keuze maken. 'Een Singapore Sling, alstublieft.' Mijn leven was veranderd alsof er een knop was omgedraaid. Als ik er nog een had besteld zou ik nooit King's Cross Station hebben weten terug te vinden.

Binnen een week kwam er een brief van Charing Cross Hospital Medical School. De brief openmaken in aanwezigheid van mijn zenuwachtige ouders voelde aan als het onschadelijk maken van een bom. Er werd mij een plaats aangeboden. De voorwaarden? Een voldoende halen voor biologie, scheikunde en natuurkunde, meer niet. Charing Cross was een kleine medische opleiding die slechts vijftig studenten per jaar aannam, maar ik zou wel het voetspoor volgen van befaamde alumni als de zoöloog Thomas Huxley en de ontdekkingsreiziger David Livingstone. Ik was de eerste van mijn familie die naar de universiteit ging, de eerste die zou pogen arts te worden en, hopelijk, ook de eerste hartchirurg.

3

DE LAARZEN VAN LORD BROCK

Hij is nu al een jaar lang dokter en had twee patiënten. Nee, drie, denk ik. Ja, drie. Ik was bij hun begrafenissen.

– Mark Twain

De beste voorbereiding op het examen om Fellow van het Royal College of Surgeons te worden was een baan als practicumleider in de snijzaal van een medische opleiding, waar beginnende studenten worden ingewijd in de kleinste details van de anatomie en ze hulp krijgen bij het stukje bij beetje ontleden van hun lijk; huid, vetlagen, spieren, zenuwen en ten slotte de organen. Men gaf ze vettige gebalsemde lijken op tinnen brancards, telkens één voor zes nieuwe onervaren studenten. Ze kwamen binnen in gesteven witte jassen en met gloednieuwe dissectiesets – scalpel, scharen, pincetten en prepareerhaken in linnen etuis –, allemaal groentjes, net als ikzelf toen ik begon.

Ik ging van de ene groep naar de andere om de vaart erin te houden. Enkelen konden het niet aan. Urenlang staan pulken aan een lijk was niet wat ze zich hadden voorgesteld van de geneeskundestudie, en ik gaf ze zo goed mogelijk advies hoe ze dit konden volhouden: gebruik flink wat parfum, neem een stevig ontbijt en probeer aan andere dingen te denken – voetbal, winkelen, seks, om het even wat. Zorg dat je voldoende opsteekt om de toetsen te halen en laat je niet kisten door die kadavers. Sommigen waren hiermee geholpen. Anderen werden ’s nachts in angstdromen bezocht door lichamen die ze hadden gedissecteerd.

Voor mijn eerste chirurgie-examen moest ik anatomie, fysiologie en pathologie zien te beheersen – niets wat te maken had met opereervaardigheid. Er waren in Londen cursussen om de nodige feitenkennis in te stampen; ze werden gegeven door voormalige examinatoren die de informatie precies zo presenteerden als het College het wilde hebben. Het adagium was: betaal en slaag, tenzij je een idioot bent. Niettemin zakte twee derde van de kandidaten voor het examen, onder wie ook ik bij mijn eerste poging.

Deze academische monotonie werd doorbroken door een advertentie van het Royal Brompton Hospital, dat 'Resident Surgical Officers', inwonende chirurgische medewerkers, zocht, waarbij het Fellowship van het Royal College of Surgeons 'wenselijk maar niet verplicht' was. Zou ik een kans maken? Ik had nog maar het eerste gedeelte van mijn opleiding gehaald en het zou nog minstens drie jaar duren voordat ik aan het eindexamen toe was, maar ik had niets te verliezen door een poging te wagen om deze aanstelling te krijgen.

Tegen alle verwachting in slaagde ik erin de baan te krijgen en een paar weken later kon ik beginnen. Ik zou werken onder Mister Matthias Paneth, een twee meter lange, indrukwekkende Duitser, en Mister Christopher Lincoln, de onlangs benoemde kinderhartchirurg, van dezelfde lichaamslengte. Twee zeer verschillende persoonlijkheden, maar ieder op zijn manier even angstaanjagend totdat ik ze beter leerde kennen. Tijdens mijn zeer drukke banen als inwonend arts-assistent in het Charing Cross Hospital had ik geleerd dat alles opschrijven de enige manier was om het overzicht te behouden. Noteer meteen elke opdracht of elk verzoek. Wanneer je iets vergat kon je flink in de problemen raken, en daarom had ik altijd een clipboard bij me. Dit amuseerde Mister Paneth in hoge mate, en hij maakte er een gewoonte van om te herhalen: 'Heb je dat, Westaby? Heb je dat, Westaby?'

Mijn chirurgisch curriculum begon op spectaculaire wijze. Het team van Paneth had een geval ingeroosterd na afloop van de polikliniek, een kleine oude dame uit Wales voor vervanging van een hartklep, de mitralisklep. De baas stelde voor dat ik alvast zou beginnen terwijl hij nog enkele privépatiënten zag. Fier stak ik me in de blauwe operatiekleding. En niet alleen dat, ik zag ook een paar witte rubberen operatielaarzen in een open kastje. Ze waren versleten en vuil. Ik had een gloednieuw paar kunnen krijgen maar had speciaal mijn zinnen gezet op deze afgedankte laarzen. Waarom? Omdat er onderaan op de achterkant 'Brock' geschreven stond. Ik stond op het punt de erfgenaam te worden van de operatielaarzen van Lord Brock.

Baron Brock van Wimbledon was toen zeventig en opereerde niet meer, maar Paneth had het nog vaak over diens 'permanente teleurstelling over de onbereikbaarheid van volkomen perfectie'. Hij was voorzitter van het Royal College of Surgeons toen ik geneeskunde studeerde en was aangebleven als directeur van de afdeling chirurgische wetenschap, en nu zou ik in zijn voetsporen treden. En wel letterlijk. Uit de kleedkamer van de chirurgen stapte ik meteen de operatiezaal in om me voor te stellen.

De oude dame lag op de operatietafel. De operatiezuster, die haar al had ontsmet met jodiumoplossing en haar naakte lichaam had afgedekt met verbleekte groenlinnen doeken, trappelde ongeduldig met haar operatiezaalschoenen op de marmeren vloer, en de geduldige anesthesist dokter English en de hoofdperfusionist speelden schaak bij het anesthesietoestel. Het was me duidelijk dat iedereen al geruime tijd aan het wachten was. Ik zette mijn mondmasker op en schrobde haastig mijn handen, genietend van deze eerste kans om mijn vaardigheden te etaleren.

Zorgvuldig lokaliseerde ik de referentiepunten, de bovenrand van het borstbeen onder aan de hals, en het tongvormige stuk kraakbeen aan het uiteinde ervan. De zorgvuldige incisie met het scalpel verbond beide punten door een perfecte rechte snede van boven naar beneden. De oude dame was tenger en vermagerd door haar hartfalen, en er was weinig vet tussen huid en bot waar ik met elektrocauterisatie doorheen moest. Hoewel de andere assistent-chirurg nog niet was komen opdagen, ging ik toch door, om indruk te maken op de verpleegsters.

Ik nam de oscillerende botzaag en controleerde of hij werkte. Bzzzz. Dat klonk prima. Dus begon ik dapper het borstbeen vanaf de onderzijde in te zagen. Toen de catastrofe. Nadat er wat bloederig beenmerg was opgespat, spoot plotseling een geiser van donker bloed op uit het midden van de incisie. Shit! Ogenblikkelijk brak het zweet me uit, maar de operatiezuster wist wat hier aan de hand was, liep naar de andere kant, de plaats van de eerste assistent-chirurg. Ik greep een zuiger maar zij gaf de orders. 'Druk stevig op de bloeding.'

Dokter English keek traag op van zijn schaakbord, onaangedaan door alle hectiek. 'Geef me een eenheid bloed,' instrueerde hij kalm de anesthesieverpleegkundige. 'Daarna bel je Mister Paneth op in de poli.'

Ik wist wat het probleem was. De zaag had het rechterventrikel opengescheurd. Maar hoe had dat kunnen gebeuren? Er hoorde een ruimte met weefsel achter het borstbeen te zijn, en vloeistof in de zak om het hart. De operatiezuster las mijn gedachten, iets wat ze nog heel vaak zou doen in de zes maanden die volgden. 'Je weet dat dit een re-operatie is.' Haar uitspraak was eigenlijk een vraag.

'Nee, dat wist ik absoluut niet,' antwoordde ik woest. 'Waar verdomme is het litteken?'

'Het was een gesloten hartklep-operatie. Het litteken zit aan de zijkant van de borstkas. Je kunt het zien onder haar borst. Heeft Mister Paneth je niet verteld dat het een re-op is?'

Op dit punt aanbeland had ik besloten mijn mond niet meer open te doen. Dit was niet het moment voor discussie maar voor actie.

Bij re-operaties zijn hart en omgevende weefsels met elkaar verkleefd geraakt als gevolg van ontstekingsreacties, en is er geen ruimte meer tussen het hart en de vezelige zak die het omgeeft. In dit geval zat het rechterventrikel vast aan de onderkant van het borstbeen en alles was met elkaar verkleefd geraakt. Erger nog, het rechterventrikel was vergroot omdat de druk in de longslagaders erg hoog was doordat de reumatische mitralisklep aanzienlijk was vernauwd. Het was onze taak om de zieke hartklep te vervangen maar ik had er meteen een puinhoop van gemaakt. Fantastisch.

Drukken deed de bloeding niet stoppen. Het bloed bleef door het bot heen naar buiten stromen en het borstbeen was nog niet helemaal open. De bloeddruk van de patiënt begon te dalen, en aangezien de dame maar klein was, kon ze niet zoveel bloed missen. Dokter English begon een donorbloedtransfusie maar dat was niet de oplossing, het was water in een open afvoer gieten. Wat er aan de ene kant in ging, kwam er aan de andere kant weer uit. Ik was de chirurg, het was mijn taak om de bloeding te stoppen, en om dat te kunnen doen moest ik het lek kunnen zien.

Mijn eigen transpiratie druppelde in de wonde en stroomde langs mijn benen in Lord Brocks laarzen. Bloed van de oude dame stroomde over de doeken op het vale witte rubber. Een van de verpleegsters had steriele operatiekleding aangetrokken, haar handen geschrobd en was bij ons aan de operatietafel komen staan. Een stuk minder dapper nam ik de zaag er weer bij en vroeg de zuster om haar handen weg te halen. Door een stroom van bloed heen zaagde ik het laatste stuk borstbeen door – het dikste gedeelte juist onder de hals. Toen drukten we weer op de bloeding terwijl een nieuwe bloedtransfusie de bloeddruk iets omhoog bracht.

Als de bloeddruk daalt, wordt het bloeden minder hevig. Dat gaf me de mogelijkheid om het hart voldoende los te snijden van het borstbeen om de metalen wondspreider te kunnen plaatsen en de borstkas open te wrikken. Nu kon ik het gescheurde rechterventrikel zijn inhoud in de wonde zien spuwen. Wanneer alles zo aan elkaar vastzit als hier kan het openspreiden van het gespleten borstbeen de hartspier volledig openscheuren, soms op onherstelbare wijze. Maar ik had geluk en het hart was nog heel. Min of meer.

Inmiddels was mijn eigen pols op hol geslagen. Ik kon nu zien dat het probleem een gerafelde scheur was van vijf centimeter in de vrij liggende zijde van het rechterventrikel, op een veilige afstand van de belangrijkste kransslagaders. De operatiezuster duwde instinctief haar vuist op de scheur terwijl ik de wondspreider wijder opensperde, en dat stelpte eindelijk het bloeden. Dokter English perste nog een eenheid bloed door de infusen, waardoor de bloeddruk van de oude dame weer steeg tot 80 mm Hg, en de tweede operatiezuster legde de lange plastic slangen naar de hartlongmachine klaar zodat we die konden gebruiken wanneer we daaraan toe waren. Maar voorlopig was het hart nog niet voldoende vrij. Als eerste moest ik dat verdomde lek dichthechten. Als chirurg in opleiding had ik huid, bloedvaten en darmen gehecht, maar nog nooit een hart.

De zuster vertelde me welk hechtmateriaal ik moest gebruiken en dat ik het best kruiselings kon hechten, want dat ging sneller en dichtte de wond beter af. 'Maak de knopen niet te strak,' voegde ze eraan toe, 'anders snijden de hechtingen door het spierweefsel. Ze is broos. Schiet op, en misschien ben je dan wel klaar voordat Paneth hier is en je op je kop geeft.'

Het was moeilijk om accuraat te hechten omdat het bloed bij elke hartslag uit het ventrikel naar buiten stroomde. Mijn handschoenen dropen van bloed aan de buitenkant en aan de binnenkant van zweet, waardoor het hechten bijna onmogelijk werd.

Dokter English zag het en riep: 'Gebruik de fibrillator! Zet het hart een paar minuten stil.'

Een fibrillator is een elektrisch apparaat om datgene te bewerkstelligen wat we normaal niet willen zien: ventrikelfibrilleren, waarbij het hart niet meer pompt maar trilt, waardoor de bloedtoevoer naar de hersenen bij een normale lichaamstemperatuur stopt. Na vier minuten begint hersenschade op te treden.

Dokter English stelde me gerust. 'Na twee minuten ga je defibrilleren. Wanneer je het dan nog niet dicht hebt wachten we een paar minuten en fibrilleren we opnieuw.'

Ik voelde me als een marionet met ervaren poppenspelers aan de touwtjes. Ik vond dat prima, en dus plaatste ik de elektroden van de fibrillator op het gedeelte van de hartspier dat ik kon zien en dokter English bediende de knop. Het hart stopte met slaan en begon te trillen, en ik begon razendsnel te hechten. Juist op dat moment verscheen Paneth in de deuropening van de operatiezaal. Hij kon het ventrikelfibrilleren zien op de monitor en vreesde het ergste. Maar ik keek niet op en ging gewoon door met hechten. Tegen de tijd dat dokter English zei dat de twee minuten om waren was ik bijna klaar met het aan elkaar hechten van de spierranden. Ik ging door tot er drie minuten voorbij waren, maar toen was het lek gedicht en hoefde er nog slechts één knoop te worden gelegd.

Ik plaatste de elektroden van de defibrillator zo dicht mogelijk bij het hart en zei: 'Defibrilleren.' Er gebeurde niets. De kabels van de elektroden waren niet ingeplugd, een ondergeschikt detail. De seconden tikten door. Toen kwam het 'zap' waar ik op wachtte. Het hart stond even stil en begon vervolgens weer te fibrilleren.

Paneth liep op ons toe in zijn nette pak en schoenen. Geen kap, geen mondmasker. Hij keek over de doeken naar het trillende hart en zei het voor de hand liggende: 'Meer volts.' Weer een zap. Het hart defibrilleerde en begon krachtig te kloppen.

Paneth grinnikte en vroeg me: 'Is er iets wat je me wilt vertellen, Westaby? De mitralisklep zit echt niet in het rechterventrikel, hoor. Ik dacht dat je slimmer was.' Hij knipoogde naar de operatiezuster, zei dat hij thee ging drinken en dat ze ondertussen Westaby geen domme dingen moest laten uithalen.

Ik schraapte mijn versnipperde zenuwen bij elkaar, verzamelde mijn gedachten en legde die laatste knoop. Het hart bleek goed te werken, ondanks mijn bruut geweld. Er zat bloed op mijn schort, op Lord Brocks laarzen en op de marmeren vloer, maar de bloeddruk was weer normaal. De strijd van vandaag was gewonnen.

Ik keek de operatiezuster aan, een paar koele blauwe ogen boven een mondmasker, en stak mijn hand uit naar haar bebloede rubberen handschoen om haar te bedanken dat ze ons beiden gered had. Tegen de tijd dat Mister Paneth het overnam leek niets te wijzen op wat er was voorgevallen, afgezien van grappen over het extra naaiwerk aan de voorzijde van het hart. Ik had hem toe willen schreeuwen: 'Waarom verdomme heb je me niet gewaarschuwd dat het een re-op was?', maar toen realiseerde ik me dat hij dat waarschijnlijk zelf niet meer wist omdat het maanden geleden was dat hij de patiënt in de poli had gesproken.

De operatie verliep verder vlekkeloos. Dokter English en de perfusionist hervatten hun schaakspel en Paneth verwijderde de vervormde klep en verving die door een kunststofprothese. Daarna was er nog heel wat hechtwerk te verrichten.

De werkdag van een inwonend chirurg in opleiding kent geen einde. Die nacht zat ik op de intensive care bij de oude dame te wachten tot ze weer bijkwam, angstig hopend dat ze geen hersenschade zou hebben opgelopen en me afvragend hoe ik me zou hebben gevoeld als ze was doodgebloed op de operatietafel. Zou ik dan het lef hebben gehad om door te gaan? Zou mijn carrière in de chirurgie die dag zijn afgelopen? Held of sukkel – het verschil is soms erg klein, maar ik had het overleefd. Als ze nu maar wakker zou worden.

Haar echtgenoot en dochter waakten bij haar bed. Toen haar echtgenoot vroeg of de operatie goed was verlopen antwoordde ik gladjes: 'Ja, zeer goed. Mister Paneth heeft prachtig werk verricht', en omzeilde het ter sprake komen van mijn eigen klunzigheid.

Als op commando opende ze haar ogen. Een golf van opluchting ging door me heen. Echtgenoot en dochter sprongen op en gingen zo staan dat ze hen zien kon, want door de beademingsbuis kon ze alleen maar naar het plafond staren. Ze grepen haar hand. Op dat moment besefte ik iets nieuws. Voor mij zou hartchirurgie misschien een dagelijkse routine worden, maar voor de patiënt en de familie is het een eenmalige gebeurtenis, en bovendien uitermate beangstigend. Behandel ze vriendelijk.

Hartchirurgie is als drijfzand. Wanneer je er eenmaal in zit, zuigt het je dieper en dieper, en ik vond het moeilijk om het ziekenhuis te verlaten omdat er altijd wel iets opmerkelijks kon gebeuren dat ik niet wilde missen. Ik bracht eindeloze uren door naast de wiegjes van Mister Lincolns baby's, luisterend naar het bliep-bliep-bliep van de monitoren, lettend op bloeddrukdalingen en trachtend die weer op peil te krijgen, hopend dat het bloed zou ophouden in de drains te druppelen.

Het volgende debacle liet niet lang op zich wachten. Op een zaterdagavond voor Kerstmis begaf een groep chirurgen in opleiding zich na het avondeten in de kantine naar de pub. Het Brompton Hospital had geen eerstehulpafdeling en daarom was het zeer onwaarschijnlijk dat er 's nachts spoedeisende operaties zouden plaatsvinden, temeer omdat het weekend was. We hadden al een aantal biertjes op toen de telefooncentrale ons waarschuwde dat een straalvliegtuig van de Amerikaanse luchtmacht onderweg was met een jonge man die in IJsland bij een verkeersongeluk gewond was geraakt. Hij had een scheur in de aortawand en Mister Paneth kwam eraan om hem te opereren. Een probleemgeval, zowel vanwege die verwonding als vanwege het bier. Het lastige was niet zozeer de alcohol – we waren heel wat gewend – als wel de hoeveelheid urine die zou moeten worden geloosd gedurende een vier uur lange operatie. Ook kon ik me niet drukken, want Paneth had twee assistenten nodig. Met een blaas op springen zou ik me niet kunnen concentreren, maar ik wilde ook geen gezichtsverlies lijden door als een jammerende schooljongen met opgestoken hand toestemming te vragen om even naar buiten te mogen gaan.

Terwijl de specialist van dienst op weg ging om de operatiezaal te regelen overdacht ik mogelijke oplossingen. Misschien een blaaskatheter en een urineopvangzak voor de duur van de operatie? Ik zag het niet zo zitten om die katheter bij mezelf in te brengen. Ook het idee om daar te moeten staan met een urineopvangzak aan mijn been was weinig aanlokkelijk. En toen kreeg ik een ingeving: de operatielaarzen van Lord Brock! Een laars kon heel wat liters aan, en met behulp van een condoomkatheter, een dunwandige rubberslang die vroeger gebruikt werd voor incontinente mannen, was er ook minder kans op een blaasontsteking dan wanneer ik bij mezelf een katheter zou inbrengen.

Ik zocht op de verpleegafdelingen naar de rubberslangen. Ik vond een rol waar ik een stuk van de juiste lengte af sneed, de lengte van de binnenkant van mijn been. Toen ik mijn spullen had, rende ik naar de kleedkamer van de chirurgen omdat ik wanneer de baas aan zou komen klaar wilde staan in de operatiezaal met zoals gebruikelijk mijn clipboard en witte laarzen, en nu dus ook met die rubberslang aan mijn been getapet. En ik haalde het maar net, de ambulance van Heathrow kwam eerder dan verwacht aangescheurd. Die straalvliegtuigen waren snel.

Tegen middernacht hadden we een opening door de ribben aan de linkerkant van de borst gemaakt en we zagen meteen een bloeding. Paneth was in een slecht humeur omdat hij van een kerstfeest was weggeroepen. Zoals ik had voorzien liet het bier zich spoedig gelden en mijn collega-chirurg in opleiding werd rusteloos, ging van de ene voet op de andere staan en verloor zijn concentratie. Ten slotte moest hij zich excuseren en ik nam zijn plaats als eerste assistent over, luid hoestend bij elke stap om het ongewone soppende geluid te maskeren. Ik bleef op zijn plaats staan toen hij terugkwam want ik had nergens last van, ondanks het feit dat mijn rechterlaars langzaam vol begon te lopen. Twintig minuten later moest mijn collega weer naar buiten.

De patiënt was nu buiten gevaar, maar Paneth was nijdig. 'Wat is er mis met hem? Hij heeft zeker de hele avond in de pub doorgebracht, of niet? Hij heeft zitten drinken.'

'Dat zou ik echt niet weten, Mister Paneth. Ik heb de hele avond zitten studeren in de bibliotheek,' antwoordde ik. Ik dacht dat een bliksem me zou vellen, maar dat gebeurde niet.

In plaats daarvan zei Paneth: 'Heel goed, Westaby, neem jij het over en maak de borstkas dicht. En hij kan jou daarbij assisteren, voor de verandering. Tot maandag.'

Ik werkte al het belastende materiaal weg en begeleidde de jonge man naar de intensive care. Niemand had iets in de gaten.

Ik was nu klaarwakker en dronk koffie op de pediatrische intensivecare-afdeling. Ik babbelde met de verpleegsters terwijl ik naar de kleine mensjes keek die op kerstavond voor hun leven vochten in hun warme couveuses. Als chirurgen in opleiding leden we allemaal aan chronisch slaaptekort, maar slapen bood weinig opwinding. Slaap was iets voor de zeldzame vrije weekenden. We waren adrenalinejunkies, continu high, hunkerend naar actie. Van bloedende patiënten naar hartstilstanden. Van de operatiezaal naar de intensive care. Van pub naar feest.

Slaapdeprivatie bevordert de psychopathie van de chirurgische mentaliteit: stressbestendigheid, bereidheid om risico's te nemen, verlies van empathie. Langzaam maar zeker sloot ik me aan bij deze exclusieve club.

4
TOWNSHIP-JONGEN

Genie is één procent inspiratie en negenennegentig procent transpiratie.

– Thomas Edison

Oktober 1979. Ik was chirurg bij het thoraxchirurgieteam van het Harefield Hospital in Noord-Londen. Iedereen die zich specialiseerde in hartchirurgie moest ook longen, keel en slokdarm leren opereren. Dat betekende werken met kankergevallen en dat vond ik zeer deprimerend. Te vaak was de kanker al naar andere delen van het lichaam uitgezaaid, en voor de meeste patiënten was de prognose akelig, waardoor zij ook depressief waren. Bovendien had het werk iets eentonigs. De keuzes waren duidelijk afgebakend: de hele long weghalen of alleen de helft; de linker- of de rechterkant; de bovenkant van de slokdarm verwijderen of de onderkant. Nadat je al deze verrichtingen honderd keer had uitgevoerd was het niet meer zo heel boeiend.

Af en toe was er een uitdagender geval. Mario was een tweeënveertigjarige Italiaanse ingenieur die in Saoedi-Arabië aan een onderhoudsproject werkte. Hij was een joviale huisvader die naar het Saoedisch-Arabische koninkrijk was gegaan in de hoop daar voldoende geld te verdienen om een huis te kunnen kopen. Dat betekende lange werkdagen in een groot industriecomplex dat buiten Djedda in de bloedhete woestijn lag. Toen sloeg het noodlot toe. Plotseling, terwijl hij in een afgesloten ruimte aan het werk was, ontplofte daar een grote boiler, waardoor de ruimte vol stoom kwam te staan. Stoom onder hoge druk. Zijn gezicht en de binnenbekleding van zijn luchtpijp en bronchiën werden verschroeid.

De ontploffing had hem bijna meteen gedood. De verschroeide

weefsels waren dood en grote vellen necrotisch membraan kwamen los van de binnenwand van zijn bronchiën en dreigden deze af te sluiten. Dit puin moest daarom worden verwijderd, met behulp van een ouderwetse starre bronchoscoop, een lange buis van messing met een lampje aan de voorkant die door zijn keelgat en strottenhoofd tot in zijn luchtwegen werd ingebracht.

Mario kreeg deze behandeling regelmatig, bijna dagelijks, om verstikking te voorkomen, en het werd steeds moeilijker om de bronchoscoop door zijn strottenhoofd heen te krijgen. Er vormden zich zoveel littekens dat het al gauw helemaal onmogelijk werd, en toen werd een tracheotomie uitgevoerd – een chirurgische ingreep waarbij een gat werd gemaakt in zijn hals om het ademen mogelijk te maken. De dode bekleding van de bronchiënwanden maakte echter snel plaats voor ontstoken weefsel en massa's cellen begonnen de luchtwegen op te vullen als kalk dat waterleidingbuizen verstopt. Zijn ademhaling werd belemmerd, en zijn toestand ging gestaag achteruit.

Ik kreeg een telefoonoproep uit Djedda. De brandwondenarts die Mario behandelde legde me de afschuwelijke situatie uit en vroeg of we hem advies konden geven. Mijn enige suggestie was om hem per vliegtuig naar Heathrow te sturen, en dan zouden we kunnen zien of we iets konden doen. Zijn bedrijf betaalde de medische evacuatie en de volgende dag kwam hij aan. Destijds was mijn baas in de nadagen van zijn carrière en hij vond het prima dat ik hem uit handen nam wat ik dacht aan te kunnen. Ik kende geen vrees en durfde alles aan. Maar dit betrof een rampzalige toestand bij een man van middelbare leeftijd. Ik vroeg mijn baas om samen naar zijn luchtwegen te kijken en met elkaar een behandelplan te bedenken.

Mario zag er verschrikkelijk uit. Hij snakte naar adem en met een afschuwelijk gorgelend geluid borrelde ontstoken schuim uit zijn tracheacanule. Zijn rood gezicht was zwaar verbrand, schilfers dode huid lieten los en wondvocht sijpelde naar buiten. Hij was van buiten en van binnen verbrand, en het broze en bloedige weefsel dat de hele luchtpijp opvulde zou hem laten stikken. Het was een geweldige verlichting voor hem om onder narcose te worden gebracht.

Terwijl hij het bewustzijn verloor, zoog ik eerst kleverig en bloedig vocht uit het gat in zijn hals, bevestigde daarna een beademingsbuis aan de tracheacanule en kneep in de blaasbalg van zwart rubber. Het was lastig om de longen met lucht te vullen, er was veel weerstand. Ik besloot dat we zouden proberen de starre bronchoscoop op de gebruikelijke manier langs de stembanden en het strottenhoofd in te brengen. Dit heeft veel weg van degenslikken, maar dan door de luchtpijp in plaats van de slokdarm.

Het was voor ons noodzakelijk om goed zicht te krijgen op de volledige luchtpijp en ook op zowel de rechter- als de linkerbronchus. Daarvoor moesten we Mario's hoofd in de juiste hoek draaien zodat de stembanden achter in de keel zichtbaar werden. We deden ons best om daarbij geen tanden af te breken. Vroeger werd deze procedure na longoperaties ook op wakkere patiënten uitgevoerd en ik moest de longen leegzuigen omdat er nooit voldoende fysiotherapeuten waren. Dat ging er toen ruw aan toe, maar liever zo dan verdrinken.

Ik manoeuvreerde de starre kijkbuis langs de tanden en de achterkant van de tong, en tuurde er toen doorheen om het kraakbeenklepje, de epiglottis, te lokaliseren, dat de opening van het strottenhoofd afdekt tijdens het slikken. Door het klepje met de punt van de bronchoscoop op te lichten moet je de glimmend witte stembanden kunnen zien, en de stemspleet daartussen. Dit is de toegang tot de luchtpijp en ik heb deze handeling honderden keren verricht om longkankerbiopten te nemen. Of om pinda's te verwijderen. Maar in het geval van Mario was het strottenhoofd verbrand en de ernstig ontstoken stembanden zagen eruit als rode worstjes, en er was met geen mogelijkheid doorheen te komen. Mario was volledig afhankelijk van zijn tracheacanule.

Ik deed een stap opzij en wilde dit laten zien aan mijn baas door de bronchoscoop stil te houden, vast tegen de tanden gedrukt. Hij gromde wat en schudde zijn hoofd. 'Probeer harder te duwen. Er is toch niets te verliezen, denk ik.'

Opnieuw richtend plaatste ik de punt van de bronchoscoop op de plek waar de stemspleet zou moeten zijn en gaf een duw. De gezwollen stembanden weken uit elkaar en het instrument knalde tegen de tracheacanule. We bevestigden de beademing aan de bronchoscoop en trokken de canule eruit. Normaal zouden we de volledige lengte van de luchtpijp te zien krijgen, tot waar die zich splitst in de twee hoofdbronchiën. Maar niet nu. De luchtwegen zaten letterlijk volgepropt met zich verspreidende weefselcellen en daarom duwde ik de starre kijkbuis voorzichtig verder en gebruikte de zuigfunctie om het bloed en de losgelaten weefselresten op te zuigen. Tegelijkertijd blies ik zuurstof door de buis. Zo hoopte ik te kunnen zien hoe ver de luchtwegen verbrand waren. Uiteindelijk kwamen we gezond weefsel tegen, halverwege beide hoofdbronchiën. Maar nu begon het beschadigde weefsel te bloeden.

Mario's knalrode gezicht was eerst paars geworden en werd nu met de minuut blauwer. Daarom nam de baas het over; hij tuurde door de buis en verplaatste die af en toe om beter zicht te krijgen. Mario's toestand was hachelijk en er was geen kant-en-klare oplossing voor. Wanneer je niet kunt ademen ga je dood. Gelukkig hield na verloop van tijd het bloeden op en nadat de smurrie was weggezogen was de luchtweg beter dan voorheen. We plaatsten de tracheacanule terug en sloten daar de beademing op aan. Beide zijden van zijn borstkas bewogen en beide longen vulden zich. Dat op zich was al een triomf, maar hoe het nu verder moest bleef ongewis. We waren het erover eens dat zijn toekomstperspectief zeer slecht was.

Twee dagen later klapte Mario's linkerlong in elkaar en we moesten de volledige procedure weer herhalen. Het zag er nog net zo slecht uit. Het littekenweefsel bleef woekeren, en hij was volledig bij bewustzijn aan de beademing, maar zeer angstig.

Langzame verstikking is de afschuwelijkste manier van sterven. Ik herinnerde me mijn grootmoeder die stikte door een kankergezwel van de schildklier. Men had haar gezegd dat ze een tracheotomie nodig had, maar de operatie moest worden afgebroken. Bijgevolg zat ze dag en nacht rechtop in bed naar adem te snakken. Ik herinner me dat ik manieren trachtte te bedenken om haar te helpen. Waarom was het niet mogelijk om een buis dieper in te brengen, tot voorbij de obstructie? Waarom konden ze die tracheacanules niet langer maken? Een voor de hand liggende gedachte, maar men zei me telkens opnieuw dat zoiets onmogelijk was.

Zoals ik kon zien door de bronchoscoop was de situatie bij Mario bijna identiek. Hij had een omleiding nodig, om de volledige luchtpijp en de twee hoofdbronchiën heen, anders zou hij over enkele dagen dood zijn. De luchtweg openhouden met behulp van de bronchoscoop, daar konden we niet eindeloos mee aan de gang blijven. Magere Hein was aan de winnende hand. Hij stond klaar met de zeis om toe te slaan.

Optimist van nature bleef ik me afvragen of er iets anders was wat we zouden kunnen doen. Zouden we een Y-vormige buis kunnen maken om voorbij de verbrande luchtwegen te komen? De baas dacht van niet want die zou immers verstopt raken door secreties. Als dat niet zo was had iemand dat toch allang gedaan bij longkanker? Toen schoot me iets anders te binnen. Een bedrijf in Boston, Massachusetts, met de naam Hood Laboratories produceerde een buis van siliconenrubber met een zijstuk voor een tracheacanule dat de Montgomery T-tube heette, naar de kno-chirurg die het had uitgevonden. Misschien moest ik ze opbellen en het probleem uitleggen.

Toen ik later op de dag opnieuw de bronchoscopieprocedure uitvoerde bij Mario deed ik metingen om precies te berekenen hoe lang de buis moest worden om in elke bronchus te kunnen komen. Diezelfde avond belde ik Hood op. Het was een klein familiebedrijf en ze waren zeer hulpvaardig; ze bevestigden dat nog niemand zo'n procedure had geprobeerd, maar ze toonden zich bereid om een buis te maken die zich Y-vormig splitste, op de juiste maat voor Mario's luchtpijp en hoofdbronchiën. Ik zei hun dat we hem dringend nodig hadden. Binnen een week leverden ze hem af, gratis, blij dat ze behulpzaam konden zijn in dit uitzonderlijke geval. Nu was het aan mij om te bedenken hoe ik het ding bij Mario naar binnen zou krijgen.

Ik zou de beide uiteinden van de buis tegelijkertijd in de afzonderlijke bronchiën moeten trekken met behulp van geleidingsdraden. Maar draden waren te scherp en gevaarlijk voor het delicate siliconenrubber; ik had iets nodig wat stomp en onschadelijk was. Om vernauwingen van de slokdarm te verwijden gebruikten we elastische rubberslangen, zogenoemde bougies. Twee van de dunste bougies zouden door de T-Y-buis kunnen gaan, en dan elk afzonderlijk door een afsplitsing van de Y. Ik zou de bougies een voor een door de beschadigde luchtpijp in de juiste bronchus kunnen inbrengen en vervolgens de buis daaroverheen in de juiste positie schuiven. Ik maakte tekeningen van elke stap van de procedure en liet die zien aan de andere thoraxchirurgen. Men was unaniem van mening dat we absoluut niets te verliezen hadden. Zonder een of andere waanzinnige nieuwe aanpak zou Mario zeker doodgaan.

De volgende dag brachten we hem naar de operatiezaal, verwijderden de tracheacanule en brachten de bronchoscoop langs zijn strottenhoofd in. Ik deed ditmaal mijn best om daarbij zo min mogelijk bloeding te veroorzaken. De tracheotomie werd chirurgisch vergroot zodat de T-Y-buis erdoorheen zou kunnen en vervolgens werden de twee bougies in de linker- en rechterbronchus ingebracht. We konden dit volgen door de bronchoscoop. Tegelijk werd Mario telkens als dat kon beademd met honderd procent zuurstof. Tot zover ging alles goed. Ik smeerde de buis van siliconenrubber in met glijmiddel en duwde die door de chirurgische opening naar beneden. De twee Y-afsplitsingen weken uit elkaar

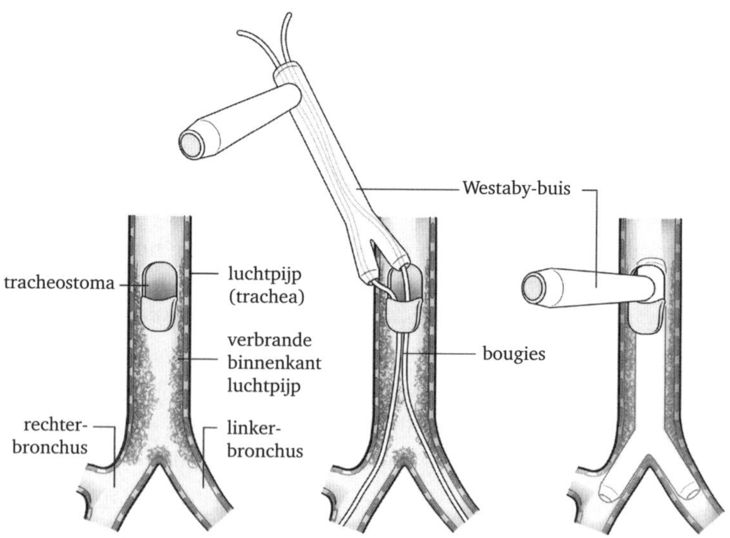

Methode voor het inbrengen van de Westaby-buis

en gleden in de beide hoofdbronchiën naar binnen. Toen ik weerstand voelde hield ik op met duwen. Het zat goed. Dit was beter dan seks. De baas zette zich schrap en trok de bronchoscoop terug tot in het strottenhoofd.

Hij deed zijn Ierse afkomst eer aan: '*Crikey*, moet je dit zien,' riep hij uit. 'Westaby, je bent verdomme een genie.' De vreselijk gehavende luchtpijp was nu vervangen door een schone witte buis van siliconenrubber, en de Y-vertakkingen zaten perfect op hun plaats. Er was geen plooi of vernauwing, en onderaan bevonden zich de schone, onbeschadigde luchtwegen.

Ondertussen was Mario blauw aangelopen door zuurstofgebrek. We waren allemaal zo opgewonden dat we waren opgehouden hem te beademen, en we begonnen hem als razenden zuurstof in te blazen. Zijn longen waren nu gemakkelijk vol te blazen door de wijde buizen van siliconenrubber. Het was een ware openbaring. Of dit zo zou blijven, wisten we niet, dat zou de tijd ons leren. Dat hing af van of Mario krachtig genoeg was om vochtafscheidingen door de kunstmatige luchtwegen uit te hoesten, en of wij in staat zouden zijn om hem via de zijtak leeg te zuigen en te beademen. Wanneer de zwelling in zijn strottenhoofd en van zijn stembanden zou zijn verdwenen, zouden we die zijtak afsluiten met een rubberen stop. Dan zou hij weer kunnen ademhalen en spreken door zijn eigen strottenhoofd, als dat zou genezen. Er waren nog heel wat onzekerheden, maar voorlopig was Mario veilig. Hij kon ademhalen. Vijftien minuten later werd hij wakker en zag er enorm opgeknapt uit.

Ik zou in vervoering hebben moeten zijn omdat mijn opzet was geslaagd, maar dat was ik niet. Ik bevond me in een neerslachtige gemoedstoestand. Ik had een prachtige baby, mijn dochter Gemma, maar ik zag haar nooit. Ik woonde namelijk in het ziekenhuis. Dat begon aan me te vreten, en ik compenseerde dat door elke operatie die zich maar aandiende uit te voeren. Ik was permanent beschikbaar maar was in de greep van een bedrukkende rusteloosheid.

Mario herstelde intussen goed, hoewel het leven zonder stem lastig was. Hij kon slijmsecreties ophoesten door de buis en die zo schoonhouden – iets wat niemand voor mogelijk had gehouden –

en werd naar huis gestuurd, naar zijn familie in Italië. Verheugend was dat Hood de T-Y-stent in productie nam en het de 'Westaby-tube' noemde. We gebruikten hem vaak bij patiënten bij wie longkanker de lagere luchtwegen dreigde af te sluiten, en voorkwamen daarmee dat ze zo gruwelijk moesten lijden aan ademnood als mijn grootmoeder. Waarom had niemand dit bedacht toen zij dat nodig had en ik me zo ellendig voelde?

Ik heb nooit geweten hoeveel Westaby-tubes er zijn gemaakt, maar hij heeft jarenlang in Hoods catalogus van medische artikelen gestaan. Mijn oorspronkelijke tekeningen werden gepubliceerd in een tijdschrift voor thoraxchirurgie en hebben anderen als leidraad gediend. Toen ik nog thoraxchirurgie beoefende bleef ik de buis gebruiken voor complexe luchtwegproblemen, vaak tijdelijk, totdat bestraling en chemotherapie de tumor deden slinken. Het was de nalatenschap van mijn grootmoeder. Daarna kwam de zeldzame gelegenheid om de kunstmatige luchtwegen te gebruiken in combinatie met mijn expertise met de hart-longmachine.

In 1992 was ik in Kaapstad uitgenodigd voor een conferentie om de vijfentwintigste verjaardag te vieren van de eerste harttransplantatie ter wereld door Christiaan Barnard. Op die bijeenkomst vroeg Susan Vosloo, een bekende kinderhartchirurg, om een zieke tweejarige peuter te komen zien die al enkele weken in het Red Cross Hospital verbleef. Kleine Oslin woonde in een uitgestrekt getto van Kaapstad, gelegen tussen de luchthaven en de stad, vele hectares vol tenten en hutjes van blik of hout, met brak water en weinig sanitaire voorzieningen. Niettemin was hij een opgewekt kereltje dat speelde met olievaten, blikjes en stukjes hout. Een ander leven kende hij niet.

Op zekere dag was de defecte gastank in de hut ontploft en muren en dak vlogen in brand. De explosie had Oslins vader op slag gedood terwijl Oslin ernstige brandwonden opliep aan gezicht en borst. Erger nog was dat hij tijdens de explosie heet gas had ingeademd, net als Mario. De ongevallenafdeling van het Red Cross Hospital redde zijn leven door hem te intuberen en te beademen voordat hij stikte en behandelde zijn brandwonden door intraveneus vocht toe te dienen, en met antibiotica. De kleine peuter was in staat om de uitwendige brandwonden te overleven, maar zijn leven was in gevaar door de inwendige verbrandingen aan luchtpijp en hoofdbronchiën. Zonder regelmatig wegzuigen van dood weefsel en afscheidingen met de bronchoscoop zou hij onherroepelijk stikken. Bovendien was zijn gezicht ernstig verminkt, was hij bijna blind en kon hij geen voedsel doorslikken, enkel zijn speeksel. Daarom kreeg hij vloeibare voeding via een maagsonde.

Susan had een artikel in een vakblad onder ogen gekregen over Mario en de buis die ik had ontworpen, en hoewel Oslin veel kleiner was, vroeg ze zich af of we iets konden doen om hem te helpen. Toen ik de peuter voor het eerst ontmoette, droeg hij een felrood shirtje. Hij had stevig zwart krullend haar en reed op een kinderfietsje over de afdeling, met zijn rug naar mij toegekeerd. Susan riep hem en hij draaide zich om. Mijn adem stokte toen ik zijn gezicht zag. Hij had geen haar op de voorkant van zijn hoofd en geen oogleden meer voor de witte oogbollen. Zijn neus en lippen waren ernstig verbrand. Op zijn hals had hij een netwerk van littekens met in het midden een tracheacanule. En het geluid dat hij maakte bij het ademhalen was hartverscheurend. Eerst kwam er een langdurig luid geratel van dik slijm wanneer hij lucht naar binnen trok en dan een kort piepend geluid wanneer hij met kracht lucht naar buiten perste. Het was erger dan een griezelfilm en ongelooflijk droevig. Het eerste dat in me opkwam was: arm kind, waarom is hij niet tegelijk met zijn vader doodgegaan. Dat zou veel genadiger zijn geweest.

Vreemd genoeg was hij gelukkig, want voor de explosie had hij nooit een fietsje gehad. Ik knielde op de grond om met hem te praten. Hij keek recht naar me, maar ik kon niet uitmaken of hij mijn gezicht zag want zijn hoornvliezen waren ondoorzichtig en ik hield daarom zijn handje vast. Hier was geen ruimte voor objectief beoordelen. Ik kon niets anders dan hem helpen, ook al wist ik niet goed hoe dat zou kunnen. Dat zouden we nog uitzoeken.

Op dat tijdstip was ik hoofd van de afdeling hartchirurgie te Oxford, en ik moest terug om te opereren. Hoe dan ook, er was in Kaapstad geen Westaby-tube, en zelfs als er daar een was geweest, zou die veel te groot zijn geweest voor dit kind. Zou ik Hood in

Boston kunnen overhalen een kleinere te maken? Waarschijnlijk wel, maar niet binnen het tijdsbestek dat ons ter beschikking stond. Als Oslin in de komende weken longontsteking zou krijgen, zou hij stellig doodgaan.

Mijn terugvlucht naar Heathrow was de volgende dag, en in plaats van te gaan lunchen in de haven vroeg ik aan Susan of ze me Oslins township wilde laten zien. Kaapstad was van alle steden op de hele wereld mijn favoriete, maar dit was een aspect ervan dat ik nog niet kende: duizenden hectares ellende en verdorvenheid waar een gewapende escorte noodzakelijk was. Ik zou over enkele weken terugkeren wanneer ik de buis had, en een operatieplan – daar zou ik tijdens de vlucht over nadenken. Maar het stond me snel voor ogen en toen we in Heathrow waren geland, had ik het operatieplan tot in detail uitgewerkt.

Drie weken later was ik terug in het Children's Hospital. Daar had men al een fondsenwervingscampagne op touw gezet om Oslin te helpen en om mijn onkosten te vergoeden. Maar dat speelde allemaal geen rol. Ik voelde me gedreven om Oslin te helpen omdat geen enkel kind op aarde zo'n lot verdiende. Ik vermoed dat duizenden Vietnamese kinderen hetzelfde hebben ondergaan door napalm, maar die had ik nooit ontmoet. Oslin kende ik nu en ik gaf om hem. En hetzelfde gold voor de artsen en verpleegkundigen van het Red Cross Hospital. Misschien gold het voor heel Kaapstad. Toen de taxi van het vliegveld de stad binnenreed zag ik de ene lichtmast na de andere met daaraan bevestigd krantenbillboards: 'Engelse chirurg vliegt naar Kaapstad om stervend townshipkind te redden'. Van druk gesproken.

In het ziekenhuis ontmoette ik voor het eerst Oslins moeder. Toen de gastank ontplofte was ze op haar werk en nu was ze zichtbaar depressief. Ze zei bijna niets maar ondertekende het toestemmingsformulier voor een operatie, dat ik zelfs niet begreep.

We opereerden de volgende ochtend. Ik had de buis voor volwassenen moeten aanpassen door beide bronchiale aftakkingen in te korten, alsmede het T-stuk voor de tracheostoma en het bovenstuk dat onder zijn stembanden zou komen. Maar zelfs deze verkorte volwassenenbuis zou niet passen in de beschadigde luchtpijp van een tweejarig kind. Mijn opzet was om zijn belangrijkste luchtwegen rond de buis te reconstrueren. Als dat zou lukken zou hij zelfs wijdere luchtwegen hebben dan voor het ongeval.

Het was duidelijk dat hij niet zou kunnen ademen of beademd worden tijdens de reconstructieve ingreep, daarom zouden we hem opereren met behulp van de hart-longmachine. Dat betekende dat we zijn borstbeen zouden openen zoals bij een hartoperatie. Het lastige deel was om toegang te krijgen tot de gehele lengte van de luchtpijp en de hoofdbronchiën via een incisie in de voorkant van zijn borstkas terwijl deze structuren direct achter het hart en de grote bloedvaten liggen.

Ik had de werkwijze al uitgeprobeerd op een lijk in de snijzaal te Oxford. De aorta en de ernaast liggende holle ader konden uit elkaar worden getrokken met banden om de achterkant van het hartzakje vrij te maken, net zoals het opentrekken van twee gordijnen om uitzicht te krijgen op een boom. Vervolgens zou met een verticale snede tussen de twee bloedvaten door het onderste deel van de luchtpijp en de beide hoofdbronchiën worden blootgelegd.

Mijn plan was om deze beschadigde luchtwegen open te snijden en schoon te maken, en dan de gemodificeerde T-Y-stent in te brengen. Vervolgens zouden we de voorkant van de geopende luchtwegen repareren en de buis afdekken met een stuk van Oslins eigen hartzakje. Precies zoals je een elleboogstuk op een versleten mouw van een jasje naait. Heel simpel. Het zou allemaal rond de buis moeten genezen en misschien zouden we na verloop van tijd de kunstmatige buis kunnen verwijderen, wanneer alle weefsels weer goed waren geheeld rondom de inwendige buis van siliconenrubber. Dat was in elk geval mijn operatieplan. Misschien was 'wensdroom' een realistischere aanduiding geweest, maar niemand had een betere oplossing.

De incisie in de huid begon in Oslins hals vlak onder zijn strottenhoofd en ging omlaag tot aan het kraakbeen aan het onderste uiteinde van zijn borstbeen. Aangezien hij vermagerd was doordat hij niet kon eten was er geen vet en de elektrocauterisatie sneed meteen tot op het bot, dat we vervolgens doorzaagden. Ik sneed zijn vlezige, overtollig geworden thymusklier weg en dissecteerde het bovenste deel van zijn ontstoken luchtpijp vrij, terwijl hij beademd werd door zijn tracheacanule. We moesten hem aan de hart-longmachine aansluiten voordat we die canule konden verwijderen en de rest van zijn luchtwegen konden blootleggen. De metalen wondspreider trok zijn smalle borst vol littekens open, en gaf meer zicht op de buitenste laag van het hartzakje. Het voorste stuk hiervan werd uitgesneden om later de luchtwegen mee af te dekken. Ik zag zijn hartje vrolijk kloppen. Een gezond kloppend kinderhartje is iets wat ik zelden te zien krijg, want de meeste zijn misvormd en doen het slecht.

Toen ik zover was om de luchtpijp open te snijden zetten we de hart-longmachine aan. Hierdoor werden de longen stilgezet en we konden de onsteriele tracheacanule weghalen om het operatiegebied schoon te houden. Door de opening was de verwoesting goed zichtbaar. De luchtwegen van kleine Oslin leken op een riool. Ik maakte met elektrocauterisatie een snede over de gehele lengte van de luchtpijp en ging door met snijden in beide hoofdbronchiën totdat ik gezond luchtwegweefsel tegenkwam helemaal aan de rand van waar we bij konden komen. Er stroomden grote hoeveelheden slijmerige secreties uit de verstopte luchtwegen naar buiten. Daarna schraapten we beschadigd weefsel van de wanden, waardoor deze zoals voorspelbaar gingen bloeden.

Maar de bloedingen konden worden gestelpt met elektrocauterisatie, en vervolgens plaatsten we de glimmend witte T-Y-buis van siliconenrubber in de luchtwegen en dekten deze af met de lap van Oslins eigen hartzakje. Ik paste de lengte van de buizen van siliconenrubber een laatste keer aan om het helemaal goed te krijgen en hechtte toen de lap op zijn plaats om het implantaat af te sluiten. Die hechting moest luchtdicht zijn, want anders zou het beademingstoestel lucht in de weefsels van hals en borst blazen, waardoor Oslin opgeblazen zou raken als een michelinmannetje. We bevestigden de glanzende nieuwe adembuizen aan het beademingstoestel en bliezen lucht in de kleine longen. Er was geen lekkage. Beide longen vulden en leegden zich op normale wijze. Er ging een golf van opwinding door de operatiekamer. De highriskstrategie werkte.

Toen de hart-longmachine werd losgekoppeld gingen Oslins hartje en zijn longen goed aan het werk, en de beademingsdruk kon veel lager worden ingesteld. Onze anesthesist mompelde: 'Ongelooflijk. Dit had ik nooit voor mogelijk gehouden.' Ik beëindigde de reconstructie door het hartzakje weer te sluiten en vroeg toen de assisterende chirurg om de drains te plaatsen en de borstkas weer dicht te maken.

Door het raam van de operatiezaal zagen we Oslins moeder zitten, nog steeds wezenloos en verstijfd van angst. Ik verwachtte een heftige reactie op ons nieuws. Maar ze was emotioneel te uitgeput om opluchting te kunnen voelen; ze greep gewoon mijn hand en drukte die. Ze fluisterde: '*God bless you*', en een traan rolde over haar pokdalige wang. Ik wenste haar een beter leven in de toekomst, hoe dan ook.

De intensivecare-afdeling was blij Oslin weer terug te hebben. De meeste van hun patiënten waren townshipkinderen met hartoperaties, en sommige van de verpleegsters woonden in die omgeving. Ze hadden wekenlang voor Oslin en zijn depressieve moeder gezorgd, en hadden ze beide achteruit zien gaan. En nu was 'UK Doc' naar Kaapstad gevlogen om 'Township-jongen' te redden en was daarin geslaagd. Ik was hier trots op. Dit was het moment om weg te rijden, de ondergaande zon tegemoet.

Oslin knapte op en kon vrij ademen door de witte buis van siliconenrubber in zijn hals. Spreken kon hij niet, maar hij kreeg hoornvliestransplantaten. Kunnen ademen en kunnen zien, dat was het maximale wat hij kon krijgen. De kleine familie werd verhuisd naar een betere, sociale woning aan de rand van de stad – simpel maar schoon, en een stuk veiliger. Een longontsteking zou nog steeds dodelijk kunnen zijn, en daarom nam ik de eerste maanden vaak contact op met Kaapstad. Het ging goed met Oslin en zijn moeder ging vooruit dankzij antidepressiva. Op een gegeven moment belde ik niet meer op.

Er gingen achttien maanden voorbij en toen kwam er een brief van het Red Cross Hospital. Oslin was dood aangetroffen in zijn huis en niemand kon zeggen wat er was gebeurd. Soms is het leven gewoon shit.

5
DE JONGE VROUW ZONDER NAAM

Droomde dat mijn kleine baby weer begon te leven, dat hij alleen maar was afgekoeld, en dat we hem voor het vuur warm wreven en dat hij weer leefde. Wakker worden en geen baby vinden.

– Mary Shelley, auteur van *Frankenstein*

De jonge vrouw was bloedstollend mooi, met ogen als laserstralen – alsof de verschroeiende hitte van de woestijn niet volstond (50 graden overdag). Wanneer ze die ogen op mij richtte gaf ze een boodschap door – van oog tot oog, pupil tot pupil, netvlies tot netvlies –, recht tot in mijn hersenschors. Ze stond daar met een bundeltje vodden in haar armen en ik begreep precies wat ze me vroeg: 'Red mijn kind, alsjeblieft.' Maar ze heeft nooit iets gezegd. Nooit. Tegen niemand van ons. En we zijn nooit te weten gekomen hoe ze heette.

Het koninkrijk Saoedi-Arabië, 1987. Ik was jong en kende geen vrees. Ik voelde me onoverwinnelijk en was enorm zelfverzekerd; kort daarvoor was ik als specialist aangesteld te Oxford. Waarom bevond ik me dan in de woestijn? Hartoperaties kosten veel geld. We hadden hard gewerkt om het nieuwe hartcentrum van Oxford op te bouwen en een achterstand van zieke harten weg te werken, maar het jaarbudget was na vijf maanden op en dus sloot het management onze afdeling. De patiënten konden het zelf uitzoeken. De cardiologen kregen te horen dat ze die maar weer naar Londen moesten doorsturen.

De dag voordat mij de toegang tot de operatiezaal werd ontzegd had ik een telefoontje gekregen van een gerenommeerd Saoedisch hartcentrum dat de gehele Arabische wereld bediende. Hun hoofdchirurg had drie maanden ziekteverlof nodig en ze waren op zoek naar een tijdelijke vervanger die zowel aangeboren hartafwijkingen als volwassen harten kon opereren – een zeer zeldzame soort. Op de dag dat ik werd gebeld was ik niet geïnteresseerd, maar de dag daarop wél. Drie dagen later zat ik in het vliegtuig.

Het was Djoemada al-thani in het Midden-Oosten, de 'tweede maand van droogte', en ik had nog nooit zo'n hitte meegemaakt. De niet-aflatende schroeiend hete sjamal-wind die zand de stad in blies. Maar het was een prachtig hartcentrum. Mijn medische collega's vormden een selecte mix van in het buitenland opgeleide Saoedische mannen, Amerikanen die door belangrijke opleidingscentra om toerbeurt hierheen werden gestuurd om ervaring op te doen en dan de bende huurlingen uit Europa, Australië en Azië.

Verpleging was hier totaal anders. Saoedische vrouwen konden geen verpleegkundigen worden omdat dit beroep als verdacht en onwaardig werd beschouwd en er bovendien een cultureel taboe op rustte vanwege de noodzaak met het andere geslacht om te gaan. Daarom kwamen alle vrouwelijke verpleegkundigen uit het buitenland; de meesten met een contract voor een of twee jaar. Huisvesting was gratis, ze betaalden geen belastingen en bleven slechts lang genoeg om geld te sparen voor die anders onbetaalbare hypotheek. Daar stond tegenover dat ze geen auto mochten besturen, achter in de bus moesten plaatsnemen en zich altijd volledig moesten bedekken in het openbaar.

Mijn nieuwe omgeving intrigeerde me: de regelmatige oproepen tot gebed vanaf de minaretten, de verleidelijke aroma's van sandelhout, wierook en amber rondom het ziekenhuis, de geur van Arabische koffie die geroosterd werd op een bakpan, of die met kardemom werd gekookt. Het was een heel andere leefstijl en het was belangrijk om je aan de regels te houden – hun cultuur, hun voorschriften, strenge straffen.

Voor mij betekende dit een unieke kans omdat ik elke denkbare aangeboren afwijking kon opereren. Er waren ontelbare jonge patiëntjes met reumatische hartafwijkingen die hierheen werden gestuurd uit afgelegen steden en dorpen waar antistollingsmiddelen, die we in het Westen als iets vanzelfsprekends beschouwen, onbekend zijn. De gezondheidszorg op het platteland was middeleeuws, en we moesten nieuwe manieren uitvinden en improviseren om hun hartkleppen operatief te repareren in plaats van ze te vervangen door prothesen. Ik herinner me dat ik toen vond dat iedere hartchirurg hier ervaring zou moeten komen opdoen.

Op een ochtend kwam er een knappe jonge pediatrisch cardioloog van de Mayo Clinic, het wereldberoemde medisch centrum in Minnesota, me opzoeken in de operatiezaal. Zijn openingszet was: 'Mag ik je iets werkelijk interessants laten zien? Ik wed dat je zoiets nog nooit eerder hebt gezien', waarna hij snel doorging met: 'Het is spijtig, maar ik betwijfel of jij er iets aan zult kunnen doen.' Ik was al vastbesloten zijn ongelijk te bewijzen voordat ik het geval zelfs gezien had; voor chirurgen is het ongewone altijd een uitdaging.

Hij plaatste een röntgenfoto op een lichtbak. Op een gewone borstfoto is het hart niet meer dan een grijze schaduw, maar een geoefend oog kan er toch veel aan aflezen. Dit was duidelijk: een klein kind met het hart aan de verkeerde kant van de borstkas, een zeldzame anomalie, dextrocardie genoemd. Normaal zit het hart links. Bovendien was er vocht op de longen te zien, een aanwijzing voor hartfalen. Maar dextrocardie alleen kan daar niet de oorzaak van zijn. Er moest nog een ander probleem zijn.

De enthousiaste Mayo-cardioloog was me aan het testen. Hij had het achttien maanden oude jongetje al gekatheteriseerd en wist het antwoord. Ik deed een verstandige gok om indruk te maken. 'In dit deel van de wereld is het misschien wel het syndroom van Lutembacher.' Dat is dextrocardie waarbij het hart ook een groot gat vertoont tussen het rechter- en het linkeratrium, en er bovendien reumatische koorts optreedt, waardoor de mitralisklep vernauwd is. Door deze zeldzame combinatie van afwijkingen krijgen de longen te veel bloed toegevoerd terwijl de rest van het lichaam te weinig krijgt. De Mayo-man was onder de indruk. Maar ik kreeg nog geen sigaar!

Hij wilde dat ik mee zou komen naar het katheterisatielaboratorium om het angiogram te bekijken (bewegende röntgenbeelden gemaakt met behulp van contrastvloeistof ingespoten in de bloedvaten om de anatomie beter zichtbaar te maken). Hoewel ik nu genoeg begon te krijgen van dit examen ging ik met hem mee. In de holte van het linkerventrikel bevond zich een onheilspellende massa, onder de aortaklep, die de bloedtoevoer naar het lichaam bijna afsloot. Ik zag dat dit een tumor was en of die nu wel of niet goedaardig was, het kind zou hierdoor niet lang meer kunnen leven. Zou ik hem kunnen verwijderen?

Ik had nog nooit een operatie op een dextrocardiehart gezien. Er waren maar weinig jonge chirurgen die zoiets hadden gezien, en de meesten zouden het ook nooit te zien krijgen. Maar ik had wel veel ervaring met harttumoren bij kinderen. Ik had zelfs een artikel over dit onderwerp gepubliceerd in de Verenigde Staten, en de pediatrische cardioloog had dat gelezen, waardoor ik nu dé expert op dit gebied was in Saoedi-Arabië.

De meestvoorkomende tumor bij baby's is een goedaardige massa van abnormaal hartspierweefsel en bindweefsel, een zogeheten rabdomyoom. Dat gaat vaak samen met een hersenafwijking die epileptische toevallen veroorzaakt. Niemand wist of de kleine jongen aan toevallen leed, maar het was zeker dat hij zou sterven door obstructie van het hart. Ik informeerde naar de leeftijd van de jongen en vroeg of zijn ouders op de hoogte waren van zijn hopeloze toestand. Dat was het begin van dit tragische verhaal.

Het jongetje en zijn jonge moeder werden door het Rode Kruis op sterven na dood aangetroffen op de grens tussen Oman en Zuid-Jemen. Ze waren allebei uitgehongerd, gedehydrateerd en half bewusteloos. Kennelijk had ze haar zoontje door de woestijn en de bergen van Jemen gedragen, wanhopig op zoek naar medische hulp. Ze werden per vliegtuig naar het militaire ziekenhuis van Oman te Masqat overgebracht, waar men zag dat ze nog steeds probeerde borstvoeding te geven. Iets anders om haar zoontje te voeden had ze niet, maar ook haar eigen melk was opgedroogd. Toen men de jongen via een intraveneus infuus vocht toediende, kreeg hij ademhalingsproblemen en werd hartfalen gediagnosticeerd. Op haar beurt had de moeder erge buikpijn en hoge koorts door een ontsteking aan het kleine bekken.

Jemen was wetteloos gebied. Ze was er verkracht, mishandeld en verminkt. En niet alleen dat: ze was Afrikaans en niet Arabisch. Het Rode Kruis vermoedde dat ze in Somalië was gekidnapt en naar de Golf van Aden was gebracht om als slavin te worden verkocht. Maar ze wisten het niet met zekerheid, en wel door een bijzondere reden. Ze sprak nooit. Geen enkel woord. En ze toonde nauwelijks enige emotie, zelfs niet als reactie op pijn.

Toen men in Oman de röntgenfoto van de borstkas van de jongen bekeek en dextrocardie zowel als hartfalen had gediagnosticeerd, werd hij overgebracht naar ons ziekenhuis. En nu vroeg de man van de Mayo zich af of ik een mirakel kon volbrengen. Ik wist dat de Mayo Clinic een beroemde kinderhartchirurg had en dus vroeg ik weifelend aan mijn collega wat dokter Danielson zou doen.

'Opereren, denk ik,' zei hij. 'Er is niets te verliezen, het is nu een aflopende zaak.' Dat antwoord had ik verwacht.

'Oké, dan zal ik doen wat ik kan,' zei ik. 'Op z'n minst komen we te weten wat voor tumor hij heeft.'

Wat moest ik nog meer weten over de jongen? Niet alleen zijn hart in zijn borstkas zat aan de verkeerde kant, maar ook alle organen in zijn buikholte waren in spiegelbeeld gepositioneerd. Dat is wat we situs inversus noemen. De lever bijvoorbeeld zat links boven in de buikholte en de milt zat rechts. Een groter probleem was het gat tussen het linker- en rechteratrium, waardoor bloed dat uit het lichaam terugstroomde en bloed uit de longaders ongehinderd gemengd werd. Bijgevolg was het zuurstofgehalte in de slagaders naar het lichaam lager dan het moest zijn. Zonder zijn donkere huidskleur zou hij meteen als een 'blauwe baby' zijn gediagnosticeerd, waarbij veneus bloed in de slagaders terechtkomt. Dit is ingewikkelde materie, zelfs voor artsen.

Geld was hier geen probleem. We hadden geavanceerde echocardiografie, wat in die dagen nieuw en opwindend was. Daarbij wordt gebruikgemaakt van dezelfde ultrasone geluidsgolven die ook dienen om ondergedoken onderzeeboten op te sporen, en met de nodige ervaring konden scherpe beelden van het binnenste van het hart worden verkregen en ook drukverschillen worden gemeten aan weerszijden van een obstructie. Ik kreeg een scherp beeld van het gezwel in het kleine linkerventrikel, glad en rond als het ei van een krielkip, en ik was ervan overtuigd dat het goedaardig was. Als ik hem ervan kon bevrijden, zou het niet opnieuw groeien.

Mijn plan was om de obstructie te verwijderen en het gat in het hart dicht te maken, een ambitieuze poging om de normale fysiologie te herstellen. In principe was dit eenvoudig genoeg maar met een omgekeerd liggend hart in de verkeerde kant van de borstkas toch problematisch, en ik wilde daarbij niet voor verassingen komen te staan. Dus deed ik wat ik altijd doe bij lastige gevallen: ik maakte een gedetailleerde tekening van de anatomie.

Was de operatie mogelijk? Dat wist ik niet, maar we moesten het proberen. Zelfs als we er niet in zouden slagen de tumor volledig te verwijderen zou het kind al geholpen zijn, hoewel, als het een zeldzaam kwaadaardig geval betrof, zouden zijn vooruitzichten slecht zijn. We waren er echter allemaal van overtuigd dat het een goedaardig rabdomyoom betrof.

Het was het moment om kennis te maken met de jongen en zijn moeder. Mayo-man nam me mee naar de kinderafdeling voor speciale zorg, waar de patiënt voeding kreeg via een maagsonde door de neus, wat hem absoluut niet beviel. Zijn moeder zat met gekruiste benen op een mat naast de wieg en ze bleef dag en nacht aan zijn zijde.

Toen we dichterbij kwamen stond ze op. Ze was heel anders dan ik had verwacht – verbluffend mooi met een opvallende gelijkenis met het model Imam, weduwe van David Bowie. Ze had pikzwart haar, lang en steil, en hield haar dunne armen over haar borst gekruist. Het Rode Kruis had vastgesteld dat ze afkomstig was uit Somalië, en omdat ze christelijk was, was haar hoofd onbedekt.

Haar lange, tengere vingers omklemden een bundeltje met haar zoontje, de waardevolle doeken die hem beschermd hadden tegen de zon en hem warm gehouden hadden tijdens de koude woestijnnachten. Als een navelstreng kwam de infuusslang uit de windsels tevoorschijn en leidde naar een fles infuusvoeding die aan een infuusstandaard hing, een witte oplossing met glucose, aminozuren, vitamines en mineralen om weer wat vlees op zijn schrale botjes te krijgen.

Haar ogen richtten zich op de vreemdeling, de Engelse hartchirurg over wie ze had gehoord. Ze boog haar hoofd lichtjes achterover in een poging om gereserveerd te blijven. Een druppel zweet vormde zich laag op haar hals en gleed omlaag naar haar borstbeen. Ze werd angstig en haar adrenaline begon te stromen.

Ik probeerde haar in het Arabisch toe te spreken. '*Sabah al-khair, aysh ismuk*?' (Goedemorgen, wat is uw naam?). Ze zei niets en keek naar de vloer. Ik ging door, om indruk te maken: '*Terref arabi*?' (Verstaat u Arabisch?). Daarna: '*Inta min weyn*?' (Waar komt u vandaan?) Nog steeds geen antwoord. Ten einde raad vroeg ik ten slotte: '*Titakellem ingleezi*?' (Spreekt u Engels?) '*Ana min ingliterra*.' (Ik kom uit Engeland.)

Toen keek ze op, haar ogen wijdopen, en ik wist dat ze me had verstaan. Ze opende haar lippen maar er kwamen geen woorden. Ze was stom. Ook Mayo-man was met stomheid geslagen, maar door mijn kennis van het Arabisch. Hij wist niet dat die nu bijna was uitgeput. Het leek erop dat ze mijn pogingen waardeerde en ze liet haar schouders zakken. Ze ontspande zich. Ik wilde een vriendelijk gebaar maken en haar hand vastnemen, maar in deze omgeving was dat onmogelijk.

Ik gebaarde dat ik de jongen wilde onderzoeken, en dat vond ze goed als ze hem maar kon blijven vasthouden. Ik was geschokt toen ik zijn linnen windsels wegtrok. Het kereltje was uitgemergeld en al zijn dunne ribjes waren zichtbaar. Hij had geen greintje vet op zijn lijfje en ik kon zijn bizar hartje zien kloppen in zijn borstkas. Hij ademde snel om de stijfheid van zijn longen te overwinnen, zijn buik stond bol van het vocht en zijn vergrote lever was duidelijk zichtbaar aan de andere kant dan normaal. Omdat zijn huidskleur anders was dan die van zijn moeder veronderstelde ik dat zijn vader een Arabier was. Zijn donkere olijfkleurige huid vertoonde een vreemde uitslag en ik dacht dat ik angst zag in zijn ogen.

Zijn moeder bedekte zijn gezichtje weer met een doek als om het te beschermen. Het was het enige dat ze bezat in de wereld, deze jongen, en een paar vodden en ringen. Een golf van medelijden voor hen alle twee sloeg door me heen. Chirurgie was mijn vak, maar mijn objectiviteit was verdwenen en ik werd meegesleurd in deze draaikolk van wanhoop.

In die dagen bezat ik een rode stethoscoop en die plaatste ik op de borst van het kind, in een poging om een professionele indruk te maken. Ik hoorde een zwaar gemurmel als er bloed langs de tumor naar de aortaklep werd geperst, en het krakende geluid van natte longen, zelfs het gorgelen en borrelen van lege ingewanden. De kakofonie van het menselijk lichaam.

Daarop zei ik: '*Mumken asaduq*?' (Geeft u me toestemming om u te helpen?) Heel even dacht ik dat ze antwoordde. Haar lippen bewogen en die ogen van haar keken me recht aan. Ik voelde dat ze '*Naam*' (Ja) mompelde. Ik probeerde haar uit te leggen dat ik het hart van de jongen moest opereren om hem beter te maken zodat ze beiden een beter leven zouden krijgen. Toen er tranen in haar ogen kwamen wist ik dat ze me had begrepen.

Hoe kon ik haar ertoe brengen om het toestemmingsformulier te ondertekenen? We lieten een Somalische tolk komen, die woord voor woord vertaalde wat ik zei, maar er kwam geen reactie. Ze bleef onbewogen terwijl ik me uitsloofde om haar de complexiteit van de chirurgische ingreep duidelijk te maken. Omschrijving van de operatie: 'Opheffing van de obstructie van bloeduitstroom uit linkerventrikel bij dextrocardie'. Dan een kort zinnetje in mijn eigen voordeel omdat het mij, tenminste op papier, vrijwaarde van elke schuld: 'Hoog-risicogeval'. Ik was ervan overtuigd dat deze operatie de enige overlevingskans was voor de jongen, dus een kruisje van de moeder was alles wat er nodig was. Maar het was wel een volmacht over haar hele leven, over haar enige bestaansreden. Ten slotte nam ze de pen uit mijn hand en zette een krabbel op het formulier, waarop ik eerst Mayo-man vroeg om zijn handtekening te plaatsen. Daarna ondertekende ik zelf, zonder naar het document te kijken – ik keek naar haar ogen, ik denk om een blik van instemming te ontwaren. Haar huid glinsterde van transpiratie; haar adrenaline schoot omhoog en ze beefde van de zenuwen.

Nu moesten we haar alleen laten. Ik maakte duidelijk dat ik de operatie zondag zou doen, wanneer de beste kinderanesthesist aanwezig zou zijn, en nam vervolgens afscheid in het Arabisch en het Engels, om te laten zien dat ik nog steeds mijn best deed.

Dat was donderdagmiddag, de dag voor het Saoedische weekend, en mijn collega's waren van plan om me mee te nemen naar de woestijn: overnachten op zandduinen onder de nachtelijke hemel, om zo aan de benauwde stad te ontkomen. Het konvooi vertrok vroeg in de avond, toen de gloeiende hitte begon af te nemen. Toen de weg ophield ploegden de jeeps nog kilometers voort door het zand. Ze hadden daar de vaste regel om nooit met slechts één voertuig de woestijn in te gaan. Wanneer je dan pech kreeg, kon dat het einde betekenen, zelfs al zat je maar op twintig kilometer van het ziekenhuis.

De woestijnnacht was helder en koud. We zaten rond het kampvuur, dronken zelfgemaakte sterkedrank en keken naar vallende sterren. Een bedoeïenenkaravaan met kamelen passeerde stilletjes op nog geen tweehonderd meter afstand; in het maanlicht glommen zwaarden en kalasjnikovs. Ze namen geen enkele notie van ons.

Ik voelde me ongemakkelijk en vroeg me af hoe de moeder dat had volbracht. Lopend in de nacht, in de hoop overdag een schuilplaats te vinden, water en het kind om te dragen; alleen hoop kon haar overeind hebben gehouden. Hoe moeilijk het ook zou worden, ik verlangde vurig het kind te redden en ze allebei te zien aansterken.

De operatie zou zeker niet eenvoudig zijn en ik wist nog steeds niet goed hoe ik bij deze tumor moest zien te komen. De obstructie was alleen bereikbaar door de punt van het linkerventrikel wijd open te maken, en dat zou zijn pompfunctie verhinderen. Ik bleef maar alle stappen van de operatie in gedachten doorlopen en stelde me daarbij telkens opnieuw dezelfde vraag: Wat als? Met conventionele chirurgie waren de technische uitdagingen van dit rechts gelegen hart vrijwel onoverkomelijk. Zou de jongen meer kans maken als hij in de Verenigde Staten door een meer ervaren chirurg zou worden geopereerd? Ik dacht van niet omdat de combinatie van pathologische toestanden waarschijnlijk uniek was. Er was gewoon niemand met meer ervaring, ook al hadden ze een beter team. Ik had een redelijk goed team en geweldige apparatuur, het beste wat er te krijgen was. Dus ik was de juiste man voor deze taak, nietwaar?

Toen, terwijl ik omhoog staarde naar de Melkweg, had ik mijn eurekamoment. Opeens stond me voor ogen wat de voor de hand liggende manier was om de tumor te bereiken. Het was mogelijk een buitenissige aanpak, maar ik had nu een plan.

Op zaterdag riep ik de anesthesie- en chirurgieteams bij elkaar om het geval te bespreken, en ik liet ze de nieuwste plaatjes zien van de ongewone anatomie. Toen vertelde ik hun het hartverscheurende verhaal van de moeder en de jongen, iets wat helemaal niet gebruikelijk is want zoveel van wat er in de operatiezaal gebeurt blijft onpersoonlijk, wat misschien ook wel het beste is bij operaties op mensen die het mogelijk niet zullen overleven. Iedereen was het erover eens dat de jongen zou sterven als we niet iets zouden proberen, maar tevens was men terecht bezorgd dat de tumor niet operabel zou zijn in een dextrocardiehart. Ik antwoordde dat we dat alleen te weten zouden komen door het te proberen, maar ik hield mijn mond over mijn operatieplan.

Ik bracht een warme, rusteloze nacht door in mijn appartement, mijn hoofd sloeg op hol, verstoord door allerlei irrationele gedachten. Zou ik thuis in Engeland dit risico nemen? Deed ik dit voor de patiënt of voor de moeder – of misschien wel voor mezelf om er later over te kunnen publiceren? En als ik zou slagen, wie zou er dan zorgen voor deze slavin en haar onwettige kind? De jongen was een last. In Jemen zou men hem onder een struik achterlaten zodat de wolven hem op zouden eten. Het was alleen de moeder die ze hebben wilden.

De gebedsoproep in de vroege ochtend maakte een einde aan mijn onrust. Het was al 28 graden toen ik van mijn appartement naar het ziekenhuis liep. Moeder en kind kwamen naar het operatiezalencomplex en waren om zeven uur 's ochtends in de anesthesiekamer. Ze was de hele nacht wakker gebleven met haar kind in haar armen en de hele nacht hadden de verpleegkundigen zich zorgen gemaakt dat ze het zou opgeven en ervandoor zou gaan. Dat had ze niet gedaan, maar ze waren nog altijd bezorgd of ze de jongen wel uit handen zou geven.

Ondanks de premedicatie schreeuwde hij en sloeg in de rondte toen men hem onder narcose begon te brengen. Vreselijk voor de moeder – en lastig voor de anesthesiestaf – maar dit is dagelijkse routine bij kinderchirurgie. Toediening van gas door het gezichtsmasker maakte hem uiteindelijk voldoende rustig om een infuusnaald in een ader te krijgen en hem buiten bewustzijn te brengen. Zijn moeder wilde met hem meegaan naar de operatiezaal, en de afdelingszusters moesten haar ten slotte wegsleuren. Nu brak rauwe emotie door in haar gezicht – wat ze ook aan lichamelijke pijn mocht hebben geleden, dit was veel erger voor haar. Maar nog steeds kwam er geen enkel woord over haar lippen.

Ik bleef onbewogen in de koffiekamer zitten totdat de ophef voorbij zou zijn en genoot van dikke Turkse koffie en dadels als ontbijt. De cafeïneshot was goed voor mijn ADHD, maar wakkerde ook mijn verantwoordelijkheidsgevoel aan. Wat als de jongen zou sterven? Dan had ze niets meer, niemand meer in de hele wereld.

Een van de Australische operatiekamerassistentes kwam binnen om me te vragen de instrumenten te controleren, de extra spullen waar ik om had gevraagd voor het radicale plan dat ik onder de donkere woestijnhemel had bedacht. Ik moest dat nog aan mijn team meedelen.

Naakt op het glanzend zwarte vinyl van de operatietafel was dit kleine lijfje een zielig gezicht, uitgemergeld en zonder een greintje van dat vet waar iedere zuigeling recht op heeft. In plaats daarvan waren zijn magere beentjes opgezwollen door vocht. De paradox van hartfalen: de spieren worden vervangen door water maar het gewicht blijft gelijk. Zijn uitstekende dunne ribben bewogen op en neer met de beademing, want hij probeerde nu niet meer om zelf adem te halen. Nu begreep iedereen waarom de moeder hem zo fel beschermde. We konden het hart zien kloppen aan de verkeerde zijde van de borstkas en de omtrek van zijn lever was zichtbaar aan de andere kant van zijn opgezwollen buik. Alles was verkeerd, in spiegelbeeld; voor toeschouwers fascinerend om te zien maar voor mij een angstaanjagende uitdaging. Ik had een dextrocardie-operatie bijgewoond in de Verenigde Staten en een andere in Great Ormond Street. Dit was de eerste keer dat ik het zelf zou doen.

De jongen had nog steeds strepen opgedroogd zout op zijn wangen, van de traumatische scheiding van zijn moeder. Wat zei ik ook alweer wanneer men me vroeg of ik nooit bang was om aan een operatie te beginnen? ‘Nee. Ik ben het niet die op de tafel ligt!’ Maar hoewel ik geen aanleg voor angst heb, bevond ik me nu op gevaarlijk terrein met een niet geteste procedure in een weinig vertrouwde omgeving. Ik voelde zweetdruppels langs mijn rug glijden. Oxford leek ineens heel erg ver weg.

Iedereen was blij toen dat kleine fragiele lichaam bedekt was met blauwe doeken, waardoor alleen nog maar een rechthoekig stuk donkere huid zichtbaar bleef boven het borstbeen. Het was nu geen kind meer, maar een chirurgische uitdaging. Totdat we opeens zijn angstige moeder tegen de deuren van de operatiezaal hoorden bonken. Ze was aan haar oppassers ontglipt en weer teruggekomen. Na een korte strijd lieten ze haar in de gang zitten, vlak bij de operatiezaal. Haar dag was al traumatisch genoeg zonder dat men haar nog een tweede keer zou wegsleuren.

Terug in de operatiezaal gleed het scalpelmesje van links naar rechts over de lengte van het borstbeen van de jongen, totdat er een druppel helderrood bloed op het plastic doek sprong. De elektrocauterisatie maakte onmiddellijk een eind aan het bloeden terwijl het sissend het witte bot bereikte, wat me deed denken aan die uitspraak in *Apocalypse Now*: ‘Ik hou van de geur van napalm in de ochtend.’ De pluim witte rook vertelde me dat de diathermie te veel kracht had, en ik waarschuwde de technicus dat we een kind aan het opereren waren en niet een paus gekozen hadden, dus of hij alsjeblieft het voltage wat lager wilde draaien.

Het middenrif werd omhooggedrukt door de vochtophoping als gevolg van hartfalen. Ik maakte een kleine opening naar de buikholte van de jongen en strokleurig vocht piste in de wondopening. Het luidruchtige zuigapparaat verwijderde bijna een halve liter vocht via de drain en zijn buik werd platter. Een zeer snelle manier om gewicht kwijt te raken. De zaag ging door het borstbeen en sproeide kraaltjes van beenmerg op het plastic. Hij maakte een bres in de rechterborstholte, waardoor een stuk van de stijve, roze, doorweekte long zichtbaar werd. Er stroomde meer vocht naar buiten en de drainfles moest verwisseld worden. Zonder twijfel was dit kind er zeer ernstig aan toe.

Vol ongeduld om het aangeboren verwrongen hart te zien te krijgen, sneed ik de overbodig geworden thymusklier weg en sneed het hartzakje open – de vezelige zak die het hart omsluit. Ik voelde me zo opgewonden en vol verwachting als bij het uitpakken van een kerstcadeau.

Iedereen wilde het dextrocardiehart goed bekijken voordat ik begon, dus ik deed een stap naar achteren en kon me even ontspannen. Ik was van plan om het vernauwde kanaal onder de aortaklep weer te openen door zo veel mogelijk vast tumorweefsel te verwijderen en vervolgens het gat in de wand tussen de twee atria dicht te maken. Ik gaf opdracht om over te gaan op de hart-longmachine en zette vervolgens het hart stil met cardioplegische vloeistof. Daar lag het nu, koud, stil en slap, onder in het hartzakje. Ik duwde zachtjes op de spier en kon door de hartwand de rubberachtige tumor voelen. Ik was er nu zeker van dat ik de tumor met een conventionele aanpak niet volledig kon bereiken en dat het weinig zin had om gewoonweg verkennend in het ventrikel te gaan snijden, waar zijn bloedsomloop afhankelijk van was. Dus zei ik tegen mezelf: 'Doen, gewoon doen.' Plan B. De eureka-optie, iets wat waarschijnlijk nog nooit eerder is gedaan. De perfusionist begon het hele lichaam af te koelen van 37 naar 28 graden. De jongen zou waarschijnlijk twee uur lang aan de hart-longmachine aangesloten blijven.

Nu had ik geen andere keuze dan plan B aan de rest van het team uit te leggen. Ik wilde het hart van de jongen uit zijn borst snijden, het op een nierbekken vol ijs leggen om het koel te houden, en het opereren op een zijtafel. Zo kon ik het orgaan naar believen draaien en keren om mijn werk te doen. Ik vond het een briljant idee, maar ik moest wel snel doorwerken.

De procedure was vergelijkbaar met het verwijderen van een donorhart voor transplantatie en het dan terug vast te hechten bij dezelfde patiënt. Vroeger, in de tijd dat ik onderzoek deed, had ik kleine rattenhartjes getransplanteerd. Het hart van deze jongen zou geen probleem opleveren, ook al was de anatomie ongebruikelijk. Ik sneed de aorta door net boven de oorsprong van de kransslagaders, en daarna ook de belangrijkste longslagader. Door deze bloedvaten naar mij toe te trekken werd het dak van het linkeratrium aan de achterkant van zijn hart zichtbaar. Ik sneed door de atria en liet alle grote aders afkomstig van lichaam en longen op hun plaats. Vervolgens haalde ik de ventrikels eruit terwijl ik het grootste gedeelte van beide atria op hun plaats achterliet. Daarna plaatste ik de koude, slappe spier op het ijs, zoals je dat met een donorhart doet.

Nu kon ik de tumor zien in het uitstroomgebied van het linkerventrikel. Om hem te verwijderen begon ik met er een kanaal doorheen te snijden, zodat het hart niet langer verstopt zou zijn. De rubberachtige textuur van de tumor was een indicatie voor goedaardigheid, en dat gaf me het optimistische gevoel juist te hebben gehandeld. Mijn twee assistenten waren beiden geschokt en gefascineerd door de lege borstkas, en ze assisteerden me niet goed. Hoe langer dit hart zonder bloedtoevoer zou blijven, des te waarschijnlijker zou het falen wanneer ik het terug had geïmplanteerd. Om eerlijk te zijn, de Australische operatieassistente was veel slimmer dan deze twee assistenten, dus vroeg ik haar om me te helpen. Ze wist instinctief wat er gebeuren moest en bracht de nodige vaart in de procedure.

Ik twijfelde of ik alleen het hoognodige zou weghalen of het radicaal zou aanpakken. Ik wilde echter de moeder van de jongen kunnen vertellen dat ik de tumor volledig had verwijderd. Daarom volgde ik hem tot in de ventrikelwand, tot dicht bij de elektrische bedrading van het hart. Ik wist waar dit zich bevond in een normaal hart, maar in dit geval was de lokalisatie minder zeker. Na dertig minuten injecteerde ik een nieuwe dosis cardioplegische vloeistof in beide kransslagaders om het hart goed koud en slap te houden en vijftien minuten later was het werk gedaan.

Ik bracht het hart van de jongen terug naar zijn lichaam, sloot de ventrikels weer aan op de randen van de atria en begon het vast te naaien. Ik was werkelijk onder de indruk van mezelf en in mijn hoofd had ik het artikel voor het vakblad al half klaar. Tijdens het re-implantatieproces maakte ik ook het gat in het hart dicht, dus met wat geluk was hij genezen.

Dit onderdeel van de operatie moest volkomen foutloos gebeuren, aangezien deze hechtingen volledig onbereikbaar zouden zijn in het kloppende hart. Toen beide atria terug verbonden waren met de rest van het hart, was het tijd om de aorta weer aan te sluiten, en bloed in de kransslagaders te laten stromen. Het hart zou opnieuw gaan kloppen en we konden het lichaam van de jongen gaan opwarmen. Het enige wat er nog te doen viel, was de verbinding met de belangrijkste longslagader te herstellen. Inmiddels waren de chirurgische assistenten een beetje van hun schrik bekomen; ze waren weer op bekend terrein nu het hart terug op zijn plaats zat.

Meestal begint een kinderhart spontaan en snel te kloppen wanneer de bloedstroom weer is hersteld, maar dit hart was te langzaam. Bovendien kon ik zien dat de atria en de ventrikels niet met dezelfde snelheid contraheerden. Daaruit leidde ik af dat het prikkelgeleidingssysteem tussen beide delen van het hart niet werkte. Dat is geen goede zaak want een gecoördineerd hartritme is veel efficiënter. De anesthesist had dit al opgemerkt op het elektrocardiogram, maar hij zei niets. Na afkoeling gaat het prikkelgeleidingssysteem vaak voor een tijdje in slaap en wordt dan spontaan weer actief.

Tien minuten later was er nog niets veranderd. Ik moest de elektrische bundel hebben doorgesneden bij de dissectie van de tumor. Shit, wat een blamage. Hij zou nu een pacemaker moeten krijgen. Behalve hierover maakte ik me grote zorgen over nog een ander probleem. Een getransplanteerd hart verliest namelijk ook zijn verbinding met zenuwen die van de hersenen komen. Deze zenuwen versnellen of vertragen automatisch de hartslag bij inspanning of een verandering in het bloedvolume. Deze denervatie, in combinatie met de verstoring van het elektrische prikkelgeleidingssysteem, zou een echt groot probleem kunnen worden.

Mijn eerdere euforie, optimisme en zelfingenomenheid verdwenen snel en de jonge moeder kwam terug in mijn gedachten. Dit was niet het moment om mijn concentratie kwijt te raken. Er zat nog steeds lucht in de ventrikels en dat moest eruit worden gelaten, daarom stak ik een holle naald in de aorta en in de longslagader. Uit beide vaten ontsnapte sissend lucht. Toen er lucht in de bovenste rechterkransslagader kwam, zette het rechterventrikel zich uit en stopte met pompen.

De jongen moest nog eens vijftien minuten aan de hart-long80 machine totdat deze gevolgen waren uitgewerkt. In die tijd plaatste ik voorlopige pacemaker-elektroden op het rechteratrium en -ventrikel. We zouden zijn hartslag zo onder controle houden totdat de cardiologen een permanente pacemaker zouden kunnen implanteren. Geleidelijk aan verbeterde de hartfunctie. De obstructie was weg, de longen konden hun werk doen, zijn leven was bevrijd van hartfalen en kortademigheid. Althans, dat hoopte ik.

De polsslag van de jongen was slechts 40 per minuut, minder dan de helft van wat het had moeten zijn. We versnelden tot negentig met de externe pacemaker, en meteen begon er bloed op te wellen achter het hart. Ik nam aan dat dit een aanhoudende bloeding door de hechtnaad moest zijn, dus zei ik de perfusionist dat hij de hart-longmachine uit moest zetten en het hart moest legen, terwijl ik het optilde om de hechtnaad te inspecteren. Niets. Het zag er geweldig uit. Geen lekkage.

Toen we de machine na dertig seconden opnieuw aanschakelden, welde er opnieuw bloed op. Ik inspecteerde de verbindingen van de aorta en longslagader. Ook daar was geen lek. Uiteindelijk ontdekte mijn eerste assistent dat er bloed uit de aortawand sijpelde. De naald waarmee de lucht was weggezogen had de achterwand geraakt en daar een gaatje in geprikt. Dit zou later geen rol meer spelen wanneer de bloedstolling eenmaal op gang was gekomen, zodat we de jongen van de hart-longmachine loskoppelden en zijn borstkas weer dichtmaakten.

Ik kreeg amper de tijd om ons succes te laten bezinken want er kwam een bericht van de cardiologieafdeling voor volwassenen. Ze hadden zojuist een jonge man binnen gekregen, het slachtoffer van een verkeersongeval bij hoge snelheid. Hij had zijn veiligheidsgordel niet om gehad en zijn borst was met grote kracht tegen het stuurwiel geslagen. Hij was in shock en zijn bloeddruk kon niet worden hersteld met behulp van infusie van reanimeervloeistof.

Röntgenfoto's van de borst, gemaakt in het doorverwijzende ziekenhuis, lieten een gebroken borstbeen en een vergrote hartschaduw zien. Zijn halsaders waren opgezwollen, hetgeen erop wijst dat er zich bloed onder druk in het hartzakje bevindt. Dat was niet alles. Het echocardiogram liet zien dat de tricuspidalisklep tussen zijn rechteratrium en -ventrikel ernstig lekte, en dat was de oorzaak van zijn aanhoudend lage bloeddruk en zijn ernstige shock. De man moest dringend worden geopereerd, en of ik alstublieft snel kon komen en hem kon zien voordat het te laat was?

Ik vond het erg onaangenaam om weg te moeten van de jongen maar er was geen andere keuze. Toen ik de operatiezaal verliet zag ik de moeder met gekruiste benen in de gang zitten, alleen en wanhopig. Ze had daar al vijf uur zitten wachten, en ik besefte dat ze een instorting nabij was. Ze had haar emoties te lang moeten opkroppen aangezien ze om een of andere reden niet in staat was om te communiceren. En dan hadden we haar voddenbundeltje meegenomen. Ze zag me, sprong overeind en schoot in paniek. Was de operatie gelukt? Ik hoefde niets te zeggen. We keken elkaar in de ogen, van pupil tot pupil, van netvlies tot netvlies. Mijn glimlach volstond om duidelijk te maken dat haar zoon nog in leven was.

Wat konden voorschriften en de toekijkende cardiologen me schelen. Ik moest gewoon haar een beetje genegenheid tonen en ik stak een plakkerige hand naar haar uit, me afvragend of ze die zou aannemen of op afstand zou blijven. Dit vriendelijke gebaar verlichtte haar gespannenheid. Ze greep mijn hand en begon hevig te beven.

Ik trok haar naar me toe en hield haar stevig vast, alsof ik haar wilde zeggen: 'Je bent nu veilig, we zullen niet toestaan dat iemand je nog leed berokkent.' Toen ik haar losliet, klemde ze zich aan me vast en begon onbedaarlijk te huilen. Er gingen golven van zich ontladende emoties door de gang van het ziekenhuis en mijn Saoedische collega's bleven gegeneerd staan. Het duurde een tijdje om haar tot bedaren te brengen en de anderen werden steeds ongeruster over hun eigen traumapatiënt.

Ik vertelde haar dat haar zoon spoedig uit de operatiezaal zou worden gebracht in een intensivecare-wiegje, en dat er allerlei infusen en drains aan hem vast zouden zitten, die haar angstig zouden maken. Ze kon beslist met hem meegaan, maar ze mocht zich nergens mee bemoeien. Opnieuw had ik het gevoel dat ze Engels verstond, maar voor het geval dat dat niet zo was herhaalde een van de cardiologen alles wat ik zei in het Arabisch. Toen gingen we weg om de echocardiogrammen van de gewonde man te bekijken, de ultrasone inspectie van zijn ventrikels.

Op dat moment lag de traumapatiënt op sterven. Hij had een gescheurde tricuspidalisklep, een zeldzame vorm van letsel door plotse vertraging bij hoge snelheid, iets wat we nooit te zien krijgen vanwege onze wettelijk verplichte veiligheidsgordels. Het rechterventrikel was geplet toen het borstbeen brak en naar achteren geduwd werd tegen de wervelkolom, en de plotse druktoename had de hartklep laten scheuren. Wanneer het hart zich nu contraheerde werd het bloed zowel naar voren als naar achteren gestuwd. Er kwam maar weinig bloed in de longen terecht en het hart kon zich niet goed vullen vanwege het bloed in het hartzakje. Dit noemen we harttamponnade.

Toen ik eenmaal de plaatjes had gezien verloor ik geen tijd met een bezoek aan de patiënt. Ik moest die borstkas openbreken, de harttamponnade opheffen en zo mogelijk de tricuspidalisklep repareren. We moesten hem snel aan de hart-longmachine zien te krijgen om de bloedstroom naar de hersenen te herstellen en de zorgwekkend slechte toestand van zijn stofwisseling te corrigeren. Iemand achter me fluisterde toen: 'Haast je niet. Hij is een gek. Hij heeft de andere chauffeur gedood.' Ik zei niets. Dat had hier niets mee te maken. Ik liep vastberaden terug naar de operatiezaal en ontmoette onderweg de kleine groep op weg naar de kinderafdeling van de intensive care. Het snelle, regelmatige gebliep van de hartslagmonitor was geruststellend. Zonder haar blik af te wenden stak de moeder haar hand uit toen we elkaar passeerden, en ik deed hetzelfde. Contact.

Ik had eigenlijk bij het kind moeten blijven op de intensive care, op zijn minst gedurende de eerste uren, totdat ik er zeker van was dat zijn toestand stabiel was. Maar nu was dat niet mogelijk. De traumapatiënt lag snel op de operatietafel en werd gereanimeerd. Zijn gezicht was zwaar verminkt en hij had uitgebreide kneuzingen over de gehele borst, en de randen van het gebroken borstbeen waren uit hun normaal verband met de ribben gedrukt. Maar dat zouden we allemaal met pinnen en draden kunnen repareren.

Enkele minuten later had ik de borst openliggen en schepte klonters gestold bloed in een nierbekken. Hierdoor verbeterde zijn bloeddruk, maar zijn rechterventrikel leek op een gehakte biefstuk – het contraheerde ook niet beter dan zo'n biefstuk – en zijn rechteratrium zag eruit alsof het zou barsten. Dus sloot ik de slangen van de hart-longmachine rechtstreeks aan op de grote aders. Toen we de hart-longmachine in werking zetten liep zijn hart leeg en sprong heen en weer onder in het hartzakje als een natte vis. Hij was gered, op het nippertje!

Na een flinke snede in het rechteratrium te hebben gemaakt lag de gescheurde klep precies voor me. Hij vertoonde een scheur als in een gordijn, maar het was gemakkelijk te repareren zoals je het met een gescheurd doek zou doen. Ik testte het uit door het rechterventrikel te vullen met een bolspuit. Geen lekkage. Ik hechtte het atrium dicht en verwijderde de klemmen om het weer te vullen. Het werk was klaar. Het geplette stuk vlees functioneerde beter dan verwacht en maakte de hart-longmachine overbodig. Toen vond ik het genoeg geweest. Ik liet de reparatie van het gebroken borstbeen en het dichtmaken van de borstkas over aan mijn assistenten. Hij zou vast in leven blijven om de gevangenis in te gaan.

De zon ging onder na een hete en moeilijke dag. Een tijdlang voelde ik me goed, tevreden over twee 'op het nippertje'-operaties, lastigere gevallen dan veel hartchirurgen in hun hele carrière zouden tegenkomen. Ik snakte naar een biertje, naar vele biertjes, maar hier was dat met geen mogelijkheid te krijgen. Ik vroeg me af of de moeder nu gelukkiger was. Ze had bereikt waarvoor ze op pad was gegaan: behandeling van haar stervende kind.

Ik had geen bericht gekregen van de intensive care en nam daarom aan dat de jongen het goed maakte. Fout. Ze waren al in de problemen. Om de een of andere reden hadden de artsen aan de tijdelijke pacemaker gezeten en het ritme van de elektrische impulsen van de generator was daardoor hetzelfde als het natuurlijke hartslagritme, met als gevolg dat het hart ging fibrilleren. Ogenblikkelijk ontstond het ongecoördineerde, wriemelende ritme dat de dreigende dood aankondigt.

Om dit tegen te gaan hadden ze uitwendige hartmassage toegepast totdat er een defibrillator was gehaald. Door de krachtige hartmassage was de pacemakerelektrode van het atrium losgeraakt. Hoewel het hart bij de eerste stroomstoot defibrilleerde, was het patroon van opeenvolgende prikkeling van eerst atrium en dan ventrikel verstoord. Nu konden alleen de ventrikels worden geprikkeld. Het gevolg was een plotselinge afname van de pompwerking van het hart, en de nieren waren gestopt met urineproductie. De jongen ging snel achteruit maar niemand had me gewaarschuwd omdat ik met een andere zware operatie bezig was. Shit.

Gedurende dit debacle was de arme moeder bij de wieg gebleven en ze had gezien hoe ze op de borst van de jongen duwden en had vervolgens gezien hoe de elektrische schok zijn kleine lijf had doen opspringen en stuiptrekken. In elk geval had hij slechts één stroomstoot nodig gehad om te defibrilleren. Het resulterende bliep-bliep-bliep kon haar niet geruststellen, en net als met haar kind ging het ook met haar bergafwaarts.

Toen ik haar zag had ze zijn kleine hand vast omklemd en er stroomden tranen over haar wangen. Ze was zo gelukkig geweest toen ze met hem terugkwam van de operatiezaal. Nu was ze wanhopig en ik was dat ook. Het was duidelijk dat deze intensivecare-artsen geen begrip hadden van de fysiologie van harttransplantaties.

En hoe zouden ze? Ze hadden nooit eerder te maken gehad met harttransplantaties en daarom begrepen ze niet dat wanneer het hart uit het lichaam wordt gehaald, ook de normale zenuwverbindingen worden doorgesneden. Ze prikkelden het hart om honderd keer per minuut te slaan, maar met een ontoereikend volume aan bloed. Tegelijkertijd bestookten ze het met hoge doses adrenaline om de bloeddruk omhoog te jagen. Hierdoor vernauwden zich de slagaders naar zijn spieren en organen, waarbij de bloeddruk ten koste ging van de bloedstroom en dat veroorzaakte op zijn beurt een chaos in de stofwisseling.

De intensivecare-verpleegkundige die op de jongen lette zag er gespannen uit en ze was blij me te zien. Ze was een zeer competente Nieuw-Zeelandse en ze had duidelijk geen hoge dunk van de dienstdoende intensivecare-arts. Het eerste wat ze zei was: 'Hij plast niet en ze doen er niets aan', meteen gevolgd door: 'Als u niet oppast zullen ze uw goede werk naar de klote helpen!'

Ik legde mijn hand op het been van de kleine jongen, de beste manier om de pompwerking van het hart te beoordelen. Zijn voeten hadden warm moeten zijn, met een voelbare polsslag. Ze waren koud. Hij had wijdopen bloedvaten nodig, minder weerstand tegen de bloedstroom en minder behoefte aan zuurstof. Dus ik paste alles aan. De verpleegkundige was nu geruster, maar de intensivecare-arts was van zijn stuk gebracht en belde de specialist van dienst op. Dat vond ik prima. Ik zei de specialist om meteen van huis naar hier te komen om de zaak te bespreken.

We bevonden ons op de dunne scheidslijn tussen herstel en dood. Veel hing af van deskundig beleid, door van minuut tot minuut, bij elke hartslag, de cocktail van krachtige medicijnen juist af te stemmen om de pompcapaciteit van dit mishandelde kleine hart te maximaliseren. De longen van de jongen waren ontstoken na die lange sessie aan de hart-longmachine en daarom daalden de zuurstofspiegels in zijn bloed. Door het nierfalen was er al dialyse nodig via een katheter in zijn buikholte en met gebruikmaking van geconcentreerde oplossingen om alle giftstoffen weg te krijgen door zijn eigen membranen. Ik had hulp nodig van iemand die ik kon vertrouwen. Mayo-man. Ik zou in de buurt blijven, in een van de kamers waar artsen van dienst sliepen.

De moeder wilde niet dat ik wegging. Ze keek me strak aan en er stroomden tranen over haar wangen. Haar diepe separatieangst weerhield me om weg te gaan, maar ik was op dat moment fysiek uitgeput en bang hoe het zou zijn als de jongen zou sterven. Ze had niemand anders op de wereld, en hoewel ik vriendelijk wilde zijn was het nu tijd om een stap terug te doen. Noem het professionaliteit of zelfbescherming, misschien was het beide. Dus ik verzekerde haar dat Mayo-man op weg hierheen was en ik ging weg.

Het was al ver na middernacht. De kamers voor artsen op afroep keken uit over de daken, de zitkamer opende op een terras onder de nachthemel. Niet zo spectaculair als de nachtelijke zandduinen, maar toch mooi. Er was vruchtensap, koffie, er waren olijven en dadels. En Arabisch gebak. En nog het mooiste: een telescoop om naar de sterren te turen. Ik keek naar niets in het bijzonder, wensend dat ik Engeland zou kunnen zien, en mijn thuis. En nog het meest van alles: mijn gezin.

Nu trachtte ik alles van me af te zetten. Mayo-man wist dat ik 's ochtends andere baby's moest opereren, en ze zouden me alleen roepen als het absoluut nodig was. Ik verlangde er wanhopig naar om een kind te zien dat beter werd, met kleine warme beentjes en vloeibaar goud in zijn urinekatheter. En ik wilde zijn moeder gelukkig zien, met haar jongen in doeken gewikkeld op haar schoot.

Ik viel als een blok in slaap, met die borende ogen op mij gericht, mij smekend om alles weer goed te maken.

Het gezang vanaf de minaretten wekte me bij dageraad. Het was half zes en het feit dat er geen nachtelijke oproep was gekomen, was reden voor voorzichtig optimisme. De operaties van vandaag waren gemakkelijk: gaten in het hart die moesten worden afgesloten met lapjes, zorgvuldig hechtwerk, en genezen voor het leven. Gelukkige ouders.

Al snel dacht ik aan de moeder. Hoe voelde ze zich nu? Ik nam thee mee naar het dakterras terwijl de verzengende zon aan de hemel steeds hoger klom. De lucht was nog steeds koel en fris, de temperatuur draaglijk.

Om zes uur belde Mayo-man me op. Na een pauze van zwaar ademen zei hij: 'Sorry dat ik je met slecht nieuws moet wekken. De jongen is net na drieën gestorven. Plotseling. We konden hem niet meer terug in leven krijgen.' Vervolgens stilte in afwachting van mijn vragen.

Dit soort telefoontjes heb ik gedurende mijn hele carrière gekregen, maar nu voelde ik me miserabel. Ik vroeg wat er was gebeurd. Eerst was de jongen stuiptrekkingen gaan vertonen, mogelijk als reactie op verstoorde stofwisseling en hoge temperatuur, en het waren nogal hevige stuipen die nauwelijks beheersbaar waren met barbituraten. Het zuur- en kaliumgehalte in zijn bloed waren nog steeds hoog omdat de dialyse nog niet was gestart. En toen hij een hartstilstand kreeg konden ze hem niet reanimeren. Mayo-man had geaarzeld om me te wekken met dit slechte nieuws, en hij voelde mee met mijn verlies.

Een vriendelijke gedachte, maar hoe zat het nu met de jonge moeder? Wilden ze dat ik langs zou komen en zou proberen met haar te communiceren? Mayo-man vond dat geen goed idee. Ze had naast de wieg gezeten tijdens de reanimatiepogingen. Nu was ze overduidelijk zwaar aangeslagen, en ze was vreselijk hysterisch geworden toen men haar zei dat haar kind dood was. Ze hadden de wieg naar een aparte kamer gebracht buiten de afdeling, waar ze hem kon vasthouden en met hem alleen kon zijn in haar verdriet. Alle katheters, drains en pacemakerkabels moesten op hun plaats blijven tot na de autopsie. Dat vond ik naar. Hoe kon ze haar levenloze kindje knuffelen als er plastic buizen in alle lichaamsopeningen staken?

Dit is hartchirurgie. Voor mij een normale werkdag, voor haar het einde van de wereld.

Het was alsof een magneet me naar haar toe trok maar ik moest weg blijven. Over een uur werd ik opnieuw in de operatiezaal verwacht en ik moest in topconditie zijn voor de baby van een andere moeder die niet minder liefhebbend was. Wat een klotebaan. Ik leed aan slaapgebrek en was een psychisch wrak dat aan de andere kant van de wereld kleine baby's opereerde.

Ik belde de intensive care voor volwassenen op om te informeren hoe het met de traumapatiënt ging, de man die door roekeloos rijden een ongeluk had veroorzaakt, waarbij hij een andere automobilist had gedood. Met hem ging het goed. Ze stonden op het punt om hem wakker te maken en van de beademing te halen. Het had een zekere wrange ironie. Denkend aan de jongen had ik gewild dat het omgekeerd was gegaan. Verboden gedachten. Van chirurgen wordt verwacht dat ze objectief zijn, niet dat ze humaan zijn.

Vervuld van wanhoop ging ik naar de kantine, waar ik de miserabele pediatrische arts ontwaarde, die zijn ontbijt naar binnen werkte. Ik wilde hem instinctief vermijden, maar het was eigenlijk niet zijn schuld. Ik was het die de operatie had gedaan, en ik had spijt dat ik niet de hele nacht was opgebleven om het mee te maken. Toen hij me zag, bemerkte ik meteen dat hij zat te springen om me iets te vertellen.

Hij vertelde me dat de moeder uit dat kamertje was verdwenen, en dat ze haar dode kindje had meegenomen. Niemand had haar zien of horen weggaan, en men had haar daarna nergens meer gezien. Ik zei één enkel woord: 'Shit.' Ik wilde dit gesprek niet voortzetten. Ik veronderstelde dat ze in de nacht was vertrokken zoals bij haar vlucht uit Jemen, alleen dat ze nu een levenloos bundeltje meedroeg. Ze kon nu overal zijn en ik maakte me zorgen over haar.

Ik vernam het nieuws toen ik bij het eerste geval van die dag met een defecte ventrikelwand het lapje aan het vasthechten was. Saoedisch ziekenhuispersoneel op weg naar hun werk hadden ze gevonden, twee dode lichamen gehuld in doeken aan de voet van het torengebouw. Ze had eerst alle infusen en drains uit het lijfje gehaald alvorens met hem de vergetelheid in te springen, om hem in de hemel terug te vinden. Nu lagen ze tezamen in de koelte van het mortuarium, onafscheidelijk in de dood. Een sterftepercentage van tweehonderd procent.

De meeste schrijvers zouden dit tragische verhaal beëindigen met de zelfdoding van de moeder en de ontdekking van de lijken aan de voet van het torengebouw. Het vernietigende einde van twee fragiele levens. Maar werkelijke hartchirurgie is geen fictie. De baan gaat door, en er waren te veel onbeantwoorde vragen. Ik woon altijd de autopsies bij van patiënten die ik heb geopereerd. Ten eerste om mijn eigen belangen te beschermen – om ervoor te zorgen dat de patholoog begrijpt wat er is gedaan en waarom – en ten tweede als leerervaring, om te zien of er iets beter gedaan had kunnen worden.

De hele dag, elke dag, omgaan met doden maakt mortuariummensen andere mensen, zoals ik wel wist van mijn tijd in het Scunthorpe War Memorial Hospital. De anatomen werken als slagers, snijden de lijken open, verwijderen ingewanden en zagen schedels open om de hersenen eruit te halen. Hier was het een oude Schotse patholoog die de scepter zwaaide. Luisterrijk gekleed in een groen plastic schort en witte rubberlaarzen, met opgerolde mouwen, een sigaret hangend in zijn mondhoek, in zichzelf mompelend, documenteerde hij de doodsoorzaak van het slachtoffer van mijn traumapatiënt. Gebroken nek en hersenbloeding, bovendien een gescheurde aorta – verwondingen door botsing bij hoge snelheid. Ik was voor hem een nieuw gezicht omdat chirurgen zelden het mortuarium bezoeken. Huurlingen hadden zelden interesse om te leren van hun mislukkingen.

Die ochtend lagen er zeven naakte lijken, elk op een eigen marmeren tafel. Mijn aandacht ging meteen naar de moeder en haar kind, die naast elkaar lagen, tot nu toe nog onaangeraakt. Ik legde aan de Schot uit dat ik weinig tijd had. Hij was knorrig maar behulpzaam en zijn assistent kwam erbij. Officieel was alleen het kind mijn patiënt. Zijn hoofd had het eerst de grond geraakt en de schedel was opengespleten, de hersenen waren uiteengespat als bessengelei die op de grond was gevallen. Er was weinig bloed want hij was al dood. Ik had een belangrijke vraag over de hersenen. Leed de jongen aan tubereuze sclerose, een hersenziekte die vaak samen voorkomt met rabdomyomen in het hart? Dat veroorzaakt toevallen en dat kon zijn dood hebben versneld.

Ik maakte de borstincisie zelf weer open door de hechtingen los te maken. Had ik gelijk wat betreft het losraken van de pacemakerelektroden? Dat was moeilijk na te gaan want de moeder had de draden eruit getrokken nadat hij gestorven was. Maar er was een aanwijzing: een bloedklonter die losgekomen was van de zijkant van het rechteratrium. In alle andere opzichten was de operatie een succes geweest. De tumor was bijna volledig weg en de obstructie was verholpen. De Schot liet het hart in een pot met formaline glijden en plaatste het op een plank als een zeldzaam specimen.

De assistent, die de vaart erin wilde houden, sneed de buikholte open en haalde de darmen van het kind eruit. Alle organen lagen spiegelverkeerd en dreven in reanimeervloeistof, maar verder waren ze normaal. Doodsoorzaak: aangeboren hartafwijkingen, operatief behandeld. Een andere assistent stopte de hersenen terug in de schedel en de darmen in de buikholte en naaide de jongen weer dicht. Nadat het gat in zijn hoofd was gerepareerd werd de jongen afgevoerd in een zak van zwart plastic. Einde verhaal. De marmeren tafel werd gereinigd van bloed en lichaamsvloeistoffen en daarmee verdwenen de laatste sporen van zijn tragische korte bestaan. Er was niemand om hem te begraven.

Ik richtte mijn aandacht op het gitzwarte gebroken lichaam van de moeder, dat nu naakt op de aangrenzende tafel lag. Zo mager. Nog steeds ongenaakbaar. Gelukkig waren haar mooie hoofd en lange hals nog intact. Haar vroeger zo stralende ogen waren wijdopen maar uitgeblust en op het plafond gericht. Haar verwondingen waren duidelijk zonder dat men haar open hoefde te snijden: gebroken armen, afschuwelijk verminkte benen, opgezwollen buik door levertrauma. Niemand overleeft zo'n val en dat wist ze. Hoe anders zou alles zijn gelopen als de jongen in leven was gebleven. Het geluk hem op te zien groeien met een werkend hart. Ik keek toe hoe de assistent haar hoofdhuid omlaag klapte over haar gezicht en de schedelkap verwijderde met een cirkelzaag, om het deksel op haar tragische herinneringen te openen. Waarom had ze nooit een woord gezegd?

Als bij een archeologische opgraving, zo kwamen de belangrijke aanwijzingen tevoorschijn. Boven het linkeroor bevond zich een genezen schedelfractuur met schade aan de hersenvliezen en de daarachter gelegen hersenen. Dat was onder meer het centrum van Broca, het gebied van de hersenschors verantwoordelijk voor spraak. Toen de Schot haar zachte hersenen in schijven sneed werd het litteken beter zichtbaar, het strekte zich diep uit en sneed door de zenuwen naar haar tong. Dit waren verwondingen die waren opgelopen toen ze werd gekidnapt in Somalië en die ze had weten te overleven. Het was ook de reden waarom ze nooit sprak; waarom ze alles verstond maar niet kon reageren.

Ik had genoeg gezien. Ik wilde niet toezien hoe haar darmen eruit werden gehaald en hoe haar levensbloed over de marmeren tafel zou stromen. Ik wilde haar gescheurde lever en gebroken wervelkolom niet zien. Ze was gestorven door inwendige bloedingen maar ik herinner me dat ik dacht dat een fatale hoofdwond een humanere dood zou hebben betekend en dat het beter voor haar was geweest als ze in Somalië was gestorven. Dan was haar dat ellendige bestaan in Zuid-Jemen bespaard gebleven. Met deze gedachte bedankte ik de Schot voor zijn behulpzaamheid en liep richting operatiezaal, daar waar mijn plaats was, en verlangend iets goeds te doen, hoopte ik dat deze dag beter zou aflopen.

6
DE MAN MET TWEE HARTEN

Een succesvolle hartchirurg is een man die, wanneer men hem vraagt wie de drie beste chirurgen ter wereld zijn, moeite heeft om de twee andere te noemen.

– Denton Cooley

Het was puur toeval dat ik ooit Robert Jarvik heb ontmoet. Het gebeurde in 1995. Ik was in San Antonio, Texas, voor de jaarlijkse bijeenkomst van de American Society of Thoracic Surgeons, en daar, terwijl ik de Alamo bezichtigde, sprak een directeur van een cardiovasculaire onderneming me aan en vroeg me mijn mening te geven over een nieuw product. Hij nam me mee naar een bedrijfsbespreking met een ingenieur die ik al van naam kende: Robert Jarvik.

Het onderwerp van gesprek was een kleine turbinepomp die was ontworpen om de doorbloeding van de benen te ondersteunen bij patiënten met ernstige ziekten van de perifere slagaders. Toen de zakenlieden gingen dineren met hun klanten kwam Jarvik op me af en zei: 'Kom even mee naar mijn hotelkamer, ik wil je iets interessants laten zien.' Ik ben altijd voorzichtig met dit soort uitnodigingen van mannen, maar deze keer was ik geïnteresseerd.

Eerst liet hij de wastafel in de badkamer vollopen en toen nam hij een kleine plastic doos, die leek op een broodtrommeltje, uit zijn aktetas. Daarin bevond zich een titaniumcilinder ter grootte van een duim met daaraan bevestigd een kunstmatige vaatbuis en een met siliconen omhulde elektrische kabel. Hij plaatste de titaniumcilinder in het water, sloot de kabel aan op een controlepaneel ter grootte van een gsm en schakelde hem aan. Woesj!

Deze kleine continu stromende pomp verplaatste ongeveer vijf liter water per minuut, en liet het door de vaatbuis terugstromen in de wasbak zonder geluid of trillingen. Jarvik had vele jaren gewerkt aan het ontwerpen van een pomp ter ondersteuning van het linkerventrikel, die 'functioneel en onvoelbaar' zou zijn voor de patiënt.

Eerst zei ik iets stoms: 'Dit is een prachtige pomp voor water, maar wanneer je hem in de bloedstroom plaatst zal hij stolsels veroorzaken of rode bloedlichaampjes opvreten', alsof Jarvik zelf niet over deze problemen zou hebben nagedacht en naar oplossingen zou hebben gezocht. Toen zei ik iets verstandigers: 'Ik zou heel graag met je samen willen werken om hem uit te testen, ver uit de buurt van de Food and Drugs Administration [FDA]. Wanneer het goed gaat zouden we hem al in het Verenigd Koninkrijk kunnen gaan gebruiken, lang voordat je hier toestemming zult krijgen.'

Dat was een slag in de lucht, en ik vervolgde daarom met de vraag of hij al een samenwerking was aangegaan met een hartcentrum in de Verenigde Staten. Hij antwoordde dat hij het toestel aan het testen was met Bud Frazier, hoofd van de transplantatiedienst van het Texas Heart Institute. Bud was in Amerika de meest prominente pleitbezorger van mechanische ondersteuningsapparatuur voor de bloedsomloop. Jarvik vertelde me dat hij nu hier aanwezig was bij de bespreking en vroeg of ik kennis met hem wilde maken. Dus gingen we hem zoeken.

Bud was honderd procent Texaan. Hij droeg een stetson en cowboylaarzen bij zijn chique pak. Charmant zowel als bescheiden was hij behalve chirurg ook verzamelaar van antiquarische boeken. Hij sprak zijn vertrouwen uit in de nieuwe pomp, die momenteel bekend is onder de naam Jarvik 2000; als de laboratoriumtests goed zouden verlopen wilde men namelijk in het jaar 2000 deze pomp bij mensen gaan implanteren. Hij vroeg me of ik de kalveren met dit pompimplantaat wilde zien in het Texas Heart Institute. De dierproevenlaboratoria van het Texas Heart Institute waren heel wat indrukwekkender dan mijn eigen hartafdeling, vol geavanceerde apparatuur waarover ik nooit zou kunnen beschikken voor mijn patiënten.

Toen ik de kalveren te zien kreeg in hun stallen waren ze gelukzalig hooi aan het eten. De monitoren gaven aan dat het schoepenrad roteerde met 10.000 toeren per minuut en zes liter bloed per minuut rondpompte, wat meer is dan een patiënt bij rust nodig heeft. Bud reikte me een stethoscoop aan zodat ik naar het zachte continue gezoem van de turbine in de bloedstroom kon luisteren.

Ik had het mis gehad. De pomp beschadigde de bloedcellen niet, en hoewel er geen bloedverdunners werden gebruikt, veroorzaakte hij ook geen stolsels. Dit was een ware openbaring. Zou dit apparaat een reuzenstap vooruit kunnen betekenen voor patiënten die bezweken aan hartfalen? Ik stond er nu met mijn neus bovenop en ik had de mogelijkheid om erbij betrokken te worden. Ik greep mijn kans en bood aan om de Jarvik 2000 thuis in Oxford op schapen uit te testen.

Als gevolg van deze toevallige ontmoetingen vloog ik terug naar Oxford, vervuld van gedachten aan een groot internationaal project: Houston, Jarvik Heart te New York... en Oxford. Zo groot was mijn enthousiasme dat ik wel zonder vliegtuig naar Londen had kunnen vliegen. Maar naarmate ik langer nadacht werd ik minder positief. Per slot van rekening beschikte ik niet over een researchbudget en had ik ook niet de beschikking over een laboratorium voor grote proefdieren. Het enige wat ik had, was verbeten vastberadenheid en de wil om te slagen.

Binnen enkele maanden had ik voldoende fondsen van filantropen weten te verwerven om met het project te beginnen. Nu had Cambridge zijn varkensharten-transplantatieprogramma en Oxford had miniatuur-kunstharten – een regelrechte interuniversitaire competitie. Al gauw konden we bevestigen wat Houston had verondersteld: continue, niet-pulserende bloedstroming was veilig en effectief. Dit veranderde de gehele filosofie bij het ontwerpen van bloedpompen, omdat het niet meer nodig was om de pulserende functie van het normale hart na te bootsen.

Tegen de achtergrond van dit voorspoedig verlopend onderzoek voelde ik me gerechtvaardigd om een chirurgische hartfalenafdeling in Oxford op te zetten. Er zijn duizenden terminaal zieke patienten met hartfalen in Groot-Brittannië, maar jaarlijks minder dan tweehonderd harttransplantaties. De meeste patiënten met verslechterende nier- en leverfunctie werden als te ziek beschouwd om in aanmerking te komen voor een wachtlijst. Hun levens zouden worden beëindigd met geneesmiddelen onder de noemer van palliatieve zorg. Mijn visie was dat deze uitzichtloze patiënten met hartfalen geholpen konden worden met 'levenslange' ondersteuning van de bloedcirculatie – een kant-en-klare mechanische oplossing zonder dat er een mens dood hoefde te gaan en zonder dat er razendsnel een donorhart per helikopter moest worden opgehaald. Ik koesterde megalomane visies over Oxford als nationaal centrum voor mechanische bloedcirculatieondersteuning.

In Houston was Bud al bezig met het implanteren van een conventioneler pulserend steunhart, een ventrikel ondersteunend apparaat om patiënten in leven te houden totdat er een donorhart beschikbaar was. Als zogeheten 'overbrugging naar transplantatie' was het HeartMate-steunhart van ThermoCardiosystems ontworpen om het zieke linkerventrikel te vervangen door ritmisch bloed op te zuigen en weer uit te stuwen. Het had de vorm van een ronde bonbondoos en was te groot voor in de borstkas, daarom werd het geïmplanteerd in een holte in de buikwand. Een stijve elektrische kabel stak naar buiten, naar de externe batterij en het controlesysteem. Deze 'levenslijn' bevatte ook een luchtopening die continu siste in hetzelfde ritme als het pompmechanisme, zo luid dat je het aan de overkant van de straat kon horen.

Het langdurige verblijf in het ziekenhuis was enorm duur en psychisch belastend. De gemiddelde wachttijd op een donorhart voor patiënten met een HeartMate-steunhart was immers 245 dagen, en voor mensen met bloedgroep o was dat nog veel langer. Maar naarmate ze meer ervaring opdeden raakte het Houston-team ervan overtuigd dat ze de patiënten uit het ziekenhuis konden ontslaan. En sterker nog, ze namen in overweging dat deze mechanische bloedpomp kon worden gebruikt als een alternatief voor een harttransplantatie.

Bud wist dat de FDA het op dat moment niet zou goedkeuren als blijvende behandeling. Hij belde me op in Oxford en zei dat, aangezien we samenwerkten met de Jarvik 2000, we mogelijk ook het concept van 'Levenslange Ondersteuning' met de HeartMate op NHS-patiënten zouden kunnen uittesten. ThermoCardiosystems zou de pompen kosteloos leveren, en dit zou een overlevingskans bieden voor terminale patiënten die al waren afgewezen door de transplantatiecentra, die bij de minste inspanning buiten adem raakten, die opzwollen door ophoping van vocht en daardoor aan huis waren gebonden. Met andere woorden: levende doden, met dit verschil dat deze nauwelijks nog leefden!

Dit was de gelegenheid waarop ik zat te wachten. Ik vloog naar Houston om een implantatie bij te wonen en de transplantatiekandidaten te ontmoeten die nu met het apparaat in het ziekenhuis woonden. Toen me werd gevraagd of ik bij een operatie wilde assisteren nam ik het aanbod gretig aan. De patiënt was lid van het footballteam van een universiteit in het Midwesten, en had een virusinfectie opgelopen – nu viraal in plaats van viriel, en asthenisch in plaats van atletisch. De arme jongen was uitgemergeld en leed aan oedeem; zijn leven ebde op onverklaarbare wijze weg. Zijn vriendin zat naast zijn bed en het leek alsof ze niet wist wat ze tegen hem moest zeggen. En wat zou je ook kunnen zeggen tegen iemand die een kunsthart nodig heeft?

Zij was cheerleader van het footballteam en ze was erg knap, maar nu viel er niets te juichen want haar held lag op sterven. Ze had meegemaakt hoe hij aftakelde, zijn plaats in het team kwijtraakte en zijn studie moest opgeven. Maar het had te lang geduurd voordat men besefte dat hij ziek was, en dat het niet kwam door recreatieve drugs, zoals sommigen hadden vermoed. Wat moest ze nu doen? Hem verlaten en haar studie voortzetten, of bij die jongen blijven wiens enige kans een harttransplantatie was? Voor sommigen brengt het leven een hoop narigheid, en we staan zelden stil om ons voor te stellen hoe zij zich voelen. En terecht, denk ik, want meestal is daar niemand mee geholpen.

In de operatiezaal hielpen verpleegkundigen de chirurg bij het aantrekken van zijn schort en zijn handschoenen. Vervolgens jodeerden ze de patiënt en dekten hem af, waarbij de volledige borst en de bovenbuik ontbloot bleven. Ooit was hij een al gespierdheid: biceps, borstspieren, buikspieren. Nu was hij vel over been, met een opgezette lever die onder zijn ribben uitpuilde. Hartfalen is echt shit. De griezels die weigerden om ons onderzoek te betalen zouden eens hier rond de operatietafel moeten komen staan.

Bud maakte bij de jongen een snede van de hals tot op zijn buik omdat het HeartMate-steunhart redelijk wat ruimte nodig heeft in de buikwand; eenmaal op zijn plaats was het alsof er zich een wekker onder de huid bevond. Het verwijde hart was enorm groot en het linkerventrikel bewoog nauwelijks meer. Er lekte een hoop geel vocht uit het hartzakje in de nieuw gemaakte holte voor de pomp, en dat moest worden weggezogen.

Terwijl ik met een zeker gevoel van wanhoop de aftakeling van deze grote atleet onderzocht, concentreerde Bud zich op de plaats waar de stevige elektrische navelstreng door de huid naar buiten moest worden gevoerd; hij zocht een plek die het dragen van riem en broek niet zou bemoeilijken, waar het goed schoon kon worden gehouden en waar het zo min mogelijk zou bewegen. Bud maakte een incisie met de scalpel en we trokken de streng erdoorheen. Die was meer dan een centimeter dik en stijf genoeg om te voorkomen dat de luchtbuis dicht zou knikken; dit was iets heel anders dan een gewone elektrische kabel. Het was zijn levensstreng, even belangrijk als de placenta voor een ongeboren kind. Vervolgens hechtten we zorgvuldig de uitstroombuis van de pomp vast aan de stijgende aorta die het hart verlaat, waarbij we ons ervan vergewisten dat alles secuur aansloot, anders zou het onder druk gaan lekken.

Alles wat ons nog te doen stond, was een manchet aan de punt van het hart te hechten en met een elektrische scalpel een rond gat ter grootte van een dollarmunt te snijden voor de inlaat van de pomp. Nu zou bloed dat van de longen naar het hart terugkeert via de mitralisklep rechtstreeks naar de pomp worden geleid, waardoor zijn eigen defecte ventrikel helemaal overbodig werd. Intussen dacht ik aan Jarviks nieuwe apparaat, dat nauwelijks groter was dan de toevoercanule van deze pomp. Daarmee vergeleken was de titaniumbehuizing van het pulserende pompgedeelte van de HeartMate enorm groot.

Voordat het HeartMate-steunhart kon worden aangezet moest het worden gevuld met bloed om alle lucht uit te drijven. Ik zei: 'Air in the brain, life down the drain' ('Lucht in het hoofd, van leven beroofd'). Misschien wel poëtisch, maar op dat moment had ik last van jetlag, van te weinig slaap, en voelde ik me een tikkeltje manisch. Het technisch team had alle verbindingen gemaakt en we waren klaar om het apparaat aan te schakelen. Zodra het pulserende pompmechanisme begon te werken in zijn behuizing, stroomde er lucht sissend in en uit via de externe luchtopening – net een stoomlocomotief die vertrekt. De pompkamer vulde zich met bloed en stuwde dat dan de aorta in, en nog achtergebleven lucht borrelde vrolijk weg door de holle naalden die in de kunstmatige vaatbuis staken. Zijn eigen nutteloze hartspier, niet langer onder spanning en bibberend pogend hem in leven te houden, klapte in elkaar. Hij had een nieuw hart. Weliswaar tijdelijk, maar ik hoopte dat het hem goed van dienst zou zijn.

Ik vroeg me af hoe zijn vriendin zou reageren op dit pulserend, sissend monster binnen in hem, en op het stijve nieuwe uitsteeksel op zijn buik. Hoelang zou ze nu bij hem blijven? Dit waren gedachten die normaal gesproken nooit bij me zouden opkomen; mijn gebrek aan empathie was te wijten aan continue stress en oververmoeidheid. Ik besloot dat als ik haar nog zou zien, ik me echt ondersteunend zou opstellen en haar zou vertellen hoe goed alles was gegaan. En dat hij nu beter en sterker zou worden. Binnenkort zou iemand in Houston wel een kogel door de hersenen krijgen. Dan kon hij, met een beetje geluk, dat hart krijgen.

Het had wat tijd gekost om de bloeding en het diffuse bloedverlies te stoppen dat het gevolg is van het slechte functioneren van lever en beenmerg; iets wat normaal is bij patiënten met hartfalen. Bloedingen, veelvuldige bloedtransfusies en later een slechte long- en nierfunctie maken deel uit van het algemene scenario bij dergelijke operaties. Nu moest ik me naar de luchthaven haasten voor weer twaalf uur vliegen, terug naar een totaal andere wereld waar niets van dit alles zou zijn gebeurd, waar men die jongen gewoon had laten sterven. Maar eerst wilde ik nog zijn vriendin zien. De ouders van de jonge man hadden zich zojuist bij haar gevoegd, en allemaal waren ze verschrikkelijk bezorgd.

Toen ze opkeek en me herkende, vertelde ik haar snel dat de operatie goed was verlopen, iets wat altijd golven van opluchting oproept, vijf woorden die de spanning als het ware doorknippen. De opgewonden veer ontspande zich, haar lieve gezichtje lichtte op van vreugde en ze begon te huilen. Dus ze hield echt van hem, en niet alleen omdat hij een football-held was. Ik voelde me een miserabele schoft dat ik daar twijfels over had gehad. Zijn ouders omhelsden me, en ze bedankten me. Waarvoor? dacht ik. Ik heb alleen maar Bud geholpen. Maar als het nieuws goed is, gaat de dankbaarheid uit naar iedereen. Ik wenste hun het beste en dat er snel een donorhart voor hem beschikbaar zou zijn. Ongeacht alle ellende die dat weer voor een andere familie zou betekenen.

Met de hulp van professor Philip Poole-Wilson van het Royal Brompton Hospital vonden we snel potentiële kandidaten in Londen voor het HeartMate-steunhart. Jammer genoeg stierf de eerste en jongste voordat we iets hadden kunnen doen. De volgende echter leek perfect geschikt. Hij was vierenzestig, groot en slank, en was reeds afgewezen als kandidaat voor een harttransplantatie. Evenals de Amerikaanse footballspeler leed hij aan gedilateerde cardiomyopathie, mogelijk erfelijk bepaald, maar meer waarschijnlijk veroorzaakt door een virus of een auto-immuunziekte. Abel Goodman was een intelligente Joodse man met een enorm groot hart en hij was bijna volledig bedlegerig.

Pluspunten waren zijn gezonde kransslagaders en dat hij nog steeds een redelijk goede nier- en leverfunctie had. Hopelijk zou hierdoor de postoperatieve zorg minder lastig zijn, en minder duur. Zijn kortademigheid verergerde en daarom zat hij ondersteund door kussens rechtop in bed, want plat liggen kon hij niet vanwege zijn opgezwollen benen en buik. Philip moest hem opnemen in het Brompton Hospital voor medische stabilisatie en dus zocht ik hem daar op. Ik vond het altijd prettig om weer in dat ziekenhuis te zijn, nu als onafhankelijk mens en als volwaardig hartchirurg, in plaats van als een soort hansworst.

Abel zat star rechtop in bed, moeizaam ademhalend, met bezweet voorhoofd en die sprekende blik in de ogen die zijn angst vertolkte: Ik zal niet lang meer onder de levenden zijn. Hij was niet in staat om te praten. Op sterven na dood, zoals we zeggen. Klaar om zijn maker te ontmoeten, maar stiekem hopend dat hij zijn verlosser zou zien. Ik schudde zijn slappe hand. Die was koud en klam, zijn bloed kwam niet meer zo ver. Ik legde hem uit dat het HeartMate-steunhart dat ik in Houston had gezien, zijn afschuwelijke symptomen zou verhelpen en dat hij de eerste patiënt ter wereld was aan wie deze technologie voor 'levenslange' duur werd aangeboden. Normaal gesproken werd het alleen gebruikt voor transplantatiekandidaten. Hoelang was 'levenslang'? Ik wist dat niet, maar zonder dit apparaat zou hij waarschijnlijk nog een paar weken te leven hebben. Op z'n hoogst (ik dacht dat hij al tijdens ons gesprek zou kunnen 'gaan').

Zijn hoofd viel achterover en zijn ogen rolden heen en weer terwijl hij de informatie in zich opnam. Er stroomde ook niet veel bloed naar zijn hersenen, maar hij slaagde erin om zijn hoofd van het kussen op te tillen en te mompelen: 'Laten we dan maar voortmaken.' Ik denk dat hij hoopte dat het nog diezelfde dag zou gebeuren. Hij had er genoeg van.

Het was drie uur in de middag in Londen, zes uur later dan in Houston. Ik belde Bud om hem uit te leggen hoe weinig tijd we hadden en dat we alleen toestemming hadden om de pomp om 'humanitaire redenen' te gebruiken bij een stervende patiënt. We hadden nu een stervende patiënt, dus zouden we het volgende week kunnen doen? De lijn bleef stil, minutenlang leek het me. Toen hoorde ik één woord: 'Yep.'

Ik voelde me opgewonden en mijn adrenaline steeg. We zouden in Oxford een kunsthart implanteren. Maar voelde ik me nu opgewonden voor Abel of voor mezelf? Ik was een ambitieuze kerel, en allemaal wilden we iets speciaals doen en risico's nemen – niet alleen voor de patiënten, maar ook voor onszelf. We wisten dat we de kranten zouden halen, maar ook dat we hevige vijandigheid van de transplantatielobby zouden oproepen door lijnrecht in te gaan tegen die curieuze opvatting dat het beter is om patiënten te laten sterven dan om iets nieuws op ze uit te proberen.

Het Houston-team arriveerde in Oxford op 22 oktober. Diezelfde avond kwamen de anesthesisten, perfusionisten en verpleegteams bij elkaar in de vergaderruimte. We moesten de procedure doorspreken, en bekend raken met de apparatuur en met mijn Texaanse vrienden en hun kledingstijl – cowboylaarzen kom je niet vaak tegen in de colleges van Oxford.

Abel had de overplaatsing uit Londen overleefd en was in de war gebracht door het kosmopolitische medische team, maar hij was te kortademig om zich daar druk over te maken. De verpleegkundigen zeiden hem dat hij vooral positief moest denken, en de verpleeghulp kwam zijn bestelling opnemen voor het eten van de volgende dag. De gerookte ham wilde hij niet. De rabbi kwam langs om hem voor te bereiden op de dood.

Bud was nog nooit in Oxford geweest. Vanwege zijn interesse in antiquarische boeken wilde ik hem de Bodleian Library laten zien en de eeuwenoude colleges in het centrum van de stad – vergeleken met Houston een andere planeet. We dronken bier in de Eagle and Child, waar Tolkien en C.S. Lewis elkaar in de jaren dertig regelmatig plachten te ontmoeten op donderdagavonden. Ik luisterde naar Buds verhalen van de oorlog in Vietnam, toen hij als helikopterhospik midden in de vuurlinie werkte en op zijn helm ging zitten om te vermijden dat zijn testikels eraf geschoten zouden worden vanaf de grond. Verschillende van zijn collega-chirurgen hebben het niet overleefd. Bud had zijn ballen behouden, en dat was duidelijk. Hij had meer harttransplantaties uitgevoerd en meer kunstmatige steunharten geïmplanteerd dan wie dan ook. Hij haalde herinneringen op aan de pijn en de extase van die oorlogstijd; ik was toen nog student geneeskunde.

Toen vroeg ik hem hoe het met de footballspeler ging. Hij zwierf nog steeds door de gangen van het Texas Heart Institute, zijn hartfalen was voorbij en hij bouwde weer spieren op. Maar er was nog geen donorhart. Zijn vriendin was weer terug naar de universiteit.

Voor mij was die avond als de stilte voor de storm. En Bud hoopte dat er een nieuw tijdperk zou aanbreken, waarin pompen gebruikt zouden worden om patiënten te behandelen voor wie er geen andere mogelijkheid meer was. Waarom moesten deze medische levensredders onlosmakelijk gekoppeld zijn aan transplantaties? Het was verspilling van levensreddende technologie en van geld, duizenden dollars werden weggegooid na elke transplantatie. Ik vroeg me af welke andere historische discussies er door de eeuwen heen in de Eagle and Child hadden plaatsgevonden. Dit moet de eerste zijn geweest over kunstharten.

De volgende ochtend ging het allemaal veel relaxter dan ik had verwacht. De vertegenwoordigers van het pompbedrijf zaten met Bud in de koffiekamer van de operatieafdeling te babbelen. Zijn technisch assistent Tim Myers legde alle benodigdheden klaar met de verpleegkundigen, die zowel opgewonden als nerveus waren en bang flaters te begaan in tegenwoordigheid van hun gerenommeerde bezoekers. Abel kwam naar beneden van de afdeling met een hele stoet familieleden en vrienden die hem kwamen uitwuiven. De vraag was waarheen de reis zou gaan. Hij zat met gebogen hoofd in een rolstoel, in een wit hemd en de handen op zijn dunne knieën, en snakte angstig naar adem. Hij wilde niets liever dan onder narcose te worden gebracht. Toen hij me in de gang passeerde tilde hij aarzelend zijn hoofd op en mompelde: 'Tot straks.' Die man bleef tot het laatste moment een optimist.

Deze keer zou ik de operatie uitvoeren en Bud zou me assisteren, en collega David Taggart zou meedoen als tweede assistent. Ondanks de politieke geladenheid van deze gebeurtenis slaagden we erin om kalm te blijven en zelfs bijna luchthartig. De fabrikant van de pomp had begrepen dat chirurgen niet tot de slimsten van de medische beroepsgroep behoorden en had daarom met pijlen op het titaniumomhulsel aangegeven hoe die correct moest worden geïmplanteerd. Ik genoot van het maken van de reusachtige incisie van nek tot navel – ik ben geen fan van sleutelgatoperaties – maar terwijl ik trots was op mijn eigen vaardigheid, schaamde ik me voor onze verouderde apparatuur. De zaag werkte zich met veel moeite door het borstbeen heen. We maakten de holte voor de pomp linksboven in de buikwand en openden daarna het strak gespannen hartzakje om Abels enorm vergrote hart bloot te leggen.

Stap na stap, als een ritueel, voerde ik de implantatieprocedure uit, op Buds manier. Slangen plaatsen voor de cardiopulmonale bypass, daarna aansluiten op de hart-longmachine, Abels hart legen, en dan zorgvuldig de manchet aan de punt van het linkerventrikel en de kunstmatige vaatbuis naar de aorta vasthechten. We sneden het schijfje ziek spierweefsel boven de manchet uit en bewaarden het voor de microscoop. Vervolgens ging de instroombuis van de pomp daarlangs naar binnen. Klus geklaard.

De cruciale laatste stap was om alle lucht uit het systeem te verwijderen voordat de schakelaar op 'aan' werd gezet. We vulden het hart met bloed door de stroomsnelheid van de hart-longmachine aan te passen. Het linkerventrikel vulde zich en er stroomde bloed de pomp in. De aanwezige lucht werd in de aansluitslang naar de aorta gestuwd en afgevoerd via een grote holle naald. De titanium 'bonbondoos' was goed bevestigd, en Tim kreeg de opdracht 'aanschakelen'. Het luidruchtige mechanisme kwam op gang met zijn karakteristieke sissende geluid, en de laatste paar luchtbellen kwamen via de ontluchtingsnaald naar buiten. Abel had nu een krachtige nieuwe linkerventrikel, eentje die je aan de overkant van de straat kon horen. De patiënten raken daar echter aan gewend, net zoals patiënten met mechanische hartkleppen wennen aan het tik-tik-tikken in de stilte van de nacht. Het wordt een deel van hun bionische leven, en is – meestal – te verkiezen boven het alternatief.

Abel kwam snel bij uit de verdoving, misschien te snel. De beademing werd meteen gestopt en de beademingsbuis werd verwijderd. Ik kon zien dat hij zich anders voelde. Hij had een levendige blik in zijn ogen en grijnsde vlegelachtig, en liet alle tekenen van opluchting en verwarring zien die iedereen heeft die uit een narcose ontwaakt – het 'ik leef'-moment. Alle vier zijn ledematen bewogen normaal en hij vertoonde geen neurologische problemen. Ik dacht erover om de grote baas te bellen – zoals Christiaan Barnard had gedaan na zijn baanbrekende transplantatie – om te zeggen: 'Meneer, we hebben een kunstmatig hart geïmplanteerd, en de patiënt doet het goed.' Maar iets weerhield me en ik besloot voor één keer voorzichtig te blijven. Dit ging niet om mij maar om Abel en om hem weer op de been te krijgen. Ik maakte me zorgen omdat zijn bloeddruk te hoog was. In plaats van zijn eigen verzwakte linkerventrikel had hij nu een krachtige machine die voor de bloedsomloop zorgde, en als reactie op het onbekende steeg zijn adrenaline. De artsen van de intensive care moesten hem vaatverwijdende middelen toedienen – en antistollingsmiddelen vanwege zijn abnormale hartritme – en vervolgens kalmeringsmiddelen voor de nacht. De nazorg was even belangrijk als de operatie. Ik had zelf ook enige sedatie nodig, maar over het algemeen had ik een geweldige dag achter de rug.

Geen nieuws is goed nieuws, en 's nachts had ik niets gehoord. Bud en zijn gezelschap hadden zoals gewoonlijk een drukke agenda en ze vertrokken al vroeg in de ochtend naar Heathrow. Ik reed om zeven uur naar het ziekenhuis, tevreden met mezelf en vol optimisme. In mijn hoofd stelde ik een persbericht op, en ik fantaseerde over krantenkoppen als 'Chirurg van Oxford implanteert kunsthart' en 'Stervende man gered door heroïsche chirurgische ingreep'. De klap toen ik bij zijn bed kwam had ik dubbel en dwars verdiend. Ik zag het meteen op Abels gezicht, die afwezige blik. Er sijpelde speeksel uit zijn rechtermondhoek, zijn ooglid hing omlaag en hij begroette me niet zoals ik had gehoopt vol enthousiasme en dankbaarheid. Hij kon zelfs zijn rechterarm en -been niet optillen. Hij had verdomme een beroerte gehad.

Elke denkbare krachtterm ging door mijn hersenschors terwijl die pomp tegen me bleef sissen. Zijn huidskleur was roze, hij voelde warm aan, zijn bloedsomloop was dus helemaal goed, maar hij was verdomme verlamd. Nadat alles zo goed was gegaan. Waarom had niemand me gewaarschuwd? Instinctief wilde ik iemand anders de schuld geven. Schuld waarvan? Mijn gevoel was dat er een bloedstolsel was losgekomen – ofwel in zijn eigen hart of van de lichaamsvreemde oppervlakken van de pomp en de aansluitingen – en als dat het geval was, dan hadden we hem meteen het snelwerkende antistollingsmiddel heparine moeten geven omdat warfarine niet snel genoeg werkzaam is. Een collega-neuroloog overtuigde me van de noodzaak eerst een hersenscan te maken om de schade aan de hersenen in kaart te brengen en een hersenbloeding uit te sluiten. Als we heparine zouden toedienen na een hersenbloeding zou dat beslist fataal zijn. Maar wat de oorzaak ook was, dit was een catastrofe, en niet in het minst vanwege de financiële gevolgen van langdurige intensive care die allemaal op rekening kwamen van mijn researchbudget.

Ik ging met Abel mee naar de scanner. Bud en zijn team waren al in Heathrow en wisten niets van de ellendige ontwikkelingen, en ik was te chagrijnig om ze op te bellen. Laat ze maar genieten van hun terugvlucht. Ik keek toe hoe de scanner dwarsdoorsnedes van de hersenen liet zien. De pathologie was duidelijk, maar onverwacht. Er had een bloeding in de hersenen plaatsgevonden. En niet alleen dat, deze bloeding was ontstaan op een plek waar zich al eerder eens een beroerte had voorgedaan, en met zekerheid niet recent, maar misschien wel ettelijke maanden geleden. Waarom wisten we dat niet? Het bleek dat Abels echtgenote daar ook niets van afwist. Hij had van tijd tot tijd hoofdpijn gehad, maar tot vandaag nooit een verlamming of een flauwte. Dus dat moet een 'stille' beroerte zijn geweest, waardoor we nu geconfronteerd werden met de keuze tussen twee kwaden. Wat je ook doet, je zit in de problemen. Voorlopig was Abel invalide maar hij lag niet meer op sterven. Het was ofwel 'positief denken', ofwel helemaal uit deze highriskchirurgie stappen.

Ik gooide de schakelaar om. Abel had revalidatie nodig, voor zijn hart- en neurologische problematiek. Veel beroertegevallen herstelden in de loop der jaren en met de nodige inspanning. Hij kon niet slikken, daarom moest hij worden gevoed via een maagsonde. De maag-darmspecialisten plaatsten die door de buikwand tot recht in zijn maag. Hij kon niet goed hoesten en daarom had hij frequent tapotage en ademhalingstherapie nodig. Hij kreeg longontsteking, die bedwongen werd met antibiotica. Toen hij zo hard moest hoesten dat de huid rondom de uittreeplaats van de kabel scheurde, hebben we dat chirurgisch gerepareerd. De fysiotherapeuten werkten hard om hem te mobiliseren. Na drie maanden was hij niet meer verlamd maar zwak, en die zwakte verdween met oefenen. Al snel was hij zelfstandig ter been en revalideerde hij zichzelf. Zijn spraakvermogen kwam terug, zijn slikken verbeterde en rusteloos struinde hij door de ziekenhuisgangen, niet langer buiten adem of opgezwollen door vocht, zijn hartfalen was voorbij. Hij had zijn leven teruggekregen, en ik mijn vastberadenheid om door te gaan.

Door het lawaai van de pomp en het gesis van de luchtventilatie – net als van een slang, maar dan zestig keer per minuut – wisten we altijd wanneer Abel in de buurt was. Het was niet gemakkelijk voor hem om ermee te leven, maar toch veel, veel beter dan kortademigheid. Op een dag liep ik langs terwijl hij op een stoel zat. Hij gaf ongevraagd aan dat hij zich belabberd voelde. Toen we hem hadden overtuigd om terug naar bed te gaan en hem aan de monitor legden, zagen we wat de oorzaak was. Zijn eigen hart vertoonde ventrikelfibrilleren, dat onbeheerste ritme dat meteen fataal is bij een patiënt met een niet-ondersteund hart. Ondanks het feit dat zijn rechterventrikel nu geen functie meer vervulde, hield het linker ventriculaire hulpapparaat hem in leven. Ongelooflijk, dacht ik. Toch gebeurde het bij vijf verschillende gelegenheden, en we hebben hem elke keer gedefibrilleerd. Een snelle narcose, de pads geplaatst, en zap! – zijn eigen hart begon opnieuw te kloppen. Mettertijd merkten we nog iets anders op. Zijn hart was aan het krimpen en begon krachtiger te contraheren, waardoor Buds bevinding werd bevestigd: gedilateerde cardiomyopathie verbetert na een periode van rust. Het was belangrijk om op moleculair niveau uit te zoeken waarom dit gebeurde.

Als Abel aan de beroerte was overleden zou onze goedhartige ondersteuning met hem gestorven zijn. Zoals het nu was, had hij het overleefd en was gerevalideerd. De HeartMate bleef goed werken en we stonden op het punt om hem uit het ziekenhuis te ontslaan. Toen werd de volgende patiënt doorverwezen.

Zijn naam was Ralph Lawrence, en hij was een voormalig finance audit manager bij Rover die vervroegd met pensioen was gegaan. Hij en zijn vrouw hielden van dansen – volksdansen, barn dancing, stijldansen –, inspannende activiteiten, en ze trokken graag rond met hun caravan.

Toen Ralph begin zestig was begon hij steeds vaker buiten adem te raken. De röntgenfoto van zijn borst toonde een vergroot hart, waarop zijn plaatselijke ziekenhuis in Warwickshire hem doorverwees naar de hartfalenkliniek van het Royal Brompton Hospital, waar prof. Poole-Wilson gedilateerde cardiomyopathie diagnosticeerde. De eerste stap was een behandeling met medicijnen, gevolgd door een toen nieuwe behandeling: het resynchroniseren van de hartslag met behulp van een speciale pacemaker. Het doel was om het samentrekken van de verschillende delen van zijn verwijde hart beter te coördineren, om zo het gehele orgaan efficiënter te laten werken. Maar de gunstige effecten kunnen afnemen als het hart groter wordt, en nu was hij opnieuw in de problemen, met ernstige symptomen en met een ongunstige prognose. Kan hij een transplantatie krijgen? Toen Ralph werd verteld dat iemand van zijn leeftijd daar geen kans op maakte, accepteerde hij dat opmerkelijk genoeg en hij was het ermee eens dat schaarse organen aan jongere mensen werden gegeven. Hij was een zeer beminnelijke man met een ondersteunende familie, en we vonden hem een ideale kandidaat voor de HeartMate.

Hoewel hij niet in staat was om iets te doen, was Ralphs toestand stabiel en was hij minder ziek dan Abel Goodman was geweest. Hij had enkele weken de tijd om het vooruitzicht te overwegen en te heroverwegen, en we gaven zijn familie het handboek voor patiënten van de HeartMate mee om te bekijken. Dat was ontmoedigende lectuur, zelfs voor wie op termijn een harttransplantatie kon verwachten. Niet zwemmen of baden. Douchen was oké mits de elektrische apparatuur goed was afgedekt. Vermijd strakke kleren of verbandmiddelen die de ventilatiebuis zouden kunnen knakken of afknellen. Zorg altijd dat je reserveapparatuur bij je hebt voor in een noodgeval. Wanneer het controlelampje in de vorm van een moersleutel geel oplicht is er een storing. Een rood oplichtend hartje met waarschuwingstoon betekent dat de pomp is uitgevallen – zoek ogenblikkelijk hulp. Enzovoorts. Dit was allemaal verontrustende materie die Abel Goodman door tijdgebrek niet van tevoren had kunnen lezen.

Ik sprak Ralph en Jean in mijn werkkamer in Oxford. Ze werden niet zomaar afgeschrikt door de literatuur omdat op dat moment zijn leven ondraaglijk was geworden. Uitstapjes waren niet meer mogelijk en hij sliep rechtop in een leunstoel; enkels en voeten waren te veel opgezwollen om schoenen aan te kunnen, en hij kon elk moment plotseling doodgaan. De familie was hiervan op de hoogte. Ik was bezorgd omdat hij een insulineafhankelijke diabeet was, maar dat had hij goed onder controle, gewend als hij was om zelf verantwoordelijkheid te dragen voor zijn gezondheid. Hij had een positieve instelling en wilde zo snel mogelijk van start gaan.

'Dus waarom beginnen we niet vandaag?' Ik vond dat er een ontmoeting met Abel moest worden geregeld zodat ze hem konden vragen wat hij dacht van leven met die 'alien' in zijn lijf. Ik wist wat zijn antwoord zou zijn: 'Beter dan hartfalen. Beter dan dood.' En Jean moest evenveel weten van de HeartMate als haar man, omdat ze moest weten om te gaan met noodgevallen thuis, en misschien zelfs de pomp handmatig zou moeten bedienen in het geval van een stroomonderbreking.

We spraken een datum af voor de operatie, vier weken later op een woensdag, waardoor we tijd hadden om afspraken te maken met Houston. Er speelde nog een overweging mee. Via de geruchtenmolen was het verhaal van Abels operatie wijdverbreid geraakt. Vanwege zijn beroerte hadden we ons zo veel mogelijk gedeinsd gehouden, maar omdat we de operatie van Ralph een maand vooruit hadden gepland, was het onvermijdelijk dat er informatie naar de pers zou worden gelekt. Dit was een tweesnijdend zwaard. Publiciteit hielp me om de benodigde donaties te krijgen om het programma te kunnen voortzetten, maar slechte publiciteit in het geval van de dood van een patiënt zou voor ons het einde betekenen. Deze verzwakte hartfalenpatiënten kwamen zelfs niet in aanmerking voor een herniaoperatie, laat staan een hartoperatie. Dus hoe houden we de risico's in eigen hand?

Onder elkaar spraken we af dat slechts één krant Ralphs operatie van nabij zou mogen volgen, om een stormloop van media te voorkomen. Het allerbelangrijkste was dat de familie rust nodig had wanneer – of als – hij het ziekenhuis zou verlaten. We kozen voor *The Sunday Times*. Zij konden de gehele onderneming van nabij volgen, mits de patiënt en zijn familie met discretie werden behandeld. In ruil hiervoor zouden we dankbaar zijn als ze een liefdadigheidsdonatie zouden overwegen. Geen betaling. Maar zonder liefdadigheid zou Ralph geen operatie kunnen krijgen.

De nacht voor de operatie brachten Ralph en Jean samen door in een kamer die ter beschikking was gesteld door het ziekenhuis. Jean vertelde *The Sunday Times*: 'We waren goed uitgerust. Hij had vrede met alles gevonden, en hij was gewoon blij dat de operatie door zou gaan.' Woensdagochtend kreeg Ralph sedatie en om half tien werd hij per brancard naar Operatiezaal 5 gebracht, niet in staat om plat te liggen zonder naar adem te snakken. We hoopten dat hij nooit meer opnieuw dat angstige gevoel van te stikken zou ondervinden. Deze keer was er veel belangstelling in het ziekenhuis, dus we gaven toestemming om de operatie op video op te nemen en te laten zien in een auditorium. Ik was blij dat de journalisten en de ziekenhuismanagers konden meekijken. In de chirurgie is er een gezegde: 'Een keer toekijken, een keer doen, een keer begeleiden'. Ik had er een gezien in Houston, er in Oxford een gedaan, maar ik was echt niet van plan om iemand anders Ralphs operatie onder mijn begeleiding te laten doen. Bud en ik zaten rustig in de koffiekamer van de operatieafdeling terwijl de anesthesist Ralph onder narcose bracht.

In de kleine, benauwde wachtkamer voor familieleden, waar Jean zat, was het vijf uur. De hele dag, elke dag was het vijf uur omdat de klok langgeleden stil was gevallen. Alleen de groeiende stapel lege polystyreenbekers gaf aan hoe traag de tijd verliep. Ze zat daar te wachten op nieuws, verlamd door folterende angst. Toen kwam om twee uur 's middags het nieuws waar ze op had gewacht. Ralph werd teruggebracht naar de intensive care.

Op 12 mei 1996 besloeg een röntgenfoto van Ralphs borst en kunsthart een hele pagina van *The Sunday Times Magazine*, met het onderschrift: 'De man met twee harten – waarom er een stuk titanium, polyester en plastic in Ralph Lawrence klopt'. Het was een risico om een vooraanstaande landelijke krant rechtstreeks een kunsthartoperatie te laten verslaan, compleet met foto's van de operatiezaal en interviews met familieleden en ziekenhuismedewerkers. Maar ze hadden het uitstekend gebracht en iedereen kon het lezen, de premier, parlementsleden, zelfs de koningin. De krant had het verloop van de operatie stap voor stap beschreven, ondersteund door infographics, en dat heeft ons erg geholpen ons laboratoriumresearch voort te zetten. Hoewel we sympathie ondervonden van al diegenen die innovatie als een plicht van de NHS beschouwden, ondervonden we die niet van het NHS-management. Deze technologie was duur en zou daarom niet worden ondersteund.

We hadden steeds het gevoel gehad dat Abel Goodmans hoge

bloeddruk zijn hersenbloeding had veroorzaakt, en daarom hielden we Ralph urenlang buiten bewustzijn. Midden in de nacht kwam hij weer bij terwijl Jean tussen de intensivecare-apparaten naast zijn bed zat en naar het zichtbare functioneren van de pomp keek die nu in zijn buik klopte. Onder het zuurstofmasker zei hij iets tegen Jean. 'Heb je dorst?' vroeg ze. 'Nee, is het donderdag?' was zijn antwoord. Twee dagen later kon Ralph uit bed komen en in een stoel zitten. Nog een dag later, zaterdag, liep hij rond op de intensive care met de fysiotherapeut die hem moest revalideren.

Toen kwam de ramp. Terwijl ik in Blenheim Park aan het joggen was, ging mijn mobiele telefoon. Abel Goodman had hevige pijn en lag op de afdeling in shock door bloedverlies vanwege een acute bloeding rond de pomp. Deze had een grote zwelling onder zijn ribben veroorzaakt, terwijl op dat moment zijn eigen hart vrijwel was hersteld. We moesten meteen de pomp verwijderen om de bloeding te stoppen, anders zou hij sterven. Ik gaf opdracht ogenblikkelijk het operatieteam bij elkaar te roepen.

Ik rende naar huis, sneller dan verstandig op mijn leeftijd, en sprong in de auto. De wegen waren rustiger in het weekend, maar ik was er pessimistisch over of we hem op tijd zouden kunnen openmaken. Of we zouden slagen of niet – men moest hoe dan ook moed blijven houden. Een geagiteerde, zenuwachtige of bange chirurg zou in elk geval niets kunnen uitrichten. In de auto werkte ik uit wat ik moest doen. We zouden zijn borst niet opnieuw kunnen openen zonder schade aan te richten, dus ik moest de slagader en de vene in zijn lies blootleggen, in allebei canules invoeren en hem aan de hart-longmachine aansluiten. Dan zou hij veilig zijn. Met voldoende transfusiebloed konden we de bloedsomloop in de hersenen gaande houden en dan de HeartMate uitschakelen. We slaagden er net op tijd in, want zijn bloeddruk was al gezakt tot de helft, ondanks de transfusie.

Ik trok de draden uit zijn borstbeen en haalde de oscillerende zaag door het midden van het bot. Toen de randen uit elkaar weken, spatten er glanzende paarse bloedstolsels op uit het ondereind. Ik kwam al gauw tot de veronderstelling dat door de verandering in Abels hartgrootte waarschijnlijk ook de positie van de instroombuis van de HeartMate was veranderd, en dat hierdoor de apex van het nu kleiner geworden hart was opengescheurd. Mijn veronderstelling bleek correct te zijn. Toen ik de ontstoken massa opende, kon ik zien dat de verbinding tussen de uitstroombuis en de aorta in orde was.

De beslissing was snel genomen. Die pomp moest eruit. Of Abels eigen hart zou erin slagen om zijn bloedsomloop in stand te houden, of hij was dood. De makkelijkste manier om de onbereikbare bloeding te stoppen was zijn lichaam afkoelen tot 20 °C en dan de bloedcirculatie helemaal stilzetten. In de tussentijd maakte ik de kabel van de HeartMate los, haalde het ding eruit en schepte een massa gestold bloed uit de holte in de buikwand. Het ging de goede kant uit, maar het schoot wel door me heen dat er leukere manieren zijn om het weekend door te brengen.

In eerste instantie was het een harde klap voor Abels familie. Ze keken er al naar uit om hem weer in goede conditie thuis te krijgen na vijf maanden in het ziekenhuis. De echtgenotes van Abel en Ralph waren samen aan het wachten; de een hoopte op een mirakel en de andere begon te beseffen dat een succesvolle kunsthartimplantatie niet 'nog lang en gelukkig' betekende. Slecht nieuws verspreidt zich snel en er hing een sombere stemming in het ziekenhuis. Abels verpleegkundigen en fysiotherapeuten dachten al dat ze hem verloren hadden na maanden van enorme inspanning om hem te revalideren van zijn hersenbloeding – dat zou voor ons allemaal een tragedie zijn geweest.

Maar het nieuws was niet alleen maar slecht, verre van. Ik was echt verbaasd hoe Abels eigen hart was veranderd. Het had maanden van rust gekend na de implantatie van de HeartMate, zijn hartfalen was opgeheven en zijn bolvormig geworden hart had weer zijn normale vorm teruggekregen. Toen we de instroombuis in het ventrikel zorgvuldig vrij dissecteerden vonden we de plek van de bloeding, een scheur in de hartspier. Ik heb het halvemaanvormig stukje spier rond de metalen instroomcanule losgesneden en bewaard voor pathologisch onderzoek, om het rechtstreeks te vergelijken met de kern van spierweefsel die bij zijn eerste operatie was uitgesneden om plaats te maken voor de instroombuis.

Dit was mooier dan raketwetenschap. We hebben aangetoond dat de vergrote hartspiercellen hun normale grootte en structuur terugkrijgen, en dat we zieke harten zouden kunnen helpen om zich te herstellen. We noemden dit de 'behoud je eigen hart'-strategie. Maar waren de structurele veranderingen duurzaam en zouden de harten blijven functioneren? Dat wisten we niet. Alleen de tijd zou het ons leren, maar het was een sensationele ontdekking.

De operatie had zeven uur geduurd. We hadden Abels pomp als een baby uit zijn lichaam gehaald; ik wilde hem behouden. De opening waar de instroombuis had gezeten werd gerepareerd met diepe, met teflon verstevigde hechtingen. Zijn hart zag er nu merkwaardig uit maar het werkte nog steeds en het contraheerde goed, waardoor de bloedsomloop goed op gang kwam toen we zijn bloed weer opwarmden. Het loskoppelen van de hart-longmachine verliep goed, als bij een eenvoudige operatie. Elke gehechte snede bloedde wat, maar zijn bloeddruk was in orde.

Zou dit de eerste succesvolle 'overbrugging naar herstel'-operatie van de wereld worden bij een patiënt met chronische gedilateerde cardiomyopathie? De bloedingen hielden na verloop van tijd op en we maakten borst en buik dicht. Dit was al een triomf op zichzelf. Abels familie was extatisch, Ralph en Jean opgelucht, en mijn medewerkers optimistisch. Maar ik was nog steeds ongerust. We bevonden ons op het scherp van de snede.

Er bleef me geen andere keuze dan de postoperatieve zorg over te laten aan de intensive care. Ik was op z'n best afgepeigerd. En op zijn slechtst? Psychopathisch, denk ik, door met te veel ballen te jongleren, door mijn eigen leven, en dat van andere mensen, extreem te belasten. Chirurgie vind ik gemakkelijk, maar politiek niet. Het nemen van risico's met niet te voorziene kosten voor de NHS was stressvol. Er stond hier meer op het spel dan individuele levens. Allerlei invloedrijke figuren beweerden dat mechanische harten nooit zouden werken, en het was een hele strijd om hun ongelijk aan te tonen.

Abels toestand bleef de dertig uur daarna stabiel en alles was normaal. Zijn nieren gaven urine af ondanks de langdurige shock. Toch was ik nog steeds ongerust. De inzet was te hoog, ik liep over het water maar verwachtte elk ogenblik te zinken. Ik hoefde niet lang te wachten. Laat in de avond ging Abels eigen hart onbeheerst atriumfibrilleren, zo snel dat het linkerventrikel schade ondervond. Het is een simpel probleem dat bij bijna de helft van de hartchirurgiepatiënten voorkomt. Het zou geen onoplosbaar probleem moeten zijn geweest, maar dat was het nu wel. Geen van de aanwezige junior artsen durfde het aan om hem te defibrilleren met elektroshocks, en hij ging snel achteruit. Ik haastte me naar het ziekenhuis, maar toen kon hulp niet meer baten.

Abel stierf met zijn familie rond zijn bed. Ik kon een van twee dingen doen – razend worden en mijn ontslag krijgen, of weggaan. Ik deed het juiste en bij het weggaan passeerde ik Ralphs bed. Jean sliep met haar hoofd op de lakens en wist van niets. Maar Ralph staarde recht voor zich uit, verteerd door angst. Zijn ogen volgden me toen ik voorbijliep. Hij begreep hoe ik me voelde en er was niets wat ik kon zeggen om hem gerust te stellen. Hij had alles gehoord: 'Zullen we hem shocken? Moeten we de specialist opbellen? Wat als...?' Vervolgens gebeurde het onvermijdelijke. Shit en fiasco.

De marge tussen leven en dood is zo smal. Overleven hangt af van of de aanwezige medische staf in staat is om het probleem te behandelen, en vergt de toepassing van de juiste behandeling op het juiste moment. Abel had die elektrische shock nodig om zijn versnelde hartritme weer normaal te krijgen. Daarvoor had hij iemand nodig gehad die de leiding nam om de situatie te redden, maar die was er niet. Het is wat we nu een 'mislukte reddingspoging' noemen. Naar mijn gevoel was hij onnodig gestorven, na al die moeite.

Gelukkig ging Ralph van goed naar beter. Hij was als herboren door de technologie en leerde snel te leven met de 'alien' die binnen in hem elke minuut zes liter bloed met krachtige pulsen rondpompte, en luid siste via de luchtopeningen. In minder dan twee weken hadden hij en zijn familie de apparatuur leren bedienen. Het belangrijkste was goed om te gaan met de stevige witte kabel die uit zijn zij tevoorschijn kwam. Hij moest zorgvuldig schoon en vrij van bacteriën worden gehouden, omdat de omringende huid zich daaraan moest hechten en perfect moest aansluiten op de dacron-bekleding. Ralphs grootste risico was infectie via deze kabel, iets dat vaak voorkwam bij deze apparaten en vooral een groot risico was voor diabetici zoals hij. Aanvankelijk kwamen diabetespatiënten om die reden niet in aanmerking voor een kunsthart.

Jean oefende met het omgaan met onverwachte problemen en wat ze moest doen wanneer er alarmen afgingen. Op zulke momenten was overleven afhankelijk van juist handelen. Ze leerde de HeartMate handmatig te bedienen voor het geval dat de stroom uitviel. Toen gingen ze naar huis, gelukkig en vol vertrouwen, vooruitblikkend op een nieuw leven. Geen andere patiënt met een kunsthart werd zo snel ontslagen uit het ziekenhuis. Hoewel Ralph elke maand terugkwam voor controle, gingen ze weer rondreizen met hun caravan, maximaal profiterend van zijn wederopstanding. Hij was gelukkig.

Met de winter kwamen voorspelbare problemen; een eenvoudige verkoudheid met hoest- en niesbuien. De plek waar de stijve kabel uit de buik stak kwam hierdoor onder spanning te staan en de tere aanhechting van huidcellen en dacron werd verbroken. Bacteriën infiltreerden door de bres in de verdediging van de huid. Jean deed haar best om dat gebied schoon te houden met normale ontsmettingsmiddelen, maar toen begon het te etteren en werd het warm, rood en pijnlijk. Ralphs huisarts nam een monster voor laboratoriumonderzoek en schreef antibiotica voor. Door de ontsteking werd zijn diabetes lastiger te beheersen, en zijn verhoogde suikerspiegels betekenden meer voeding voor de bacteriën. Na een paar weken antibiotica kwam er ook nog een schimmelinfectie bij. We namen Ralph weer enkele dagen op in het ziekenhuis om het probleem de kop in te drukken. Er was toen al een ontstoken en pijnlijke krater ontstaan rond de uittreeplek, die we chirurgisch probeerden te behandelen. Het zag er beslist een stuk beter uit, en Ralphs eigen hart was behoorlijk verbeterd omdat hij vele uren doorbracht op een cardiofiets om spierweefsel op te bouwen.

Ten slotte bereikte de schimmelinfectie de pomp zelf en ik wist dat dit een veeg teken was. Bud in Houston kampte met hetzelfde probleem bij zijn 'overbrugging naar transplantatie'-patiënten, hoewel geen van hen diabetes had. Ik belde hem regelmatig voor advies. We wisten dat we er nooit in zouden slagen om het met antibiotica kiemvrij te krijgen, maar zouden we het risico kunnen nemen om de pomp te verwijderen, zoals bij Abel Goodman? Ik was dit serieus aan het overwegen toen de infectie in zijn bloedbanen drong. Bloedvergiftiging, zo noemen we dat. Nu waren zowel de binnenkant als de buitenkant van de pomp geïnfecteerd, de varkenskleppen in de pomp zaten onder de schimmel en begonnen te desintegreren. Hier was geen uitweg meer mogelijk. Ik moest Jean vertellen dat het nu te laat was voor heldendaden.

De septische shock had lever- en nierfalen veroorzaakt, en Ralph zag nu geel en zijn longen vulden zich met vocht toen de kleppen in de pomp vreselijk begonnen te lekken. De HeartMate maakte nu ook een ander geluid, meer als een wasmachine omdat het bloed nu in de pompkamer heen en weer plensde, en het gesis leek nu meer op dat van een overkokende waterketel dan op dat van een slang. Voor mij was het afgelopen, en Jean begreep dat toen ik haar zei dat het zinloos zou zijn om heldendaden zoals bij Abel te verrichten. Ralph zou dat niet overleven. Wat we doen konden was hem beademen en hem bijstaan om waardig te sterven.

Ralph had geholpen om iets op gang te brengen. 'De man met twee harten', zoals *The Sunday Times* hem had genoemd, had het zo goed gedaan. Hij stierf achttien maanden na de implantatie, omgeven door zijn familie, en ondanks al het lijden bleven ze dankbaar voor deze goed benutte kans om verder te leven.

We hebben erg veel geleerd van Abel en Ralph. Zij waren pioniers, de eerste patiënten die 'voor levenslang' een kunsthart kregen. We accepteerden dat 'levenslang' bij hen maar voor kort was geweest, maar tijd van leven is altijd veel waard. Vraag het aan kankerpatiënten. Wat we nodig hadden waren betere pompen, en daaraan werd gewerkt.

7
SAVING JULIE'S HEART

'Nooit is het voor iets te laat, tot het vermoeide hart ophoudt en niet meer slaat.'

– Henry Wadsworth Longfellow

Waarom gaan er patiënten dood na hartoperaties? Is dat omdat de chirurg een fout heeft gemaakt en het hart heeft beschadigd door een technische vergissing, door de verkeerde klep of kransslagader te opereren? Of door de patiënt dood te laten bloeden? Zoiets komt maar zelden voor. Gewoonlijk komt het doordat de patiënt al van tevoren zo ziek was dat zijn leven op het spel stond, ook al zou de operatie goed verlopen. In elk vakgebied kunnen er fouten worden gemaakt en in de hartchirurgie gebeurt dat ook, maar de meeste patiënten sterven omdat hun zieke hart gaandeweg verslechterde tijdens de operatie.

In de tijd van de conventionele chirurgie kreeg het hart veel te lijden wanneer het doelbewust werd stilgezet zonder eigen bloedvoorziening, ongeacht de beschermende oplossingen die we het toedienden, die ook geen van alle perfect waren. Aan het eind van de operatie was het eenvoudigweg te zwak geworden om de bloedsomloop in stand te houden, uitgeput, maar in principe in staat om te herstellen. Wanneer de hart-longmachine werd afgezet kon het hart gewoonweg niet op gang komen, en zonder hulp stierf de patiënt dan op de operatietafel. Heel vaak nam het hart het van de machine over, maar begon dan in de daaropvolgende uren geleidelijk aan te falen, en hoe hard we het ook met medicijnen oppepten, zijn lot was al bezegeld op de operatietafel. Hoe langer de hartspier zonder eigen bloedtoevoer bleef, hoe groter de kans dat dit zou gebeuren. Dan ging het lichaam naar het mortuarium en liet het een treurende familie achter.

Ik had het gevoel dat deze gang richting dood te voorkomen was. Het hart moest gewoon de kans krijgen om weer te herstellen, maar het langer aangesloten laten op de hart-longmachine was niet de oplossing. In feite werd het daardoor alleen maar erger. Hoe meer tijd bloed in contact staat met lichaamsvreemde oppervlakten, hoe groter de kans op ontsteking in het gehele lichaam, wat op zijn beurt slechtere orgaanfuncties en meer bloedingen betekent.

Maar hoe zou het gaan met een ander type pomp? Een eenvoudig pompcircuit zonder kunstmatige long zou misschien beter werken en langer gebruikt kunnen worden, misschien wel enkele uren of dagen – bij de zwaarste gevallen enkele weken –, tot de eigen spierkracht van het hart en het gunstige effect van de chirurgische reparatie weer een normale bloedsomloop toelaten.

Een veilige en betrouwbare tijdelijke bloedpomp zou waarschijnlijk de helft tot twee derde redden van degenen die anders zouden sterven. Hoe we dat konden weten? Autopsies toonden aan dat het hart in de meeste gevallen structureel gezond was. Het was alleen uitgeput. Geef het wat rust en ondersteun de rest van de organen, dan zou de patiënt kunnen genezen.

Het was onvermijdelijk dat de meeste pioniers die bloedpompen maakten, dachten dat ze een pulsatie moesten genereren om de menselijke bloedsomloop na te bootsen. De eerste pompen moesten zich legen en vullen en groot genoeg zijn om het menselijk hart te imiteren. Meestal is het slechts het linkerventrikel dat hulp nodig heeft. Indien nodig kunnen afzonderlijke systemen worden gebruikt om zowel het linker- als het rechterventrikel te ondersteunen. Maar de eerste pulserende toestellen met balgen en ventielen veroorzaakten turbulentie, wrijving en warmteontwikkeling, en dat zijn ideale omstandigheden voor het ontstaan van bloedstolsels en van de rampzalige complicatie van een beroerte; altijd een ellendig en gevreesd eindpunt in de strijd om levens te redden.

George Magovern, hoofd chirurgie van het Allengheny General Hospital te Pittsburgh, was niet zo overtuigd van de noodzaak van pulsatie. Hij betoogde dat wanneer bloed de weefsels bereikt het door dunne haarvaatjes stroomt met een diameter van een cel. In deze micro-omgeving is er geen sprake meer van polsslag omdat de druk daarvan al is afgezwakt in de kleine bloedvaten alvorens de haarvaten te bereiken. Mocht een polsslag onnodig zijn, zoals we al hebben gesuggereerd, dan zouden er kleinere pompen kunnen worden gemaakt die minder schade veroorzaken, pompen die met hoge snelheid draaien en vijf tot tien liter bloed per minuut afleveren. De pomp moest alleen maar lief zijn voor het bloed. Magovern schakelde zijn vriend, prof. Richard Clark, hoofd hartchirurgisch onderzoek bij de National Institutes of Health te Washington, DC, in, om samen met hem aan het project te werken.

Het team had vijf jaar nodig om een roterende bloedpomp te ontwikkelen. Die was zo groot als een fietsbel en woog iets meer dan tweehonderd gram. Elektromagneten dreven één enkel bewegend deel aan, een zesbladig schoepenrad. Aanvankelijk de AB-180 genoemd, was hij ontworpen om de bloedsomloop tot zes maanden lang gaande te houden, lang genoeg voor een overbrugging naar transplantatie. Het ontwerp was eenvoudig en zo doelmatig dat een van de technici het aan zijn tuinslang aansloot om zijn visvijver leeg te pompen. Het presteerde goed in het laboratorium, berokkende geen schade aan de rode bloedlichaampjes en werkte uitstekend bij schapen. Daarom gaf de US Food and Drugs Administration (FDA) in 1997 toestemming voor een proef met de AB-180 bij mensen, onder de strikte voorwaarde dat de pomp alleen als 'laatste redmiddel' zou mogen worden gebruikt. Een proef met de pomp tegenover een zekere dood.

In februari 1998 werd ik uitgenodigd door de FDA om op een cardiologencongres te Washington mijn recente operaties op Abel en Ralph te bespreken. Daar ontmoette ik Richard Clark, van wie men had verwacht dat hij met pensioen zou zijn gegaan maar die geen zin had om die navelstreng door te snijden. Hartchirurgie was zijn leven. Tijdens een diner toonde hij me de AB-180 en vroeg me of ik hem voor een jaar een aanstelling wilde geven als wetenschappelijk onderzoeker. Ik voelde me gevleid en stelde voor dat hij dan zijn pomp mee zou brengen. Op 7 augustus van datzelfde jaar kwamen hij en zijn vrouw aan in Oxford. Een groter contrast was nauwelijks denkbaar: dromerige torenspitsen in plaats van wolkenkrabbers, de National Health Service in plaats van het best gefinancierde gezondheidszorgsysteem ter wereld. Tot die dag was de AB-180 nog steeds niet met succes toegepast in een patiënt – drie dappere pogingen om shockpatiënten te redden waren met de dood geëindigd – en er was een reële kans dat de klinische tests in de Verenigde Staten zouden worden stopgezet.

Het was twee uur in de ochtend op 9 augustus 1998 toen ik wakker werd gebeld. Vreemd, want ik had die nacht geen oproepdienst. Het was een cardioloog van het Middlesex Hospital in Londen. Ze behandelde Julie, een eenentwintigjarige onderwijzeres in opleiding, die de zomer doorbracht bij haar ouders in Surrey en die aanvankelijk griepachtige symptomen vertoonde. Maar enkele dagen later was ze lusteloos en uitgeput, kortademig, bezweet maar koud, en scheidde geen urine meer af. Met andere woorden, ze lag op sterven.

Het regionale algemene ziekenhuis onderkende dit en verwees haar met spoed door naar het Londense academische ziekenhuis, waar een echoscopie een slecht contraherend hart liet zien. Ze had virale myocarditis – een virusziekte als een verkoudheid maar die, wanneer het hart is aangetast, fataal kan zijn. Ontsteking en vochtophoping hadden Julies hartfunctie gesloopt. De meting van haar hartcapaciteit bevestigde een zeer slechte bloedcirculatie door haar lichaam, minder dan een derde van wat het zou moeten zijn. Al met al was het een behoorlijk hopeloze toestand voor een meisje dat de week daarvoor nog volkomen gezond was.

De cardioloog had Julie op de hartafdeling van de intensive care opgenomen voor wat we een ballonpomp noemen. Dat is een worstvormige latexballon die via een katheter verbonden is met een externe luchtcompressor. De katheter wordt via de dijslagader tot in de aorta in de borst gevoerd, en de ballon blaast op als het hart ontspant. Dit verhoogt de bloeddruk en vermindert enigszins de hoeveelheid energie die het hart nodig heeft om te werken, maar er is wel wat bloeddruk en bloedcirculatie nodig om het te laten werken. Bij Julie was het totaal nutteloos en blokkeerde het alleen maar de bloedtoevoer naar haar been. Dat zag al blauw, gevolg van afscheiding van melkzuur, en op het moment dat ik werd gebeld, was de hoogste bloeddruk 60 mm Hg, de helft van wat het zou moeten zijn.

Ik werd beschouwd als de laatste strohalm, en de Middlesex-cardioloog vroeg zich af of er nog iets kon worden gedaan. Ze vroeg: 'Heb je de een of andere technologie die zou kunnen helpen?', en verzekerde me dat het oké was als ik niets kon doen, omdat de ouders en de jongere zus al in shock afscheid van haar hadden genomen. Naar hun gevoel waren ze Julie kwijt toen ze onder narcose werd gebracht om aan de beademing te worden aangesloten. Gewoonlijk waren beademing en ballonpomp de allerlaatste optie, maar het hielp niet en onvermijdelijk was haar bloeddruk nog verder gezakt als gevolg van de narcose.

De meeste patiënten met virale myocarditis komen er vanzelf overheen. Net als bij griep verdwijnen de effecten van het virus en herstelt het hart, maar dat gebeurde niet bij Julie. De dodelijke chemie van verslechterende bloed- en orgaanfuncties had te lang doorgewerkt, en ze was plotseling terechtgekomen in de vicieuze cirkel van acuut hartfalen die onveranderlijk tot de dood leidt.

Zo vroeg in de ochtend zou je soms willen zeggen: 'Sorry, ik heb geen oproepdienst. Ik heb een paar biertjes gedronken en kan je niet helpen.' Eerlijk gezegd kan ik me niet herinneren wat ik in dit geval heb geantwoord, maar het was waarschijnlijk iets in de trant van: 'Breng haar zo snel mogelijk naar Oxford. Ik roep het team bij elkaar.'

Julie werd dus in het midden van de nacht per ambulance naar Oxford gebracht, met artsen, verpleegkundigen en massa's apparatuur. Ik riep Richard Clark op, die, opgewonden door het vooruitzicht van snelle actie, meteen aan kwam zetten om de AB-180 uit te pakken. Mijn betrouwbare Japanse rechterhand, Takahiro Katsumata, kwam binnen om me te assisteren.

We ontmoetten Julie en haar helpers op de spoedafdeling, na een huiveringwekkende race van honderd kilometer vanaf Londen. Intussen waren haar lever en nieren uitgevallen en haar bloeddruk was verwaarloosbaar laag, dus we hadden geen andere keuze dan haar haastig naar de operatiezaal te brengen. Ze was zo goed als dood. Haar ouders waren toen nog niet gearriveerd, ze waren er nog niet in geslaagd met de auto London uit te komen, ondanks het vroege uur.

Eén ding dat de mediaberichten achteraf vermeldden, was onjuist. Ze zeiden dat ik groen licht had gekregen van de ethische commissie van mijn ziekenhuis om de AB-180 te gebruiken, maar helaas klopte dat niet. Helemaal onwaar. Niemand behalve ik en Richard Clark had er enig idee van dat we het apparaat hadden, en geen van ons beiden had gedacht dat we het al zo snel nodig zouden hebben. Tot op dat tijdstip had het een sterftecijfer van honderd procent, en dat is, zacht uitgedrukt, statistisch zeer significant. Maar ik was niet het type dokter om een jonge patiënt dood te laten gaan vanwege een of andere bureaucratische finesse.

Het was een geluk dat Brian, de perfusionist, de hart-longmachine al klaar had voor gebruik. De Londense intensivecare-arts die Julie begeleidde, dacht al dat ze te laat waren, en toen ik mijn hand op Julies been legde, vermoedde ook ik dat ze al dood was. Ze was wit en koud, haar aders leken leeg en haar voeten waren blauw. Het was lastig om haar snel te vervoeren – hoewel ze niet veel woog – en de infusen, de beademingsapparatuur en de ballonpomp moesten zorgvuldig worden verplaatst. Katsumata en ik tilden haar voorzichtig op de operatietafel. Zuster Linda, de operatieassistente, had haar handen al geschrobd en een operatiekamerschort aan en ze was er klaar voor.

Dawn, de tweede verpleegkundige, verwijderde Julies witte ziekenhuishemd. Haar urinekatheter was verstrikt geraakt in een deel van de apparatuur en stond strak gespannen als het elastiek van een katapult, met de opgeblazen ballon nog in haar blaas. Dawn fikste het. Ik gaf Linda opdracht Julie te joderen en af te dekken. Katsumata en ik schrobden ons haastig – wat was nu belangrijker, leven of steriliteit? Mike, onze anesthesist, worstelde met de talrijke infuusslangen en oplossingen en deed zijn best er wijs uit te worden, geholpen door de uit Londen meegekomen anesthesist, die de puzzel wist te ontwarren. Maar het gaf niet wat er allemaal toegediend werd, niets hielp. Ik vroeg Mike om de lichtbundel van de operatielamp op Julies borst te focussen en greep dan naar een scalpel.

Het mes ging in één keer tot op het bot. Vergeet elektrocauterisatie, het was niet nodig. Op dit ogenblik was er geen bloedsomloop meer – dus geen bloeding van huid of vet – en Julies hartslag was deerniswekkend traag. Ik haalde de zaag door het borstbeen. Opnieuw geen bloeding van beenmerg. We wrikten de wondspreider erin, en met een schaar knipten we snel het hartzakje open. Mike waarschuwde dat het ECG trager en trager werd, maar ik had zijn waarschuwing niet nodig om dat te weten; ik had het gezwollen, door virussen geïnfecteerde hart van Julie voor me. Het was aandoenlijk aan het trillen, zoals speelgoed waarvan de batterij bijna op is, zo'n blikken soldaatje dat steeds langzamer op zijn trommel gaat slaan totdat zijn arm in de lucht stilvalt. Op.

Maar terwijl het hart wilde stoppen, ging ik door. Ik naaide buidelhechtingen in de aorta en het rechteratrium om de buizen van de hart-longmachine vast te houden. De aorta was zacht, zonder druk, het rechteratrium daarentegen tot barstens toe gespannen. Door elke hechtsteek kwam donkerblauw zuurstofloos bloed naar buiten. Er was nauwelijks meer bloedcirculatie naar de longen, en in dit stadium vroeg ik me af of ze nog te redden was.

Doorwerkend als machines, zonder een woord te zeggen, schoven we de aansluitbuizen naar binnen om haar met de hart-longmachine te verbinden. Tussen elke kritieke stap door nam ik Julies afgepeigerde hartventrikels vast in mijn hand en pompte hard en ritmisch, zoals je sap uit een grapefruit knijpt, een vorm van inwendige hartmassage om een schijn van bloedstroom naar haar hersenen en kransslagaders in stand te houden. Dat was het enige dat telde. Vergeet ingewanden en ander orgaanvlees, hou gewoon hersenen en hart in leven met wat er nog aan zuurstof in het kleverige bloed zit.

Katsumata, een man van weinig woorden, mompelde: '*Don't mention the war*.' Ik gaf Brian opdracht om de hart-longmachine aan te zetten, nog voordat de veneuze afvoerbuis verbonden was met het circuit, en er bijna zwart bloed traag in de buis liep. In onze haast hadden we een luchtbel die de drainagebuis van het rechteratrium verstopte, maar dit was niet echt een probleem. Door de buis op te tillen ging de lucht naar boven, en toen we de buis daarna op de tafel lieten vallen, ontsnapte de lucht naar het reservoir.

Toen het eerst lege hart opnieuw begon te kloppen, omdat het nu bloed toegevoerd kreeg van de machine, heerste er opeens rust in de operatiezaal. Julies bloedzuurstofspiegels stegen snel, en het zwarte bloed werd weer rood omdat het melkzuur weggefilterd werd. Ze was veilig, mits haar hersenen niet beschadigd waren. Dit was werkelijk op het nippertje.

Ik wendde me tot Richard. 'Hoe implanteren we dit ding?' Het leek eenvoudig. Er was een instroombuis, die ik onnodig stijf vond. Die zou in het linkeratrium worden gestoken om zuurstofrijk bloed van de longen naar de centrifugaalpomp te leiden. De pomp zou haar nieuwe linkerventrikel worden. Er was een kunstmatige vaatbuis om bloed terug te leiden naar haar aorta en van daar zou het door haar lichaam gaan circuleren. Eenvoudig. Het apparaat zelf zou rechts in haar borstkas zitten, tussen long en hart. Als de bloedsomloop effectief om de linkerhelft van het hart wordt omgeleid, zouden haar hersenen en lichaam veilig zijn. Dus moesten we aan de slag gaan.

Richard overhandigde de gesteriliseerde apparatuur aan zuster Linda. Ik bekeek hoe ik de stijve instroombuis het best in de dunwandige kamer van het atrium zou kunnen steken. De intredeplaats moest langdurig bloeddicht blijven, dus ik bedacht dat we een buisje van menselijke donoraorta aan het linkeratrium zouden moeten vastnaaien. Dit zorgde voor een zekere flexibiliteit van de intredeplaats van de canule en maakte het ook veiliger om deze weer te verwijderen, zonder dat er een groot gat in het hart achterbleef. Deze eenvoudige truc kon het verschil uitmaken tussen succes of falen, tussen leven of dood.

Voor noodgevallen bewaarden we gedoneerde menselijke hartkleppen en stukjes bloedvat in een koelkast in de operatiezaal, en ik had een speciaal team voor het regelen van donaties en om restjes te redden uit de autopsiezaal. Deze reserveonderdelen, ingelegd en geconserveerd, waren van onschatbare waarde voor de chirurgie van aangeboren hartafwijkingen, de reconstructie van kinderharten.

Dawn vond in de koelkast een geschikt stuk donoraorta in een steriele fles. Dit naaide ik zorgvuldig vast op een toegankelijk deel van Julies linkeratrium en schoof daar de stijve instroombuis in. Het was allemaal een beetje kunst- en vliegwerk, we bedachten het terwijl we bezig waren. Vervolgens, met zorgvuldige, bloeddichte stiksels, sloot ik de kunstmatige uitstroombuis van de AB-

180 op de aorta aan, met gebruikmaking van een zijklem. Er was nog een laatste ding om te doen. De gecombineerde kabel voor stroom en antistollingsmiddel moest via een incisie door de wand van de bovenbuik worden gehaald, waardoor het leek alsof we met een robot bezig waren. Ik gaf hem dan door aan Richard, die de stroomvoorziening aansloot.

Nu, met de stabiele bloedaanvoer van de hart-longmachine, klopte Julies eigen hart weer. Maar het was nog steeds zwak. Ik besloot dat we haar nog eens dertig minuten zouden ondersteunen voordat we probeerden over te stappen van hart-longmachine naar de AB-180, omdat de pomp weliswaar de functie van het ontstoken en opgezwollen linkerventrikel zou overnemen, maar het rechterventrikel voor zichzelf zou moeten zorgen. Doordat de bloedstroom verbeterde begonnen de aangesneden weefsels te bloeden. Bovendien was ze afgekoeld toen ze lag te sterven en door de warmtewisselaar in de hart-longmachine begon haar lichaamstemperatuur opnieuw te stijgen.

Ik begon moe en ongeduldig te worden. Ik vroeg Mike om de longen te ventileren en Brian om wat bloed in het hart te laten. Het was nodig om Julies hart eerst met bloed te vullen alvorens de AB-180 aan te schakelen, omdat de pomp anders het hart leeg zou zuigen en daardoor afsluiten. We moesten harmonieus van het ene op het andere overgaan. Maar hoe? Ik gaf Brian opdracht de hart-longmachine gewoon af te zetten. Hij schakelde hem uit en dat bevestigde dat Julies eigen hart inderdaad niet werkte.

Toen vroeg ik Richard om de AB-180 aan te zetten en geleidelijk aan de bloedstroom op te voeren tot vijf liter per minuut, vergelijkbaar met een normale hartwerking. In een staat van hevige opwinding schakelde Richard de stroom aan en draaide de snelheid van de turbine omhoog. De pomp kwam onmiddellijk in actie. Julie had nu helderrood bloed dat door heel haar lichaam stroomde.

Op de monitor was er geen typische bloeddrukstreep te zien, geen systole of diastole, maar gewoon een vlakke streep, de continue stroming van de centrifugale bloedpomp. Zou het werken? Daar zouden we in de komende dagen achter komen. Tot op dat moment was er een sterftecijfer van honderd procent bij mensen.

Maar we zagen aan de bloedmonsters dat het goed ging. Julies biochemie was behoorlijk normaal. Bovendien deed het donorbloedvat het goed. Er was geen bloeding rond die gekke instroombuis, en dat was bij de drie Amerikaanse patiënten een belangrijk probleem geweest. De turbine draaide op 4000 toeren per minuut, en pompte meer bloed rond dan een normaal hart, en de pomp zelf zat comfortabel op het rechterdeel van Julies diafragma.

We waren erin geslaagd haar in leven te houden.

Enigszins verstoord door de vlakke streep op de monitor, vroeg Mike aan Brian om de ballonpomp weer aan te zetten. Daardoor was een zwakke pulsatie op de monitor zichtbaar, maar er was absoluut geen verschil in bloedtoevoer naar het lichaam. Dat pulseren was veel minder belangrijk dan de bloedstroom zelf. Elke cel van het lichaam heeft zuurstofrijk bloed nodig, met daarin glucose, eiwit, vet, mineralen en vitamines, en het maakte echt geen verschil of het bloed wel of niet pulseerde. Stroming, daar ging het om.

Dit was op dat moment een totale openbaring. Systole en diastole waren altijd als belangrijk beschouwd, en je moest dat voortdurend meten. Wanneer de bloeddruk laag was, moest je hem omhoog zien te krijgen. Maar dat gold niet bij gebruik van een continue pomp. Lage bloeddruk leverde in feite minder weerstand op voor de pomp. Wanneer de bloeddruk steeg ging de pomp trager werken. Contra-intuïtieve fysiologie. We moesten eraan wennen.

Het was bijna acht uur in de morgen en de zon scheen helder op de dromerige torenspitsen. Ik liet het aan Katsumata over om de borst dicht te maken en ging de intensivecare-afdeling informeren over hun nieuwe patiënt. Het zou voor hen iets totaal anders zijn. Ik vertelde hun dat Julie in de komende twaalf uren – haar kritieke fase – geen polsslag zou hebben, en dat een gemiddelde bloeddruk van 70 mm Hg oké was. Haar nieren waren ermee gestopt, dus zou ze enkele dagen lang dialyse nodig hebben. En ze zag een beetje geel omdat haar lever ook had geleden. In feite was ze, toen ze in de ambulance uit Londen hier aankwam, volgens de meeste criteria dood. Maar we hoopten dat ze nu niet dood zou zijn. Prachtig toch?

Desiree Robson, onze hoofdverpleegkundige, vroeg of ik al met de familie gesproken had. Ze zaten in de wachtkamer voor familieleden – mama, papa en klein zusje, volledig uitgeput na hun nachtelijke rondreis door het zuiden van Engeland –, ruimschoots voorzien van thee en sympathie, maar nog steeds slecht nieuws verwachtend.

'Ga erheen en vertel ze wat er gaande is,' beval ze me. 'Feestvieren doe je later.'

Op dat moment wist ik niet goed wat ik ze zou kunnen vertellen. Probeer dit eens: 'Uw lieve dochter is hier te laat aangekomen. We dachten allemaal dat ze dood was, ondanks beademing en ballonpomp, maar we hebben een nog niet goedgekeurd apparaat uit de Verenigde Staten, dat nog nooit eerder heeft gewerkt, bij haar geïmplanteerd. En nu hebben we haar van de doden opgewekt. Tenminste, als haar hersenen het nog steeds doen.' Dit was kort en bondig de harde waarheid.

Ik ging naar binnen in de wachtkamer voor ongelukkige handenwringende familieleden, waar de klok nog steeds stilstond op vijf uur. Drie gebogen hoofden schoten tegelijk omhoog. Ik zag onmiddellijk dat ze, hoewel ze geen idee hadden wie ik was, wisten dat ik er was om hun het ergste te vertellen. Dan lazen ze mijn gelaatsexpressie. Mijn masker hing nog om mijn hals en er zat bloed op mijn operatieschoenen, maar ik keek tevreden en zonder die kruiperige, geforceerd sympathievolle uitdrukking van artsen met slecht nieuws. Julie was nog in leven, een mirakel van de wetenschap.

Ik heb niet uitgelegd dat het een nieuwe, nog niet uitgeteste technologie betrof waar nooit eerder succes mee was behaald. De verpleegkundige aan wie het intensivecarebed van Julie was toegewezen, kwam zoals dat hoort ook binnen om te horen wat ik hun zou vertellen. Maar verpleegkundigen hebben er een hekel aan als ik suggereer dat alles goed zal komen. Ze willen dat ik ernstig kijk en het over een kritieke fase heb, voor het geval dat het misgaat. Ze willen niet dat ik de afdeling te veel onder druk zet.

Het enige wat ik kon vertellen was dat de pomp die we hadden gebruikt haar in leven hield, en dat we veel geluk hadden. Hij was pas twee dagen geleden uit de Verenigde Staten aangekomen, en we hadden hem uitgepakt toen Julie al aan de hart-longmachine was aangesloten.

‘Wat zijn haar kansen nu?’ vroeg Julies moeder.

Ik antwoordde dat we hoopten dat de pomp haar in leven zou houden totdat we een harttransplantatie zouden kunnen regelen. We waren geen transplantatiecentrum, maar ik zou contact opnemen met zo’n centrum en zorgen dat het in orde kwam. Het was niet het moment om te vermelden dat ik over drie dagen in Japan moest zijn.

Ik liet de familieleden daar in de kamer achter. Men gaf me door dat Mike en Katsumata met Julie op weg waren naar de intensive care, en dat haar ouders haar daar snel zouden kunnen zien. Hoewel het beangstigend voor hen kon zijn – er waren veel slangen en apparaten verbonden aan haar kleine lichaam – was dat beter dan haar te zien liggen op een tafel in het mortuarium, met een asgrauw gezichtje en wasachtige koude handen, en gekneusde lippen door de intubatiebuis. Ik wist uit ervaring dat alles beter was dan dat.

Zuster Desiree was aanwezig om de dingen uit te zoeken: infuuslijnen ontwarren, apparaten aansluiten, monitoren kalibreren. Alles moet helemaal in orde zijn. Op het eind van de ochtend zouden Desiree en Katsumata experts zijn geworden wat betreft de AB-180. Vooralsnog moesten ze wennen aan het meisje zonder polsslag. Mijn mobiele telefoon ging over. Het signaal was slecht, maar de boodschap verstaanbaar; de medische directeur vroeg me naar zijn kantoor te komen.

Ik had dit verwacht en wist dat ik niet voor koffie werd uitgenodigd. Medische directeurs zijn de Stasi, vanuit het gezichtspunt van ziekenhuisartsen. Simpel gezegd, ze zijn er om ervoor te zorgen dat niemand iets nieuws probeert of iets interessants doet, niets wat het ziekenhuis een slechte pers kan bezorgen. Ik had al eerder met de man te maken gehad, een ongeleid projectiel.

Zijn gezicht was een donderwolk. Hoe haalde ik het in mijn hoofd om een niet-gecertificeerd apparaat te gebruiken? Wie was hiervan op de hoogte? Was de ethische commissie hierbij betrokken? Wat in hemelsnaam probeerde ik te bereiken door dit meisje in leven te houden? Hij heeft niets van dit alles letterlijk zo gezegd, maar zo kwam het wel over.

Ik antwoordde niet. Ik zat daar in mijn operatiekleding vol bloedvlekken en dacht: donder toch op, man. Nu was het moment om de voor de hand liggende kaart uit te spelen. Ik zei dat ik hier geen tijd voor had en terug moest naar mijn patiënt. Als laatste zei hij: 'Als je dit nog een keer doet, vlieg je eruit.' Dat riep jeugdherinneringen op aan herhaaldelijke dreigementen om me naar een opvoedingsgesticht te sturen. Die dreigementen hadden nooit iets uitgehaald.

Ik ging meteen terug naar de intensive care. Julies familie zat naast haar bed en Desiree gaf uitleg over de apparatuur die haar in leven hield: beademing, ballonpomp, controlepaneel van de AB-180, infuuspompen, verwarmingsdeken. Alles heel eenvoudig, eigenlijk. En ze kwamen de dialyseapparatuur voor haar nieren brengen. Ondertussen waren ze in de operatiezalen klaar om te beginnen met de voor die dag geplande operaties. Ik zei dat ik er klaar voor was en dat ze de eerste patiënt moesten halen, een te vroeg geboren baby met een groot gat in haar hart; de ouders begonnen al zenuwachtig te worden.

Tussen de operaties door ging ik telkens naar Julie kijken. Door alle aanwezige artsen kon ik het bed niet zien. Een van mijn collega-cardiologen probeerde onder grote belangstelling mooie echo-opnames te maken van Julies hart, zonder storing van de ernaast liggende pomp. De ventrikelspier was volledig onbelast en niet aan het werk, hij was echt aan het rusten, en slechts een lichte contractie liet zien dat er nog elektrische activiteit was. Sommige artsen waren verontrust door de vlakke streep op de monitor.

Vroeg in de avond was alles stabiel en de menigte was verdwenen. De ballonpomp was nu overbodig geworden, met het lege linkerventrikel en die lage bloeddruk. Niet alleen dat, hij blokkeerde ook gedeeltelijk Julies dijslagader en vormde een invasieroute voor bacteriën naar haar binnenste. Ik drong erop aan dat hij verwijderd werd. Katsumata woonde in het ziekenhuiscomplex en Desiree een paar straten verderop. Ze beloofden dat ze haar goed in de gaten zouden houden, en dus ging ik naar huis om te slapen, weg van dit gekkenhuis.

In de vroege ochtend werd Julie wakker. De beademingsbuis in haar keel maakte haar bang en onrustig. Ze had geen flauw idee waar ze was of waarom er apparaten in al haar lichaamsopeningen staken. Het was duidelijk dat ze pijn leed, daarom moesten we haar opnieuw verdoven. Net voldoende, omdat anders haar bloeddruk zou dalen. Een dosis barbituraat in het infuus en ze dreef weer weg in bewusteloosheid, wat onder deze omstandigheden nog het beste was.

Ik plaatste een stethoscoop op haar borstbeen en hoorde het luide, continue zoemgeluid van de magnetisch opgehangen turbine – nog steeds ingesteld op 4000 toeren per minuut – die vijf liter per minuut pompte, evenveel als een normaal hart. Weinig mensen rond haar bed, op de intensive care, in het ziekenhuis, in Oxford – of zelfs in heel het land – hadden enig besef van het belang van dit unieke geval. Een niet-pulserende bloedstroom zorgde ervoor dat Julies organen herstelden – hersenen, nieren en dan de lever. De pioniers van de kunstmatige harttechnologie hadden dit niet voor mogelijk gehouden en beweerden dat pulserende pompen essentieel waren, en verklaarden daarmee de drie vorige mislukkingen met de AB-180.

Wat was nu het belang van deze bevinding en waarom begon ik opgewonden te raken? Als de niet-pulserende stroming kortstondig zo goed werkte, dan zou het nieuwe Jarvik Heart een succes moeten zijn voor een langere tijdsduur.

Die morgen om zeven uur werd ik naar het kantoor van de verpleging geroepen. Er was telefoon voor me, iemand met een Amerikaans accent – de naam hadden ze niet verstaan. Het was George Magovern, de initiator van het AB-180-project, die uit Pittsburgh belde, ver na middernacht plaatselijke tijd. Richard had hem opgebeld maar hij wilde me persoonlijk bedanken. Zijn technisch team was nog steeds aan het feestvieren en ze wensten Julie veel geluk en hoopten dat we haar in leven konden houden tot er een donorhart beschikbaar zou zijn. Ik zei dat we ons best deden. Dit was precies wat ik op dat moment nodig had, een oppepper om de sceptici in ander perspectief te zien, en de medisch directeur.

De dag daarop haalden we haar van de beademing en verwijderden de intubatiebuis. Wonderbaarlijk genoeg leken haar hersenen in orde te zijn. Ze kon met haar ouders praten en er was meer urine in de zak. Ik keek naar de vlakke streep op de monitor. En toen zag ik iets. Haar reguliere hartritme was veranderd in onregelmatig atriumfibrilleren. Dit was op zich niet ongewoon, maar telkens wanneer er een lange pauze kwam na onregelmatige slagen, verscheen er een duidelijke bliep op de arteriële streep, haar eigen hart begon bloed uit te stuwen wanneer het tijd had om zich te vullen.

Ik zei niets maar vroeg me af of haar hart aan de beterende hand was. De meeste gevallen van virale myocarditis worden beter door medische behandeling zonder de shockfase te bereiken. Dus waarom bij Julie een hart transplanteren als haar eigen hart aan het herstellen was? Dat was gewoon de conventionele aanpak bij ernstig hartfalen. Ik suggereerde haar steroïden toe te dienen om de zwelling van de hartspier te doen verminderen. Toverij, maar mocht het niet helpen, dan zou ze zich er toch wat beter door gaan voelen.

Nu moest ik een zeer moeilijke beslissing nemen. Vandaag was het woensdag. Door een vreemde samenloop van omstandigheden was ik ingepland om vrijdag een lezing te geven op een congres in Japan en zaterdag in Zuid-Afrika. Ongelooflijk, wat een planning. Kennelijk waren de datums in de agenda gezet alsof het Londen en Birmingham betrof, niettemin was het niet onhaalbaar. Ik vroeg me af of ik wel zou gaan. Met de tijdsverschillen vond ik het lastig om te becijferen hoelang ik afwezig zou zijn. Maar niemand is onvervangbaar, ik had een fantastisch team en Julie was stabiel. Dus ik besloot te gaan.

Voor mijn vertrek hadden we een teambespreking – Katsumata, Richard, Desiree en de intensivecare-artsen – want we hadden een plan nodig voor de tijd dat ik afwezig zou zijn. Julie maakte het goed: haar nieren en lever herstelden al, er waren regelmatig blieps op de arteriële bloeddrukstreep en het echocardiogram toonde verbetering aan in de contractie van de hartspier. De mechanische pomp deed zijn werk. Het plan was om haar stabiel te houden en langzaam te laten herstellen. Daar waren stalen zenuwen voor nodig.

Enkele dagen later kreeg ik het soort bericht waar ik altijd bang voor ben. Toen ik zaterdagmorgen mijn mobieltje aanzette op de luchthaven van Johannesburg zag ik een verontrustende boodschap van Katsumata. Ze dachten dat Julie een bloeding had in haar buik, een veelvoorkomende reactie op stress, maar een ernstig probleem door de antistollingsmiddelen die nodig waren voor de pomp. Maar... Het grote 'Maar'. Haar eigen hart was er volgens de echoplaatjes flink op vooruitgegaan. Wanneer de pomp werd uitgezet genereerde haar linkerventrikel een nagenoeg normale bloeddruk. Ik vroeg me af of de steroïden enerzijds het hart goed hadden gedaan, maar anderzijds de maagbloeding hadden veroorzaakt. Ik moest dit bespreken.

Ik zond Katsumata een sms. 'Nu in Zuid-Afrika. Bel me.'

Meteen daarop belde hij. 'Hoe was het in Japan?' vroeg hij.

'Fantastisch,' antwoordde ik. '*Just don't mention the war*.' Dan mijn besluit: 'De antistolling nog voortzetten. Draai de pomp omlaag naar 1000 toeren per minuut. Als het hart na een uur nog goed functioneert, dan haal je de pomp eruit.'

Er volgde een lange pauze. Katsumata's 'o shit'-moment was letterlijk voelbaar. Het bleef stil tot ik zei,: 'Kom op, Katsu. Jij en Richard kunnen dit aan. Haal dat verdomde ding er gewoon uit.'

Katsumata had me zaterdagochtend vroeg opgebeld vanuit Oxford. Hij ging terug naar Julies bed met Richard en ze lieten een nieuwe echo maken. Het terugdraaien van de pompsnelheid gaf het linkerventrikel de mogelijkheid om zich te vullen en meer bloed uit te stuwen. Zij vroegen Julie of ze enig verschil voelde en ze antwoordde dat ze zich goed voelde. Die pomp moest er gewoon uit. Ze had geen last meer van benauwdheid en er was nog steeds een normale bloeddrukstreep op het scherm. Richard wist dat hoe lager de snelheid was, hoe groter het risico werd op bloedstolsels in de pomp of in de kunstmatige aansluiting.

Desiree was begonnen bloed toe te dienen en vroeg wat ik had gezegd aan de telefoon.

'Hij zei me die pomp eruit te halen en *don't mention the war*,' zei Katsumata gespannen. 'En nog iets. De medisch directeur mag dit pas horen als het gebeurd is. We willen niet dat hij een beroerte krijgt.'

'Informeer dan nu de operatiezaal, en maak voort,' antwoordde Desiree.

Richard en Katsumata legden de risicoafwegingen uit aan Julie en haar ouders. Het zou een ramp zijn wanneer het hart zich al had hersteld maar ze door die bloeding in haar buik zou sterven. Zelfs Richard, met zijn grote ervaring door zijn rol in Washington, had moeite om zijn zenuwen de baas te blijven. Voor hem was de inzet hoog, nu hij eindelijk zicht had op succes met de AB-180. Maar wat echt belangrijk was, dat was het leven van Julie.

Katsumata bracht haar naar de operatiezaal, zeven dagen na de implantatie, ironisch genoeg de gebruikelijke tijd voor de genezing van een virusinfectie. Richard had geen toestemming om in dit ziekenhuis te opereren, daarom mocht hij alleen toekijken. Mocht er zich een probleem hebben voorgedaan, dan zou hij niet geaarzeld hebben om te helpen. Hij had daar geen moeite mee, vol voorzichtig optimisme in het vooruitzicht van succes.

Julies hart zag er goed uit. Stijfheid en zwelling waren voorbij, haar bloeddruk was stabiel en had slechts enige medicinale ondersteuning nodig. Ze hielden nog een ballonpomp in reserve, maar die had ze niet nodig. Katsumata spoelde de gehele borstholte met een warme zoutoplossing, waarbij oude bloedstolsels uit de borstholte en uit het hartzakje rondom het kleine maar enthousiaste hart werden verwijderd. Hij bracht schone drains aan in de borst en hechtte vervolgens het borstbeen stevig dicht met draad. Voor de laatste keer.

Het was belangrijk om het herstel zo veel mogelijk te bevorderen. Julie werd snel wakker en voelde zich veel beter zonder beademing. De intubatiebuis werd later op de avond weggehaald. Desiree negeerde haar werkrooster en bleef bij haar zitten, en spoorde haar gedurig aan om diep te ademen en goed te hoesten, ook al deed dat pijn. De antistolling werd stopgezet en het bloedverlies als gevolg van oppervlakkige buikbeschadigingen hield spoedig op.

We waren erin geslaagd. We hadden Julies hart gered.

Toen Katsumata me opbelde met het nieuws had ik mijn lezing al gegeven en was ik op het vliegveld van Johannesburg, op het punt naar huis te komen, en in feeststemming. Daarna belde Richard George Magovern en zijn team in Pittsburgh en verspreidde het verheugende nieuws. Maar niemand van ons was gelukkiger dan

Julies familie. Hun verdriet en wanhoop was voorbij en opeens lag er geen begrafenis meer in het verschiet. Over een tijdje zouden ze haar weer mee naar huis nemen, en Oxford zou dan slechts een angstige herinnering zijn.

In de jaren negentig was elke patiënt die in de Verenigde Staten een steunhart kreeg voorbestemd voor een harttransplantatie, en weinig andere landen hadden toegang tot steunharttechnologie. Wat we met Julie hebben bereikt, staat nu bekend als 'overbrugging naar herstel', ter onderscheiding van de conventionele term 'overbrugging naar transplantatie'. De procedure was nog niet eerder gedaan in het Verenigd Koninkrijk, en de overbrugging naar herstel – onze 'behoud je eigen hart'-strategie – werd snel de populairste behandeling voor ernstig zieke virale myocarditispatiënten. Ik was daar trots op.

Kort voor Kerstmis 1998 verzamelden zich de ingenieurs en onderzoekers die in Pittsburgh hadden gewerkt aan de AB-180 in een conferentiezaal voor een speciaal feestje georganiseerd door dokter Magovern. Niemand wist wat de aanleiding was, totdat Julie en haar zuster naar binnen kwamen. 'Het meisje zonder polsslag' werd meteen herkend door de foto's die overal op de prikborden hadden gehangen in de tijd van haar baanbrekende operatie, toen haar portret de voorpagina's had gehaald. Er was een moment van verbijsterde stilte en toen brak het gejuich los. Julie bloosde toen George haar de hand schudde.

'Je aanwezigheid hier is het mooiste kerstgeschenk voor ieder van ons,' zei hij.

Hij had gelijk. Het bedrijf overleefde en bloeide, en de AB-180 werd zodanig aangepast dat hij gebruikt kon worden zonder de borstkas te moeten openen. Nu heet hij Tandem Heart, en de pomp wordt over de gehele wereld gebruikt om patiënten in shock te ondersteunen op hartkatheterisatie-afdelingen.

Bijna twintig jaar later is Julie nog steeds in goede gezondheid, en ze werkt in een ziekenhuis. Elk jaar met Kerstmis kijk ik uit naar een geruststellende kaart van haar familie. Dat ze zich nog lang in een goede gezondheid mag blijven verheugen.

8
DE ZWARTE BANAAN

We zullen ons nooit overgeven.

– Winston Churchill, tijdens de Slag om Engeland, 1940

Maandag 15 februari 1999, 's ochtends vroeg, kwart voor vier. Niemand belt zo vroeg met goed nieuws. Ik was nog maar dertien uur in Australië, na twintig uur vliegen. In het pikkedonker kroop ik over mijn hotelbed en stootte de hoorn van het toestel. De verbinding was verbroken. Ik viel meteen weer in slaap, dankzij melatoninetabletten en de fles merlot bij het avondeten. Tien minuten later ging de telefoon opnieuw. Ditmaal had ik meer succes met opnemen, maar ik was geïrriteerd.

'Westaby? Archer hier. Waar ben je nu?'

Nick Archer was de kinderhartspecialist in Oxford.

'Nick, je weet dat ik verdomme in Australië zit. Het is verdomme midden in de nacht, wat is het probleem?'

Ik wilde het antwoord liever niet horen.

'Steve, sorry, maar je moet meteen terugkomen. We hebben een zieke baby met ALCAPA. De ouders kennen je en willen dat jij de operatie doet.'

O, geweldig.

'Wanneer?'

'Zo snel mogelijk. Ze heeft al hartfalen en we doen ons best om haar in leven te houden. Het ventrikel is niet goed.'

Verder overleg had nu geen zin meer. Ik dacht aan de ouders, ziek van angst, alle hoop gevestigd op een operatie voordat het te laat zou zijn. Vier grootouders rond de wieg die steun willen geven maar alleen de angst vergroten. Ik had werkelijk geen enkele keuze.

‘Oké, ik vlieg vandaag terug. Waarschuw jij het team dat we dit gaan doen, morgen, wanneer dat ook is.’

Het was hoogzomer op het zuidelijk halfrond en het ochtendlicht begon door de gordijnen naar binnen te schijnen. Het had geen zin om te proberen nog in slaap te komen. Ik schoof de gordijnen opzij, betrad het balkon en keek naar wat de mooiste skyline ter wereld heet te zijn. Aan de overkant van de haven wierpen de eerste zonnestralen spookachtige schaduwen op het Sydney Opera House. Vlaggen wapperden aan masten vlakbij aan de haven, en rechts van me tekenden hoge witte lichtmasten zich af tegen de roze ochtendhemel. De vrede werd verbroken door het luidruchtig schakelen van een Harley-Davidson. Misschien wel een zich naar Sydney haastende chirurg.

In Oxford voltrok zich een echte tragedie binnen een gezin. Kirsty was een prachtig meisje van zes maanden, een baby waarin het lot een dodelijk zelfvernietigingsmechanisme had geïnstalleerd, een ellendig detail dat bestemd leek om nog voor haar eerste verjaardag een eind aan haar leven te maken. ALCAPA is een afkorting voor Anomalous Left Coronary Artery from the Pulmonary Artery (‘aberrante oorsprong van de linkerkransslagader uit de longslagader’), een opzichzelfstaande en zeer zeldzame aangeboren afwijking in de complexe wereld van de menselijke anatomie.

Simpel gezegd, een verkeerde verbinding. Beide kransslagaders komen normaal van de aorta en voorzien de hartspier van zuurstofrijk bloed onder hoge druk. Ze mogen niet van de longslagader komen, want deze heeft een lage druk en zuurstofarm bloed. Overleven met ALCAPA hangt daarom in eerste instantie af van de aanleg van nieuwe ‘hulp’-bloedvaten tussen de normale rechterkransslagader en de verkeerd aangesloten linkerkransslagader. Maar na verloop van tijd zijn deze onvoldoende om de bloedstroom naar de belangrijkste pompkamer, het linkerventrikel, op gang te houden. Spiercellen zonder zuurstof sterven en worden vervangen door littekenweefsel, waardoor de baby gaat lijden aan wat in feite talrijke pijnlijke hartaanvallen zijn. Littekenweefsel rekt, waardoor het linkerventrikel gaat uitzetten, dan begint het hart in toenemende mate te falen. Er blijft te veel bloed in de longen zitten, met als gevolg ademnood en uitputting. Zelfs tijdens het voeden.

Op de leeftijd van zes maanden had Kirsty al hetzelfde probleem als mijn grootvader: hartfalen als gevolg van ischemische hartklachten in het eindstadium. Maar omdat ALCAPA zo buitengewoon zeldzaam is, wordt de diagnose zelden gesteld voordat de zuigeling op sterven ligt. Gelukkig had ze intelligente ouders die inzagen dat er iets ernstigs aan de hand was en onvermoeibaar hulp voor haar bleven zoeken.

Kirsty's verhaal was bijzonder aangrijpend. Haar moeder Becky had al een driejarig zoontje en was een ervaren en verstandige moeder. Ze had tijdens de zwangerschap geen ziekten opgelopen, en ze had niet gerookt of alcohol gedronken. Ze had dus niets gedaan wat de foetus in haar lichaam kon schaden. Alle prenatale tests en echo's leken normaal. Kirsty werd geboren op 21 augustus 1998 met behulp van een keizersnede en een ruggenprik, en aanvankelijk leek alles in orde. Maar niet voor lang.

In de baarmoeder is de druk en het zuurstofgehalte in de aorta en de longslagader gelijk, en Kirsty's kleine hartje was dus veilig. Na de geboorte treedt de scheiding op van de bloedsomloop naar het lichaam en die naar de pas ontplooide longen, en zowel druk als zuurstofgehalte in de longslagader gaat omlaag. In het geval van ALCAPA gaan dan ook druk en zuurstofgehalte in de cruciale linkerkransslagader plots omlaag. Kirsty kreunde al tijdens de eerste pogingen in het ziekenhuis om haar borstvoeding te geven, en Becky zag zweetdruppels op het neusje van haar baby. De inspanning van het voeden maakte haar vaak onhandelbaar en van streek.

Dit was zo verschillend van hoe het met haar zoontje was gegaan, dat Becky Kirsty liet onderzoeken door een kinderarts. Men vertelde haar dat ze zich nergens zorgen over hoefde te maken. Dat is precies wat ongeruste ouders graag willen horen, maar in feite had niemand een poging gedaan om te onderzoeken wat er mis was. Dat was te veel gevraagd van de medische zorg die nauwelijks over geld beschikte. In dit stadium had Becky geen andere keuze dan haar geprikkelde maar dierbare bundeltje mee naar huis te nemen.

Na een paar weken was Becky er zeker van dat er iets serieus fout was want bij elke voeding ging de baby zweten en overgeven. Kirsty vocht om adem, balde haar kleine vuistjes en schreeuwde tot ze paars zag. Ze gingen vaak samen naar de huisarts, soms tot drie keer per week, maar telkens kregen ze dezelfde vrijblijvende geruststellingen te horen. Het waren stressvolle en onaangename consulten want Becky werd beschouwd als neurotisch en onbekwaam.

Ondanks Kirsty's snelle ademhaling had ze geen koorts. Longinfecties werden uitgesloten, en haar buik was zacht, er waren geen symptomen van maag- of darmobstructies. Alle gewone pediatrische problemen waren uitgesloten. Familie en vrienden kwamen met redelijke verklaringen; het waren vast krampen en dat zou wel beter worden. Becky's echtgenoot werkte in het buitenland en ze werd steeds ongeruster. Kirsty werd niet zwaarder. Ze zag bleek en moe en had een blaffende hoest.

In werkelijkheid leed deze baby aan herhaaldelijk optredende kleine hartaanvallen die ondraaglijke pijn in de borst veroorzaakten, maar dat kon ze begrijpen noch meedelen. Het menselijk lichaam kan bizar wreed zijn.

Uiteindelijk, na een breakdown in de huisartsenpraktijk, drong Becky erop aan dat Kirsty naar het plaatselijke ziekenhuis werd verwezen. Twee keer werd er een röntgenfoto van de borst gemaakt, en telkens luidde de diagnose: bronchiolitis, ontstoken luchtwegen. Toen gebeurde het op een dag dat Kirsty tijdens haar middagslaap een vreselijke loodgrijze kleur kreeg. Ze was helemaal slap en nauwelijks wakker te krijgen. Becky pakte haar in paniek op en haastte zich naar de huisartsenpraktijk. Maar toen ze bij de receptie kwamen, was de baby wakker en roze. Er volgde een nieuwe breakdown. Becky moest nu maar eens ophouden met drukte maken, en er waren genoeg kinderen die écht ziek waren. Moeder en kind werden op bitse toon weggestuurd, met weer een recept voor antibiotica. Kirsty's enorm vergrote hart bleef onopgemerkt.

Nu sloegen Becky's angst en frustratie om in wanhoop. Al haar instincten zeiden haar dat er iets vreselijks zou gebeuren als ze niet zou doorzetten. Ze reed rechtstreeks naar de eerstehulpafdeling van haar kleine plaatselijke ziekenhuis. Daar kreeg ze te maken met een sympathieke vrouwelijke arts die zelf kinderen had. De arts ging ervan uit dat het instinct van een moeder meestal juist is en stuurde hen door naar een ziekenhuis in een grotere stad voor een consult bij de dienstdoende kinderarts.

Het was een steenkoude vriesnacht en ze werden verschillende uren in een onverwarmde ziekenhuisgang achtergelaten. Becky deed koortsachtig haar best om Kirsty warm te houden, die almaar slapper en grauwer werd. Uiteindelijk kwamen ze laat in de nacht aan de beurt. De eerste arts-assistent suggereerde bronchiolitis en wilde hen zonder verder onderzoek wegsturen. Het leek alsof bronchiolitis de enige pediatrische diagnose was waar artsen ooit van hadden gehoord. Becky, boos en gefrustreerd, was bang eruit te worden gegooid als ze zou protesteren.

Toen ze weigerde om weg te gaan als er niet een röntgenfoto van de borst werd gemaakt kreeg ze te horen dat het onredelijk en lastig was van haar om de hardwerkende radioloog van dienst zo laat in de nacht met extra werk op te zadelen. Daarop werd het deerniswekkende stel zonder begeleiding op weg gestuurd door slecht verlichte gangen en ijzige buitenpaden om op eigen kracht de röntgenafdeling te vinden. Na middernacht kwamen ze terug met de onthullende röntgenfoto, die Becky meteen aan een verpleegster overhandigde. Opnieuw werden ze alleen achtergelaten om te wachten.

Er gingen dertig minuten voorbij. Toen veranderde de houding van het ziekenhuispersoneel als bij toverslag. Kirsty en Becky werden haastig naar een onderzoekskamer gebracht waar verschillende artsen wachtten. Opeens gedempte stemmen, ernstige blikken, en verpleegkundigen die kwamen aanzetten met infusen en medicijnen. Dit was nog beangstigender dan te worden genegeerd. De verpleegkundige die eerst zo onvriendelijk was, maar zich nu erg geneerde, nam Becky apart om haar uit te leggen dat Kirsty overgebracht zou worden naar de gespecialiseerde kinderhartafdeling in Oxford. Deze keer met een ziekenwagen. Opeens bleek ze te ziek te zijn om zonder medisch toezicht te blijven.

Wat was er op de röntgenfoto te zien dat de reden was van deze koortsachtige activiteit? Kirsty's hart was enorm vergroot. Voorheen had niemand zich de moeite getroost om haar serieus te onderzoeken, maar haar probleem was overduidelijk zichtbaar op de röntgenfoto. Toen Becky de medewerkers vroeg hoe het dan zat met de vorige röntgenfoto's die in hetzelfde ziekenhuis waren gemaakt, werd haar verteld dat de hartschaduw als vloeistof was geïnterpreteerd: 'Sorry, zo'n fout is makkelijk gemaakt.' Zo'n fout! Hoe beschrijf je de angst van een moeder die toeslaat als een mokerslag, die je keel dichtknijpt en je benen alle kracht ontneemt?

Alles was anders toen ze in Oxford aankwamen. De kinderhartspecialist wachtte hen op bij de ziekenwagen en nam ze meteen mee naar een afdeling vol kinderen met serieuze hartproblemen en bliepende monitoren; een bijenkorf van activiteit in het holst van de nacht.

Nick Archer kwam om drie uur 's ochtends. Toen hij Kirsty onderzocht was hij meteen bezorgd over haar lichaamstemperatuur. Ondanks Becky's grote inspanningen was ze koud en moest ze in een couveuse. Er werd snel een cardiogram gemaakt en bloedtests werden uitgevoerd, vervolgens werd er een echografieapparaat bij gehaald om een beeld te krijgen van Kirsty's hartkamers. Oppervlakkig bekeken zag het er goed uit. Alle vier de hartkamers waren aanwezig, en ze vertoonden geen gaten. Zorgwekkend was echter dat linkeratrium en linkerventrikel allebei vergroot waren, en het ventrikel zelfs op spectaculaire wijze. Dit was de verklaring voor het hartfalen en de opmerkelijke röntgenfoto.

Het kostte het cardiologieteam minder dan een uur om te constateren dat Kirsty leed aan ernstig hartfalen als gevolg van frequente hartaanvallen. Hele delen van de wand van haar linkerventrikel bestonden inmiddels uit littekenweefsel met daartussen nog wat zwak contraherend spierweefsel, iets wat bij zuigelingen nauwelijks voorkomt maar wat wel in overeenstemming was met de gestelde diagnose. Er was nog een doorslaggevend onderzoek nodig, een hartkatheterisatie om de diagnose volledig te bevestigen. Maar dat moest onder narcose gebeuren en daarvoor moest ze in veel betere conditie zijn.

Ondertussen was Becky, almaar wachtend in het ziekenhuis, fysiek en emotioneel gesloopt, overweldigd door verdriet. Haar man was voor zaken in de Verenigde Staten en ze voelde zich ontzettend eenzaam. Ze werd gekweld door schuldgevoelens en irrationele gedachten. Had ze misschien tijdens de zwangerschap te veel gesport? Te veel koffie gedronken? God beledigd? Er moet voor alles een reden zijn. Totaal wanhopig als ze was, veranderde haar angst snel in volstrekte paniek. Ze was ervan overtuigd dat ze Kirsty zou verliezen. Maar toen de winterzon boven de horizon uit kwam, viel ze voor een paar uur in slaap. Toen ze weer wakker werd, was het druk op de afdeling. Er waren veel positieve, warme mensen die haar geruststelden en verzekerden dat, hoewel het een moeilijke situatie was, er nu een geweldig goed team voor Kirsty zorgde.

Het duurde vijf volle weken voordat Kirsty fit genoeg werd bevonden om de hartkatheterisatie te ondergaan. Becky's echtgenoot was terug zodat ze de smart konden delen, en de avond voor de ingreep kwam de anesthesist Mike met hen praten. Gewoonlijk is Mike vrolijk en optimistisch, maar bij deze gelegenheid had hij niet veel om vrolijk over te zijn. Hij waarschuwde de familie dat Kirsty's hart zo ernstig beschadigd was dat ze haar tijdens de ingreep zouden kunnen verliezen. Het was niet meer dan eerlijk om hun dat te zeggen. Daarom werd Kirsty die nacht in haar wiegje gedoopt door de ziekenhuisaalmoezenier, in aanwezigheid van artsen, verpleegkundigen en andere families die hen kwamen bijstaan.

Iedereen wist wat de katheterisatie zou laten zien. Er bestond maar één zeldzame afwijking die een baby zo kon laten lijden, en die herhaaldelijk hartaanvallen veroorzaakte in de eerste levensmaanden: ALCAPA. Becky ving de woorden 'spoedig opereren' op; ze hoopte dat ze niet een harttransplantatie bedoelden. Zij en haar man bleven de hele nacht bij de wieg, vol vrees dat Kirsty zou sterven. 's Ochtends vroeg, na een slapeloze nacht en bijna verlamd van angst, trok Becky haar baby haar mooiste pyjamaatje aan en deed een strikje in haar haar voor haar tocht naar het katheterisatielaboratorium. Ironisch genoeg was het Valentijnsdag. Zoals Becky het me later vertelde: 'Een meisje moet er goed uitzien, ook al gaat het slecht met haar.'

In het vliegtuig op weg naar huis begon ik de anatomie van Kirsty's aorta, longslagader en abnormale linkerkransslagader te schetsen. Ik wist dat de bestaande operatietechnieken voor ALCAPA hun beperkingen hadden, en een aanzienlijk mislukkingspercentage kenden, daarom gebruikte ik mijn tijd tijdens de vlucht om een alternatief uit te werken. Tegen de tijd dat we hoog boven Java vlogen, had ik mijn nieuwe operatie ontworpen. Als laatste die aan boord was gegaan, was ik bij aankomst in Londen de eerste om het vliegtuig te verlaten. Terwijl ik wachtte tot de slurf was aangesloten en de deuren zouden opengaan, reikte de purser me een fles champagne aan, wenste me geluk en fluisterde: 'U hebt de baby van mijn zuster geopereerd.' Een kleine wereld. Ik bedankte haar.

Terug in Oxford belde ik mijn collega Katsumata en vroeg hem of hij Kirsty's ouders naar mijn spreekkamer wilde brengen, met een toestemmingsformulier. De hartkatheterisatie had precies aangetoond wat Archer al vermoedde. Kirsty moest zo spoedig mogelijk worden geopereerd.

Becky zag er vermoeid en afgemat uit toen ik haar ontmoette. Ze wist instinctief wie ik was. Haar gezicht lichtte op toen ze mijn spreekkamer in een koude noodbarak binnenkwamen.

'We zijn zo blij u te zien,' zei ze. 'Hoe was de reis?'

'Goed. Heel rustig,' loog ik. 'We moeten echt voortmaken, nietwaar?'

Katsumata was erin geslaagd om een elektrische kachel te bemachtigen die de kilte uit de kamer verjoeg, wat ook hielp om tussen ons het ijs te breken. Ze vertelden dat een familielid vertegenwoordiger was van een bedrijf dat hartkleppen maakte en me goed kende. Hij had verwacht me op het congres in Australië te ontmoeten. Het speet hun dat ik mijn reis zo abrupt had moeten afbreken, maar ze waren bijzonder dankbaar dat ik teruggekomen was omdat ze hun kleine meisje door niemand anders dan mij wilden laten opereren. Ondanks de warmte in de kamer was Becky van pure angst aan het beven. Arm mens. Eindelijk, na weken in het ziekenhuis was het zover, de dag waarop ze haar baby zou kunnen verliezen.

Ik doe altijd mijn best om niet te worden aangestoken door de angst van de ouders. Maar dat is veel moeilijker voor mijn collega's van de anesthesie, die telkens te maken krijgen met de pijnlijke scheiding wanneer de patiënt aan hen wordt overgedragen. Ik beschreef de operatie die ik gepland had en legde uit waarom ik dacht dat het een verbetering was ten opzichte van de bestaande technieken. De nieuwe linkerkransslagader zou worden geconstrueerd uit een stuk aortawand waarmee een buis zou worden gemaakt die zou aansluiten op het verkeerd aangelegde beginpunt van de linkerkransslagader. Dat zou een nieuwe kransslagader opleveren die zuurstofrijk bloed onder hoge druk direct uit de aorta aanlevert, zoals het van het begin af aan had moeten gebeuren. Bloed dat volledig verzadigd is met zuurstof stroomt dan naar de falende hartspier en voorkomt verdere hartaanvallen. Katsumata was geïntrigeerd en opgewonden door de aanpak die ik voorstelde, zozeer dat hij wegrende om de filmploeg van het ziekenhuis op te trommelen.

Bij ernstig hartfalen zijn de risico's van de operatie zeer hoog. Becky's bevende hand ondertekende het toestemmingsformulier en ik liep met hen mee terug naar de kinderafdeling. Toen we bij Kirsty's wieg waren, zag ik dat haar hartfalen ernstiger was dan ik me had voorgesteld, ernstiger dan ik ooit had gezien bij een kind. Ze was uitgemergeld en had bijna geen lichaamsvet. De op en neer gaande ribben en haar snelle ademhaling waren een gevolg van de bloedaandrang in de longen. Haar buik was opgezwollen door vocht. Ze was nog steeds een mooie baby, maar zonder een ogenblikkelijke operatie zou ze binnen enkele dagen dood zijn. In mijn hoofd schreeuwde ik 'O, shit', maar mijn mond zei netjes: 'Ik ga nu naar de operatiekamer.'

Mike en de verpleegkundigen waren druk bezig met het klaarleggen van medicijnen en katheters in de anesthesieruimte. Hij wist wat hij moest doen omdat hij Kirsty al onder narcose had gebracht voor de hartkatheterisatie, en sommige monitoraansluitingen zaten nog op hun plaats.

Het eerste wat hij zei was: 'Denk je echt dat je deze baby erdoorheen kunt krijgen?'

Ik antwoordde niet, wenste de verpleegkundigen en het perfusieteam in de operatiekamer een opgewekt goedemorgen en liep toen meteen door naar de koffiekamer. Ik wilde Becky haar baby niet zien overhandigen aan vreemden, want dat is altijd een pijnlijke gebeurtenis.

Toen ik terugkwam lag Kirsty al op de operatietafel, toegedekt met groene plastic doeken die op hun plaats werden gehouden door een kleefrand. Alleen haar magere borstkastje en haar dikke buikje waren zichtbaar. Hartchirurgie is noodzakelijkerwijs een onpersoonlijke, technische taak.

Bij de wastafel ontmoette ik Katsumata en Matthew, mijn twee meter lange Australische collega. Terwijl we zwijgend onze handen schrobden werd de filmcamera voorzichtig bij de operatielampen geplaatst. De spanning was voelbaar. We stonden op het punt iets te doen wat nieuw, onbekend en riskant was.

Er trad geen bloeding op toen ik met het scalpel door de huid over Kirsty's borstbeen sneed. Haar huidhaarvaten hadden zich in shock afgesloten om bloed naar de vitale organen om te leiden. Vervolgens kwam een snede met elektrocauterisatie door het dunne vetlaagje op het bot, iets wat gepaard gaat met een karakteristiek zoemgeluid en een vleugje brandlucht wanneer de stroom de aangesneden bloedvaten dichtschroeit, hoewel het er nu maar weinig waren. Toen sneed de elektrische zaag door de lengte van haar borstbeen, waarbij helderrood beenmerg zichtbaar werd.

We gebruikten een kleine metalen wondspreider om haar kleine borstkasje open te wrikken en daarbij de verbindingen tussen ribben en wervelkolom uit te rekken en open te buigen. Bij zuigelingen ligt de vlezige thymusklier tussen het borstbeen en het vezelige hartzakje, maar nu was hij klaar met zijn werk, het aanmaken van antistoffen, en we verwijderden hem.

De elektrocauterisatie deed haar werk, smerig maar cruciaal, en sneed door het vezelachtige hartzakje om het hart bloot te leggen. Er stroomde strokleurig vocht naar buiten, dat weggezogen werd. Intussen werkten de andere teamleden zwijgend voort. Mike diende heparine toe zodat Kirsty's bloed niet zou stollen in de hartlongmachine. Het perfusieteam installeerde het complexe systeem van buizen, pompen en zuurstofvoorziening om Kirsty's lichaam levend te houden wanneer haar hart zou worden stilgezet. De operatieassistente Pauline concentreerde zich op het aanreiken op het juiste moment van de juiste chirurgische instrumenten. Ik hoefde zelden om iets te vragen. Voor dit soort complexe en veel coördinatie vereisende werk is een stabiel en goed samenwerkend team fundamenteel. Omdat de meesten al jaren met me werkten, genoten ze mijn volledige vertrouwen.

Toen we de randen van het hartzakje wegtrokken om het hart te kunnen zien, hield Katsumata zijn adem in en mompelde: 'O, shit.' Het was werkelijk een schrikwekkend gezicht. Terug van zijn eerste sigaret boog Mike zich over de doeken toen hij Katsumata's commentaar hoorde. Ik vond zelf ook dat het nog erger was dan we hadden gedacht. Iedereen kon alles zien op het videoscherm.

Wat normaal een hart ter grootte van een walnoot had moeten zijn, bleek zo groot te zijn als een citroen. De vergrote rechterkransslagader viel meteen op, evenals de talrijke verwijde aftakkingen naar het linkerventrikel. Terwijl de rechterkant van het hart krachtig pompte, tegen de verhoogde druk in de longen, was het linkerventrikel enorm uitgezet en bewoog het nauwelijks. Stukjes pas afgestorven spierweefsel waren zichtbaar binnen zones van wit, vezelig littekenweefsel, het resultaat van talrijke kleine, pijnlijke hartaanvallen die Kirsty gedurende haar zes eerste levensmaanden had ondergaan. Katsumata's angstige bezorgdheid was terecht, maar ik liet me daar niet door beïnvloeden. Het was onze opgave om die bloedtoevoer goed te krijgen in de hoop haar toestand te verbeteren. Kirsty was tot nu toe in leven gebleven en het was onze taak om dat zo te houden.

Nadat ik dit hart had blootgelegd, begon ik me af te vragen of het wel wijs was om zo'n complexe operatie te ondernemen meteen na zo'n lange vliegreis. Maar wat zou er zijn gewonnen door niet te opereren, of door het uit te stellen?

Er was geen alternatief voor Kirsty. Spoedtransplantaties waren praktisch onmogelijk bij zuigelingen, dus dit loodgieterswerk op de bloedvoorziening van haar hart was haar enige kans op overleven. Magere Hein hurkte op de videocamera en dat wisten we allemaal, maar nu ik was begonnen, was er geen weg terug.

Piepkleine buisjes werden ingebracht om haar aan de hart-longmachine aan te sluiten, en ik gaf het teken om die aan te zetten. De perfusionist zette de slangenpomp aan, waardoor het hart van Kirsty geleidelijk aan werd geleegd. Nu nam de technologie het over, leidde bloed weg van de longen naar de kunstmatige zuurstoftoevoer. Terwijl haar lege hart nog steeds klopte, sneed ik de longslagader open, vlak boven de oorsprong van de abnormale kransslagader. Daar lag de opening van het bloedvat, als een parel in een oester. Nu moesten we het zonder trekspanning aansluiten op de aorta met zijn hoge druk, die twee centimeter daarvandaan lag. De conventionele methode was de oorsprong van het bloedvat gewoon proberen op te rekken en in de zijkant van de aorta in te planten. Maar dit kan trombose en obstructie veroorzaken, daarom ging ik aan de slag met mijn nieuwe operatietechniek.

Deze delicate ingreep kon alleen worden gerealiseerd door de aorta af te klemmen en de bloedtoevoer naar het hart tijdelijk te stoppen. De hartspier beschermden we door cardioplegische vloeistof rechtstreeks in beide kransslagaders te injecteren, al het bloed weg te spoelen en het ventrikel in elkaar te laten klappen als een lekke voetbal. Deze kunstmatig opgewekte toestand van inactiviteit, heel gewoon in de hartchirurgie, wordt weer opgeheven door simpelweg de klem van de aorta te verwijderen, waardoor bloed van de hart-longmachine weer de kransslagaders in stroomt.

De reconstructie van dit kleine bloedvaatje vergde uiterst nauwkeurige, waterdichte hechtingen. De procedure verliep goed. Amper dertig minuten nadat het hart werd stilgezet, was Kirsty's kransslagaderanatomie met behulp van de samengevoegde weefselflappen gereconstrueerd, en het was nu zoals het had moeten zijn. Toen de klem was verwijderd, vloeide er helderrood zuurstofrijk, in plaats van blauw zuurstofarm, bloed door het spierweefsel van het linkerventrikel. De kleur van haar hart veranderde van bleekroze naar dieppaars, en werd vervolgens plaatselijk bijna zwart. Voordat we de longslagader herstelden, controleerden we of er geen bloedingen waren door de achterliggende hechtingen. Spoedig daarop toonde het elektrocardiogram ongecoördineerde elektrische activiteit aan, en het hart werd weer strak door de herwonnen spierspanning.

Bij een kind gebeurt dit zelden, maar haar opnieuw doorbloede hart deed niets anders dan wriemelen en trillen: ventrikelfibrilleren. We gaven meteen een elektrische schok aan de hartspier om het normale ritme te herstellen. 10 joules – zap! Het hart defibrilleerde, stopte met trillen en bleef nu bewegingloos liggen, maar we verwachtten elk moment dat het zijn normale ritme weer zou hervatten. Maar dat deed het niet. De paarse bal begon opnieuw te fibrilleren en te trillen. De anesthesist wierp meteen een blik tussen de doeken en vroeg wat voor de hand lag: 'Nog een schok!' Dat deden we, met hetzelfde resultaat. Het hart wilde niet gaan kloppen.

Dit was ernstige elektrische instabiliteit van het prikkelgeleidingssysteem veroorzaakt door littekenweefsel, en we dienden speciale medicijnen toe om de spiercelmembranen te stabiliseren.

'Laten we het even de tijd geven om goed doorbloed te raken,' zei ik tegen Mike.

'Oké, dan ga ik buiten 'n sigaretje roken,' zei hij.

Na twintig minuten probeerden we het opnieuw. 20 joules – zap! Deze keer sprong haar hele lijfje omhoog op de operatietafel en het hart defibrilleerde. Hij begon wel traag te kloppen, maar nauwelijks merkbaar. Dat zag er niet goed uit, maar we beschikten over medicijnen om het harder te doen pompen.

Ik verzocht Mike adrenaline te geven per infuus, en gaf de perfusionist opdracht om de pompwerking van de hart-longmachine te verminderen zodat er bloed in het hart zou blijven. Dit is het operatiekamerprotocol, net als bij het leger: aan een medische collega doe je een verzoek en aan technici geef je opdrachten. Als je een anesthesist opdrachten gaat geven, krijg je te horen dat je de pot op kunt, en gaat hij iets anders doen.

Mike en de perfusionist werkten samen om de chemie van het bloed te checken en te optimaliseren en al die tijd hield ik mijn blik gericht op Kirsty's zielige hartje. De nieuwe kransslagader was oké, er zat geen knik in en er was geen bloeding. Voor het eerst kreeg het linkerventrikel zuurstofrijk bloed met dezelfde druk als de rest van het lichaam. Maar haar hart leek nog steeds op een overrijpe pruim en klopte nauwelijks. Bovendien was de mitralisklep ernstig lek. Terwijl ik mezelf hoorde zeggen dat we het hart nog een half uur aan de hart-longmachine zouden houden, dacht ik in werkelijkheid dat het afgelopen was – dode baby.

Natuurlijk hield ik deze gedachte voor me. Mijn team had al zoveel rampen helpen voorkomen dat ze verwachtten dat ik het deze keer ook zou kunnen fiksen. Maar ik voelde me slap worden. Ik verzocht de cameraman om even op te houden met filmen omdat er toch niets zou veranderen en vroeg Katsumata om mijn plaats aan de operatietafel over te nemen zodat ik even kon pauzeren. Ik deed mijn handschoenen en operatieschort uit en ging naar de anesthesiekamer om op te bellen. Mike volgde me.

'Kun je die mitralisklep repareren?' vroeg hij.

'Denk het niet,' antwoordde ik. 'Ik zal Archer opbellen dat hij de ouders waarschuwt.'

Ik zakte neer op een kruk en nam de telefoon. Een van die aardige verpleegsters zette een kop koffie en een donut voor me neer. Met haar arm om mijn schouder voelde ze hoe het koude zweet in mijn nek stroomde.

'Ik geef je een droog kapje,' zei ze.

Vijf minuten later was Archer uit zijn poli gekomen en stond voor de deur van de operatiekamer. Hij hoefde niets te vragen.

'Ik vermoedde al dat je problemen zou krijgen. Kan ik iets doen?'

'Kijk even naar die echo,' zei ik. 'De reparatie is oké maar het ventrikel trekt op niets. De mitralisklep is lek. Op deze manier krijgen we haar niet van de hart-longmachine.'

Mijn blaas was vol en ik verdween richting toilet. Toen ik bevrijd van die hinder weer terugkwam, kon mijn brein weer functioneren. Nu moest ik heel goed gaan nadenken: was er nog iets wat ik kon doen om haar te redden? Ik was ten einde raad.

Het linkerventrikel zat vol littekenweefsel, het was uitgezet en had nu een bolvorm in plaats van een ellipsvormige omtrek. De vervorming had de mitralisklep opengetrokken en verhinderde zijn sluiting. Wanneer het linkerventrikel probeerde bloed rond te pompen in het lichaam stroomde de helft terug naar de longen. De hartfunctie verslechtert altijd tijdelijk tijdens een operatie, maar in Kirsty's geval leek het terminaal. Ik had gehoopt dat wanneer het hart rust zou krijgen met gebruik van de hart-longmachine, het zich zou hebben kunnen herstellen. Dat was niet gebeurd.

Ik ging terug naar de operatiekamer, waste mijn handen en wisselde van plaats met Katsumata. Hij zei niets maar zag er terneergeslagen uit, en dat zei genoeg. Ik vroeg Mike om te beginnen met de longen te beademen en zei de perfusionist om zich voor te bereiden om de hart-longmachine langzaam te vertragen. In deze fase moest Kirsty's hart het overnemen en de bloedsomloop zelfstandig gaan onderhouden, anders zou ze op de operatietafel sterven. We tuurden met z'n allen naar de strepen op het scherm, hopend haar bloeddruk te zien stijgen. Even bereikte die de helft van de normale waarde, maar toen de pomp uitgeschakeld was, zakte hij weer snel.

'Weer aanschakelen?' vroeg Katsumata.

Kijkend naar de echo van het trillende linkerventrikel vroeg de perfusionist of dat de moeite waard was. Maar de werkelijke boodschap van achter de doeken was: 'Ze heeft het gehad, nietwaar?'

Ik kon dat nog niet accepteren. Een mislukking zou de dood betekenen voor dat kleine meisje en een gekweld leven voor de ouders.

'Laten we hem weer aanzetten, nog eens een half uur.'

Op zich was dit al problematisch, want een lange tijd aan de hart-longmachine vermindert altijd de kansen op herstel.

Kirsty's ouders waren aan het wachten op de kinderafdeling en Archer was hen gaan waarschuwen. Toen we hem terugriepen, drong Becky erop aan met hem mee te mogen lopen tot de deur van de operatieafdeling. Het is onmogelijk te beschrijven hoe een moeder zich voelt in dit soort omstandigheden. Het enige wat ik wist was dat de kans erg groot was dat ze gauw het uitgemergelde en levenloze lichaampje van Kirsty in haar armen zou houden. Moest ik haar zeggen dat het hart te zwaar beschadigd was dat de diagnose al maanden eerder had moeten zijn gesteld en dat Kirsty het slachtoffer was geworden van een overbelaste gezondheidszorg?

Hier volgen in Becky's eigen woorden wat er aan heftige gedachten door haar heen gingen – Becky heeft het destijds opgeschreven in haar dagboek.

Dokter Archer kwam ons om het uur opzoeken. Na ongeveer vier uur dacht ik dat alles goed was gegaan. Kirsty zou van de hart-longmachine worden losgemaakt en dan overgebracht worden naar de intensive care. Ik liep naar de kantine om een sandwich te halen maar toen ik terugkwam, was een van de verpleegkundigen naar mij op zoek. Ze vertelde me dat ik moest komen omdat dokter Archer op mij wachtte. Ik was erg blij en vroeg of de operatie afgelopen was. Kunnen we haar alstublieft zien? Ze keek zeer ernstig en zei dat we met dokter Archer moesten spreken. Hoewel ze erg aardig en professioneel was, raadde ik dat er iets mis was.

Terug in de kamer zei een grimmig kijkende dokter Archer ons te gaan zitten. Hij legde uit dat ondanks de beste inspanningen van het chirurgische team Kirsty's hart niet los wilde koppelen van de hart-longmachine. De chirurgen probeerden het nog steeds, maar de vooruitzichten waren slecht. We konden haar verliezen.

Toen moest hij weg. Mijn hoofd draaide. Ik herinner me dat ik me dronken voelde. Dit was niet zoals het moest gaan. Als we geduldig zouden wachten, zou alles goed gaan. Want dit soort dingen gebeuren alleen bij andere mensen.

Toen kwam dokter Archer terug. Hij vertelde ons dat het hem zo speet. Al het mogelijke was gedaan. Hij zou voor ons regelen dat we haar vast konden houden om afscheid te nemen. Ik kon de gedachte niet verdragen dat ze koud zou zijn wanneer ik haar terug zou zien. Mijn baby was zo zacht en warm. Ze rook heerlijk, fluweelzacht haar, warme, donzige wangen. Ik moest er steeds maar aan denken dat mijn hart zou breken als ze slap en koud zou zijn. Het klinkt vreemd maar het was zo'n intens gevoel.

Allicht was dit ons donkerste moment. De gedachte aan Kirsty vechtend voor haar leven en dat er niets was dat we konden doen. Alsof we aan de andere kant van de wereld zaten. Mijn uitzinnige hersenen ging in overdrive. Als ze doodging, zouden ze haar op een koude stenen plaat in het mortuarium leggen. In die afschuwelijke, zielloze ruimte. Als dat zou gebeuren, zou ik bij haar blijven tot ze begraven was. Ik zou vechten tegen iedereen die me dat zou proberen te verhinderen. Mijn babymeisje zou in mijn armen blijven, en God moge iedereen bijstaan die haar van me af zou willen pakken.

Die gedachten zijn net zo helder in mijn hoofd gebleven als ze dat waren op die dag, omdat ik nooit iets zo sterk heb gevoeld. We hadden een zeer hechte band met andere ouders op de afdeling. De hele dag kwamen ze langs om te vragen of we nieuws hadden, om voor Kirsty te bidden en om onze hoop te delen.

Toen dokter Archer onze kamer verliet, kwam geen van hen naar binnen. Ik verwijt het niemand. Er heerste een vreselijk verdrietige stemming. Iedereen was zo betrokken bij elkaars wedervaren en nu wist niemand wat hij moest zeggen.

In de zeldzame gevallen dat een kind op de operatietafel stierf, ging ik altijd met de ouders praten. Het was iets waar ik erg tegen opzag, het allerergste deel van mijn werk.

De schuifdeuren van de operatiekamer naar de ziekenhuisgang gingen automatisch open. Onmiddellijk was ik geconfronteerd met ogen vol verdriet en vertwijfeling. Ik herinner me dat Becky zei: 'Alsjeblieft, red mijn kleine meisje.' Ik was geschokt en sprakeloos. Archer keek hulpeloos. Hij had het moeilijke werk al gedaan. Ik draaide me om en ging terug naar de sombere operatiekamer, zette een nieuw masker op en schrobde opnieuw mijn handen.

Mike, die weer een sigaret had gerookt, zei: 'Het ziet er niet beter uit. Kunnen we de hart-longmachine uitzetten?'

'Nee. Ik ga nog één ding proberen. Zet de longen uit. Laat de camera weer draaien.'

Dit was mijn ultieme poging. Het was iets wat alleen te rechtvaardigen was door een beroep op de wetten van de natuurkunde, en het was nog nooit eerder gedaan bij een kind. De met littekenweefsel doorwoekerde wand van Kirsty's linkerventrikel was zo sterk gespannen omdat de ventrikelholte zo groot was. Op een recent congres had ik gehoord dat een Braziliaanse chirurg een aantal falende harten kleiner had gemaakt omdat een tropische infectie, de ziekte van Chagas, de hartspier had verzwakt. Deze operatie was in Noord-Amerika uitgeprobeerd bij patiënten met andere vormen van hartfalen, maar was spoedig in opspraak geraakt en opgegeven. In mijn ogen was deze gedurfde aanpak de laatste hoop voor Kirsty.

Ik nam het risico van het hart opnieuw stil te zetten niet, maar greep een gloednieuw scalpel en sneed het kloppende linkerventrikel wijd open, vanaf de punt tot de basis, net zoals je een slaapzak openritst. Ik begon in een gebied met littekenweefsel en vermeed zorgvuldig de spieren die de mitralisklep ondersteunen. Het schoongemaakte hart begon meteen te fibrilleren als reactie op het snijden. Dat was oké omdat er zo geen risico was dat het lucht zou gaan rondpompen.

Eerlijk gezegd was ik stomverbaasd toen ik de binnenbekleding van het hart zag. Zoiets had ik niet verwacht, het was volledig bedekt door dik, wit littekenweefsel. Om de diameter van het ventrikel te verkleinen sneed ik links en rechts van de incisie weefsel weg tot ik bloedend spierweefsel bereikte. Ik haalde zo een derde van de omtrek van de hartkamer weg. Om te proberen het lekken van de mitralisklep te verhelpen hechtte ik het middelpunt van beide slippen aan elkaar zodat in plaats van een ovale opening er nu twee openingen waren, net als een bril. Vervolgens naaide ik de twee snijvlakken door de hartspier weer aan elkaar met een dubbele rij hechtingen. Uiteindelijk zag dit veel kleinere hart eruit als een trillende zwarte banaan. Geen moment dacht ik dat het weer normaal zou gaan kloppen – en mijn collega's evenmin. De meesten van hen dachten dat ik gek geworden was.

Het gerucht over de bizarre operatie in Operatiekamer 5 deed snel de ronde. Er kwamen nieuwsgierige mensen kijken, en de camera bleef alles filmen. We moesten er zeker van zijn dat er geen lucht in het hart bleef zitten, want dat zou in de bloedvaten van de hersenen terecht kunnen komen en een herseninfarct veroorzaken. Toen dat in orde was bleef ons niets anders te doen dan het hart te defibrilleren, en proberen een normale hartslag te verkrijgen.

'We zijn zover,' kondigde ik aan. 'Probeer 20 joules.'

Zap! Het hart stopte met trillen, en een eindeloos lang moment was er geen enkele spontane elektrische activiteit. Ik prikte in de hartspier met een pincet en als reactie contraheerde het. Nu was er een kleine beweging te zien op de bloeddrukmonitor. Op miraculeuze wijze had de zwarte banaan bloed in de aorta gepompt.

Mike keek opnieuw naar de echo. 'Het ziet er beslist anders uit. Zullen we de pacemaker proberen?'

Ik was al bezig met de dunne draadjes van de pacemaker op hun plaats te hechten. Willekeurig kozen we voor een ritme van 100 slagen per minuut en schakelden hem aan. Ik gaf de perfusionist opdracht om het debiet van de hart-longmachine te verminderen zodat er bloed in het hart kwam en we konden zien of het pompte. Ja, inderdaad. Sterker nog, de echo liet zien dat de mitralisklep niet meer lekte. Op dat moment voelde ik dat we het hadden gehaald. Het leven hangt werkelijk af van natuurkunde en geometrie.

Het was nu na de middag. Kirsty was al meer dan drie uur aan de hart-longmachine en het was hoog tijd haar daarvan los te koppelen. Het leek perfect getimed: ineens begon haar hart te kloppen in zijn eigen ritme, onafhankelijk van dat van de pacemaker. Een gecoördineerd natuurlijk hartritme is veel beter dan een pacemaker, het zorgt voor een betere bloedsomloop en bloeddruk.

Het was alsof licht werd aangeknipt in de operatiekamer. Somberheid maakte plaats voor opgetogenheid. Mijn eigen adrenaline ging stromen en mijn oververmoeidheid was verdwenen. We gaven Kirsty een infuus met adrenaline om haar hart te helpen het over te nemen van de hart-longmachine. Ten slotte gaf ik instructie om langzaam af te koppelen. We verwachtten nog steeds dat haar bloeddruk zou dalen, maar het kleine hartje met de eigenaardige nieuwe vormgeving bleef pompen.

'Los van de hart-longmachine,' zei Mike. 'Niet te geloven.'

Ik zei niets maar keek over mijn mondmasker naar Katsumata. Hij begreep dat ik nu op was.

'Ik maak het wel af,' zei hij.

'Graag.'

Ik wierp een laatste, ongelovige blik op de kleine zwarte banaan die flink aan het pompen was, en keek toen naar het echoscherm, waar de ondoorgrondelijke flitsen wit, blauw en geel er ook geruststellend uitzagen, net als een brandend haardvuur. We konden bloed zien stromen door de nieuwe linkerkransslagader en via de mitralisklep stroomde een dubbele straal bloed in het linkerventrikel – een merkwaardig gereconstrueerd babyhartje dat eindelijk werkte.

Na de ontmoeting aan de deur van de operatiekamer dachten zowel Archer als de ouders dat Kirsty dood was. Hierdoor was een ongekende en lastige situatie ontstaan, maar ik was te bekaf om daarmee om te gaan. Ik vroeg de anesthesieverpleegkundige om dokter Archer op te piepen en te vragen nogmaals naar beneden te komen. Dat deed ze, waarna ze aanbood om een kop koffie voor me te halen.

Katsumata vergewiste zich ervan dat er geen bloedingen waren, en maakte toen zorgvuldig de borstkas dicht.

'Dit is nooit eerder gedaan,' zei hij, me aankijkend.

Kort daarop kwam Becky in shock naar de pediatrische intensive care. Ze legde haar hand op Kirsty's voetje en riep uit: 'Hij is warm. Hij is nog nooit warm geweest.' Toen ze begon te huilen ben ik weggelopen. Het was een lange dag geweest.

Dee, mijn innemende en excentrieke secretaresse, reed me naar huis, naar Bladon, zo'n twintig minuten buiten Oxford. Ik was rusteloos, zowel opgetogen als oververmoeid. Een grote, rode winterzon zakte over Blenheim Palace. Om tot rust te komen ging ik om het meer lopen met Max, onze Duitse herdershond. Tussen de oude eiken schrikten we konijnen op, en de gelukkige fazanten die het jachtseizoen hadden overleefd. De schaduwen werden langer. Sissende zwanen waarschuwden Max dat hij beter op kon hoepelen. De zon ging onder terwijl ik langs de waterkant voortsukkelde. Ik verliet het park door Bladon Gate, stak de weg over en ging naar St Martin's Church.

Winston Churchill ligt daar begraven op het kerkhof. Tegenover zijn graf – nog altijd omringd met dode bloemen met eerbiedig neerhangende hoofden – staat een houten bank geschonken door het Poolse verzet van de Tweede Wereldoorlog. Bezweet en hijgend ging ik zitten om met de grote man te praten die op nog geen drie meter afstand in zijn kist lag. Ik probeerde op morbide wijze te visualiseren hoe zijn lijk er nu zou uitzien, en bedacht dat Kirsty op dat moment net zo gemakkelijk stijf en koud in het ziekenhuismortuarium had kunnen liggen. Maar ik had Churchills motto nagevolgd – geef je nooit over.

Max tilde respectloos zijn achterpoot op naast een nabijgelegen graf. Nu moest ik slapen. Ik hoopte dat de telefoon me rust zou gunnen. Dat was het geval. Kirsty bleef leven.

De tien jaar daarna hebben we haar zorgvuldig in de gaten gehouden, en met behulp van echografie gevolgd hoe haar hart zich ontwikkelde. Ze was een prima klein meisje, gelukkig, uitbundig en energiek. Het enige teken van haar uitzonderlijke inwendige metamorfose was een vage streep midden op haar borstkas.

Toen we vonden dat ze volwassen genoeg was om het te bespreken, vroegen we haar toestemming om een MRI-scan te maken zodat we konden zien hoe het gereconstrueerde hart zich had ontwikkeld. Wat we zagen was werkelijk verbluffend. Afgezien van de mitralisklep met de dubbele opening was haar hart helemaal normaal, evenals haar nieuwe linkerkransslagader. Slechts een dun litteken liet de positie zien van de lijn van hechtingen op het hart. Opvallend genoeg was al het andere littekenweefsel volledig verdwenen. De hele binnenkant van haar linkerventrikel was puur wit littekenweefsel geweest – nu was dat allemaal weg.

Dit was een van de eerste aanwijzingen dat de eigen hartstamcellen van een zuigeling in staat zijn om hartspierweefsel te regenereren en vezelig littekenweefsel effectief te verwijderen. Volwassen harten kunnen zich niet op deze manier herstellen. Maar wat als we stamcellen zouden kunnen identificeren en opkweken die dit voor volwassen harten kunnen doen? Zou het een oplossing kunnen zijn voor de honderdduizenden volwassen patiënten met chronisch hartfalen vanwege zieke kransslagaders? Mijn grootvader was iemand die hier profijt van zou kunnen hebben gehad. We zouden de stamcellen kunnen injecteren tijdens de kransslagaderoperatie, of ze in het hart inbrengen met een katheter. Wat voor cellen zouden we daarvoor gebruiken, waar zouden we ze kunnen vinden, en hoe zouden we ze in leven kunnen houden en transplanteren? Op een dag zal ik daarachter komen.

Nu is Kirsty achttien. Ze is een levendige en sportieve tiener. Als ze niet in leven was gebleven zouden we nooit weet hebben gehad van de fantastische mogelijkheid om de hartspier te regenereren. Haar geval zal waarschijnlijk ontelbare andere levens kunnen redden.

9
DOMINOHART

Ik zal u een nieuw hart geven en een nieuwe geest in u plaatsen; Ik zal het stenen hart uit u wegnemen en u een hart van vlees geven.

– Ezechiël 36:26

Er ging nauwelijks een dag voorbij zonder een bezoek aan de pediatrische intensivecare-afdeling om de baby's of de kleuters te zien die ik had geopereerd, en om hun ouders gerust te stellen dat op een dag alles weer beter zou worden. Meestal lieten deze bezoeken ook persoonlijke tragedies zien. Niets kan erger zijn dan de door gangreen zwart gekleurde ledematen van zuigelingen met meningitis, die geamputeerd zullen moeten worden. Of kinderen die bij een verkeersongeluk meervoudige verwondingen hebben opgelopen of hersendood zijn geraakt. Of de complicaties van kanker en chemotherapie waar niet over wordt gepraat. Waarom krijgen kinderen kanker? Hoe kan dat eerlijk zijn? Of waterhoofden – baby's met enorme schedels vol vloeistof, het hoofd zwaarder dan het lichaam zodat ze het niet kunnen optillen? Fragiele, ellendige levens.

Het was drie weken na ons succes met Julie. Ik werd opgepiept door de kinderhartspecialisten, die een urgent geval met me wilden bespreken. Of ik meteen kon komen?

Verschillende artsen stonden aan het voeteneinde van het bed van een jongen en keken naar testuitslagen en grafieken. Naast hem zat zijn moeder, terneergeslagen hield ze zijn bezwete hand vast en gespannen staarde ze vol angst naar de hartmonitor. Hij zat half rechtop ondersteund door kussens, in een hoek van vijfenveertig graden. Zijn ogen waren dicht, zijn borst zwoegde en hij maakte grommende geluiden bij het ademhalen, en af en toe hoestte hij. Ik zag dat hij doodsbleek en slap was en dat hij met gesloten ogen, het hoofd achterover en de hals gestrekt, vocht om adem te halen. Hij was duidelijk uitgemergeld en had die gelige tint die kenmerkend is voor terminale kanker. In zijn hoofd verkeerde hij ergens anders.

Waarom hadden ze me hier nodig? Misschien had hij een tumor in zijn hart. Dat is zeldzaam, zeker, maar ik had meerdere malen harttumoren geopereerd bij kinderen. Of misschien kanker die zich had uitgezaaid van nier of bot naar het hartzakje, waardoor vocht op zijn hart ging drukken. Ik was al vaker gevraagd om bij dit soort gevallen een opening te maken in het hartzakje, zodat het vocht kon wegvloeien in de borstholte, waar het minder kwaad deed.

Wat het probleem ook was, het zag er behoorlijk hopeloos uit. Een tijdlang bleef mijn aanwezigheid onopgemerkt – wat een hartchirurg niet zo vaak meemaakt – en ik stond achter het groepje artsen en luisterde.

De jongen heette Stefan en hij was tien maar zag er jonger uit. Zijn moeder had hem beschreven als al een hele tijd 'niet in orde'; op school kon hij zijn vriendjes niet bijhouden en zich niet concentreren. Hij was zelfs gestopt met voetballen omdat hij na een paar meter lopen al naar adem stond te snakken.

Gedurende de schoolvakantie werden zijn ouders steeds bezorgder en hij werd al spoedig echt zwaar ziek. De huisarts luisterde naar zijn borst, zei dat het 'nat' klonk en stuurde hem meteen naar het ziekenhuis voor een röntgenfoto. Slecht nieuws: zijn longen waren nat omdat hij een vergroot hart had met een falend linkerventrikel en vocht op de longen, wat we longoedeem noemen. Dit kwam allemaal uit de lucht vallen want hij had geen medische voorgeschiedenis – geen aangeboren hartafwijking, niets wat kon verklaren waarom hij nu op sterven lag.

De sfeer was zo gespannen dat ik het nodig vond het ijs te breken.

'Goedemorgen,' zei ik. 'Kan ik ergens mee helpen?'

Hierop kreeg ik Archers gebruikelijke reactie: 'Aha, Westaby, daar ben je eindelijk. Mag ik je een echo laten zien?'

Stefan was zo mager als een concentratiekampslachtoffer, zonder enig vet op zijn borstkas, waaruit ik kon opmaken dat hij al maandenlang ziek was. Zijn moeder was niet mager, dus dit was geen kwestie van armoede. Het goede nieuws, voor zover je daarvan kon spreken, was dat dit goede echofoto's opleverde, en het probleem was duidelijk toen ik die bekeek. Beide ventrikels waren vergroot, vooral het linker. Het grote linkerventrikel bewoog nauwelijks en de mitralisklep lekte. De twee slippen van de mitralisklep waren uit elkaar getrokken omdat wat een kegelvormig hart had moeten zijn, nu een bol geworden was. Een hart met de vorm van een rugbybal, net zoals bij Kirsty.

Ik begon alvast vooruit te kijken. Ze zouden me gaan vragen om de klep te repareren en de druk op de longen van de jongen weg te nemen. Maar dit was beslist niet in eerste instantie een mitralisklepprobleem. Het was hartspierziekte in haar eindfase, die als bijkomende complicatie de klep lek had gemaakt. Elke poging tot conventionele hartchirurgie zou zijn einde betekenen, maar dat zei ik niet hardop, om zijn ouders niet ongerust te maken. Toen realiseerde ik me waar dit gesprek naartoe zou gaan. Het ging om pompen.

Op dat moment wist iedereen van Julie, die nog in het ziekenhuis verbleef en goed vooruitging. We begonnen hulpverzoeken binnen te krijgen uit heel het land. Virale myocarditis met chronisch hartfalen was de waarschijnlijke diagnose voor Stefan, maar hij was al maanden ziek in plaats van slechts enkele dagen, daarom was een genezing zoals bij Julie niet te verwachten.

Mijn eerste gedachte was dat hij een nieuw hart nodig had. En snel. Heel snel. In die tijd deed alleen het Great Ormond Street Hospital transplantaties op kinderen. Ik kende de chirurgen goed omdat ik daar gewerkt had. Dus laten we Stefan daarheen zien te krijgen en zorgen dat hij op hun wachtlijst voor urgente gevallen komt. Simpel toch?

Nee, helemaal niet simpel. Onze mensen hadden al met de Londense transplantatieartsen gesproken: sorry, maar ze hadden daar te weinig bedden en er was al een aantal andere urgente patiënten aan het wachten. En, nee, er was geen enkele kans op een plek op de wachtlijst voor een transplantatie. Niet voor een kind. Natuurlijk zouden ze contact opnemen als de situatie zou verbeteren, maar tot die tijd: 'Doe je best.'

Stefan kreeg al hoge doses intraveneus toegediende medicijnen om zijn hart harder te laten pompen en diuretica om water van zijn longen weg te krijgen. Maar zonder goede bloeddruk werken de nieren niet, en ze waren al aan het bezwijken. Hij bevond zich op de rand van de afgrond. Toen vroeg een van de pediatrische cardiologen zonder omhaal: zou ik een andere AB-180 kunnen gebruiken? Met Julie hadden we een precedent geschapen. Wanneer het werkelijk myocarditis zou zijn, zouden we hem kunnen redden, en ook zijn eigen hart. Of konden we op z'n minst het ventje in leven houden totdat hij bij het Great Ormond Street Hospital terechtkon. Het was de laatste hoop voor de familie.

Ik was me ervan bewust dat de arme moeder aandachtig meeluisterde. De verpleegkundige had haar hand op haar schouder gelegd in een vergeefse poging haar te kalmeren. Alle ogen waren op mij gericht. Ik zweeg en dacht snel na. Ja, we hadden een tweede AB-180. Maar nee, het zou niet lukken. De instroomcanule was te groot en te stijf voor het linkeratrium van een kind.

Dat gaf ik als antwoord aan de troep dokters. Hun teleurstelling was duidelijk af te lezen van de lange, sombere gezichten die ze trokken, en de moeder begon te huilen. Archer had haar al verteld dat die pomp het laatste redmiddel was, en dat als de situatie verder zou verslechteren, zoals waarschijnlijk zou gebeuren, zijn toestand snel achteruit zou gaan, met het onvermijdelijke einde als gevolg. Dus ik had net het doodvonnis uitgesproken.

Stefan was een gewoon kind uit een arbeidersfamilie. Zijn hele leven lag nog voor hem, en hij zou nu op de speelplaats van de school moeten zijn, met zijn vriendjes, en niet rechtop worden gehouden, als versteend in een intensivecare-bed en omgeven door witte jassen en lange gezichten. Hij moet zich volledig uitgeput hebben gevoeld, gewoon daar liggen en de eenvoudige inspanning om adem te halen hadden hem volkomen afgemat. Bovendien die nare hoest en dat beklemmende gevoel in zijn keel, alsof hij gewurgd werd. Hij voelde koud, maar zijn lakens waren nat van het zweet. Vreemden staken scherpe naalden in zijn armen en hals, zogen zijn bloed uit zijn lichaam, schoven rubberslangen in zijn piemel, allemaal dingen die hij nooit zou moeten meemaken op zijn leeftijd. Het was duidelijk dat de angst van zijn moeder en vader hem verontrustte, en hij hoorde allemaal woorden die hij niet begreep. Al gauw begon hij zich licht in zijn hoofd te voelen, de realiteit begon te vervagen en de dingen verdwenen langzaam in de verte. Morfine nam zijn vrees weg.

Zijn moeder en vader zonken neer aan weerszijden van het bed, voorover geleund om dichter bij hem te zijn, allebei gespannen maar emotioneel uitgeput. Ze zouden op hun werk moeten zijn geweest en niet in het ziekenhuis. In feite zouden ze liever op willekeurig welke plek zijn dan hier, waar ze op niets grip of invloed hadden terwijl hun enige zoon dood lag te gaan.

Hoe kon dit zomaar zijn gebeurd? Wat hadden ze verkeerd gedaan? Ze hadden nu de genadeloze feiten gehoord – dat er weinig hoop was – en ze hadden het 'transplantatie'-woord horen vallen. Het Great Ormond Street Hospital was ook genoemd. Maar niets gebeurt snel. Ze konden zien dat Stefan in shock was en dat zijn organen het opgaven. Tijd was hun vijand. Angst snoerde hun de keel dicht en drukte zwaar op hun borst, verergerde de ellende die hun hart verscheurde en hen ziek maakte. Zinnen vormen werd lastig, woorden ook, en al gauw was het hun niet meer mogelijk om te spreken zonder zich te laten gaan. Maar ze probeerden om niet te huilen wanneer ze bij hun jongen waren. Stel dat uit tot het einde.

Archer was in dit stadium gestrest en gefrustreerd. Hij kende de dokters van het Great Ormond Street Hospital goed, en hoewel hij begreep dat hij geen wonderen van ze kon verwachten – er waren andere kinderen in dezelfde situatie aan het wachten, met hun eigen wanhopige ouders – zou het spoedig te laat zijn voor Stefan. Hij bekeek de bloedtestresultaten. Kalium ging omhoog en melkzuur ook, maar dat kon hij neutraliseren met natriumbicarbonaat. Stefan zou binnenkort nierdialyse nodig hebben. Archer deed al het mogelijke om een rampzalige verandering in hartritme te voorkomen, want dat zou zeker de dood tot gevolg hebben. Wat kon hij nog meer doen in deze hopeloze situatie?

De intensivecare-specialist wachtte op de achtergrond. Hoewel hij het allemaal al eerder had gezien, en voor veel kinderen had gezorgd die doodgingen, zou hij zijn best doen. Maar wat in hemelsnaam zou dat kunnen zijn? Spoedig zou Stefan beademing nodig hebben omdat hij naar lucht snakte, en zijn ademhaling was verslechterd door de morfine. Dus de specialist zette verdovingsmiddelen en beademingsbuis gereed, terwijl hij ook nog zijn ronde over de afdeling wilde maken. Hij had nog negen zieke baby's en kinderen om zich zorgen over te maken.

Dan was er ook Stefans verpleegster. Pediatrische intensivecareverpleegkundigen zijn een ras apart, want niet iedereen is uit het juiste hout gesneden om dag in dag uit om te gaan met angst en wanhoop. Ze was niet zo jong, had eigen kinderen, en ze zorgde graag voor mijn hartoperatiebaby's omdat ze genazen. Ze had echt moeite om kinderen te zien sterven. Ze leefde sterk mee met Stefans ouders – de spanning begon haar tol te eisen – en iemand moest iets drastisch doen, of het zou te laat zijn want het leven van haar jonge patiënt ebde weg. Zij was het die er bij Archer op had aangedrongen om mij op te piepen.

De sfeer rond het bed was nu als dikke mist, met een gevoel van naderend onheil. Niemand kan een donorhart uit de lucht toveren, zeker niet voor een kind. Elk jaar worden slechts enkele harttransplantaties bij kinderen gedaan, daarom hadden ze aan mij gedacht voor een alternatief. Maar dat had ik niet te bieden.

Ik keek naar de treurende ouders en voelde me verdraaid nutteloos. Hoe zou ik me in hun plaats voelen als een van mijn kinderen in zulke stront zat, daarin terechtgekomen zonder de geringste waarschuwing? Hun laatste hoop was net verbrijzeld. Dat ik zelf kinderen heb, heeft me ongetwijfeld gevoeliger gemaakt voor het lot van angstige gezinnen. Mijn dochter Gemma was toen twintig en ik had een zoon, Mark, op school in Oxford.

Door Stefan te zien als een van mijn eigen kinderen zou ik me empathisch gaan opstellen. Dan zou hij een persoon worden, en niet meer gewoon weer een patiënt zijn. Sommigen suggereren dat empathie de sleutel is om een goede dokter te zijn, de 'sleutel tot medelevende zorg', wat dat ook moge betekenen. Maar als we telkens de enorme tragiek en verdriet die zich binnen deze afdeling afspeelt in volle omvang zouden zien, zouden we allemaal verdrinken. Dat was de reden waarom mijn collega van intensive care vond dat hij verder moest met zijn ronde over de afdeling en niet stil moest blijven staan bij de draaikolk rond Stefans naderende overlijden.

Nu was ik wakker geschud. In die tijd bestond er maar één type steunhart dat geschikt was voor kinderen. Het werd het Berlin Heart, in het Duits *Berliner Kunstherz*, genoemd, en was pas onlangs geïntroduceerd door professor Roland Hetzer van het Deutsches Herzzentrum Berlin. Dit was een meevaller omdat we goed bevriend waren, een van de voordelen van wetenschappelijke congressen. Ik zou hem opbellen en hem om een grote gunst vragen. Misschien zou ik hem kunnen zeggen dat Stefan Duits was – zijn naam klonk in elk geval Duits. Daarenboven was Roland een anglofiel.

Gelukkig was hij aanwezig op zijn kantoor, dus ik kreeg hem bij de eerste poging al te spreken. We wisselden de gebruikelijke grapjes uit, waarna ik meteen ter zake kwam.

'Roland, ik heb een Berlin Heart nodig. De jongen is tien, maar is klein voor zijn leeftijd. Er is een kans dat zijn hart weer beter zal worden, maar hij redt het niet langer. Wat gaat het me kosten?' Ik wist dat het geld van mijn liefdadigheidsfondsen moest komen.

Zijn antwoord was wat ik had verwacht: 'Daar kunnen we ons later zorgen over maken. Wanneer heb je het nodig?'

Een korte pauze. 'Zou ik het morgenvroeg hier kunnen hebben, met een van je mensen om me te helpen?'

Roland was graag bereid hulp te bieden.

De volgende ochtend om acht uur landde de Learjet op het vliegveld van Oxford. In de tussentijd had ik een bericht gestuurd naar de algemeen directeur van ons ziekenhuis, met een kopie voor de medisch directeur, waarin ik mijn voornemen aankondigde. De begripvolle Nigel Crisp was toen net vertrokken als algemeen directeur van de NHS, en het was minder dan een maand geleden dat men met ontslag had gedreigd omdat ik Julie had gered.

Archer nam de verantwoordelijkheid op zich en ging met ze praten om hen ervan te overtuigen dat dit onze enige optie was. Alle medische deskundigen waren eensgezind van mening dat de jongen tegen het einde van de dag dood zou kunnen zijn, vertelde hij hun. Hij had alle conventionele mogelijkheden geprobeerd; niemand kon helpen. Als Westaby nu een oplossing had, vervolgde Archer, waren ze moreel verplicht om hem te laten begaan. Eerst actie, ruziën kan later. O, trouwens, hadden zij Julie Mills al opgezocht op de verpleegafdeling? Een wereldprimeur voor Oxford, nietwaar? En zo niet, waarom nog niet?

Archer was en is een religieuze man. Hij weerhield zich van het maken van de 'opstanding uit de doden'-analogie. Hij was het met ze eens, niet alleen dat Westaby niet God was, maar ook dat hij een irritante klootzak kon zijn. Maar was het soms niet diens taak om levens te redden? Dat was alles wat hij nu probeerde te doen. Dus voor nu: hou je gedeisd, en laat die Duitsers komen.

Wat mij betreft, ik heb altijd de gedachte gekoesterd dat het ethisch is om levens te redden, op welke manier dan ook. Daar kon geen enkel bescheten ethisch comité me aan doen twijfelen. En het kon me niet schelen als ik daarvoor ontslagen zou worden. Ik moest ergens werken waar ik mijn capaciteiten kan waarmaken, tot het uiterste en nog verder. Als Oxford me niet kon steunen, zou ik ergens anders heen gaan!

Het Berlin Heart bestond uit een bloedcontainer ter grootte van een sinaasappel, verdeeld in twee helften: in de ene helft bloed, in de andere lucht. Door het opblazen van de luchtkamer werd bloed voortgestuwd door een buizenstelsel voorzien van eenrichtingsventielen. Eenvoudig, maar zeer effectief. De pompkamer bevond zich buiten het lichaam, en kon worden omgewisseld wanneer er bloedstolsels in werden waargenomen. In- en uitstroombuizen verbonden de pomp met de beide zijden van het hart, en alle slangen tussen het falende hart en de externe pompen passeren de buikwand. Zo wordt de bloedstroom omgeleid om de twee ventrikels, die nu kunnen uitrusten. De bloedtoevoer naar longen en lichaam is gegarandeerd voldoende, precies zoals de dokter het voorschrijft.

Nu moest ik Stefan in de operatiekamer krijgen. En niet alleen dat. De Learjet stond te wachten om het Duitse team na de operatie naar huis te vliegen en ik was degene die betaalde. Toch wat anders dan zo'n zwarte taxi die met lopende taximeter staat te wachten.

Stefan had de nacht weten te overleven zonder beademing. Nu was hij fysiek uitgeput en erg bang. Op zijn leeftijd kon hij een zekere inschatting maken van zijn heikele toestand – hij kon de sombere gezichten en de tranen van zijn moeder lezen. Zodoende was de scheiding in de anesthesiekamer zeer emotioneel, iets waar ik liever niet bij ben. De kinderanesthesisten maken dit elke dag mee, maar voor mij betekent het extra stress, wat ik liever vermijd. Ik nam het Duitse team mee om operatiekamerkleding aan te trekken. Dit was eigenlijk beschamend: een sjofele kamer volgepropt met grijze kluisjes, bruine houten banken waar de verf af schilferde, stuc die van de muren van de toiletten viel, en rondslingerende operatieschoenen, maskers en kledingstukken. Welke schoenen zouden ze aan kunnen? We zochten totdat we passende paren vonden en gingen vervolgens naar de kamer van de perfusionisten om hun de set te laten zien.

Desiree was er al, klaar om op de hoogte gebracht te worden, en de chirurgen in opleiding stonden te wachten met Katsumata. Er hing al een zweem van opwinding in de lucht, een gevoel dat er iets baanbrekends stond te gebeuren, iets om thuis aan ouders of kinderen over te vertellen. Zou het vanavond op het nieuws komen? Nee. Misschien op het plaatselijke nieuws van Oxford? Nee. Zou ik eruit vliegen? Waarschijnlijk. Dat zou dan nieuws zijn. Maar laten we in dit stadium niets zeggen. Laten we nu gewoon dat ventje beter zien te krijgen.

Het was een triest gezicht, Stefan die op de operatietafel werd gelegd – hij was zo dun, werkelijk pathetisch om te zien. Inmiddels was ik er zeker van dat hij niet aan virale myocarditis leed. Het kon alleen ernstig chronisch hartfalen zijn, en een ongeneesbare hartspierpathologie. Stap één bleef hetzelfde. Eerst hem in leven houden, dan de situatie nader bekijken.

Ik zaagde zijn borstbeen van beneden tot boven door en wrikte beide kanten uiteen met de wondspreider. We openden het hartzakje en maakten de randen vast aan de huid, zodat het hart omhoog kwam, naar ons toe. Een enorme massa strokleurige vloeistof stroomde naar buiten. Ik schatte dat ongeveer een kwart van zijn lichaamsgewicht op rekening kwam van de overmaat aan hartfalenvloeistof, vol eiwitten en zouten, die nu weggezogen werd. Ik moest wel getikt zijn om me in deze wereld van ellende te begeven. Er zijn eenvoudigere beroepen.

Nu kon ik het worstelende, vergrote orgaan goed bekijken. Het rechteratrium stond onder spanning, zag blauw, kon elk ogenblik scheuren door de hoge druk in de aderen en deed de lever opzwellen. Het rechterventrikel was vergroot, en ik onderzocht nauwkeurig de rechterkransslagader om te controleren of Stefan misschien hetzelfde probleem had als Kirsty. Dat was niet het geval, en bovendien zou Archer dat zeker hebben vastgesteld. Er was geen littekenvorming in zijn enorme linkerventrikel, alleen maar bleek, vezelig uitziend spierweefsel dat het had opgegeven. Ook was zijn hart niet opgezwollen en ontstoken zoals dat van Julie. Ik zou biopsieën nemen, dan zouden we onder de microscoop precies kunnen zien wat het probleem was.

De twee Duitsers stonden aan het hoofdeinde van de operatietafel en keken toe van achter steriele doeken. Beiden maakten deel uit van Rolands toptransplantatieteam, en ze hadden talrijke vergelijkbare harten zien worstelen in Berlijn. Zij gebruikten de term 'idiopathische dilaterende cardiomyopathie', een tamelijk zeldzame aandoening bij een tienjarig kind.

Het was al duidelijk geworden dat Stefan zowel aan de linker- als de rechterhartkant ondersteuning nodig zou hebben om de bloedsomloop in stand te houden. Pompondersteuning van alleen maar de linkerhelft van het hart zou wel meer bloed het lichaam in sturen, maar dat zou allemaal weer terugkomen via de aderen naar het rechterventrikel, dat het niet zou kunnen verwerken en het dan zou opgeven. Dus ondersteuning rechts was essentieel. Er zouden vier buizen komen die door de buikwand naar twee pneumatisch aangedreven kunstventrikels gaan. Deze vullen zich passief, en stuwen dan krachtig bloed voort, waardoor een bloedvolume wordt rondgepompt met een pompsnelheid die vergelijkbaar is met die van een normaal kinderhart. Prachtig toch!

Ik had het gevoel dat het toegetakelde hart van Stefan niet veel gemanipuleer zou kunnen verdragen aangezien dit hartritmeveranderingen zou veroorzaken, waardoor alles nog erger zou worden voordat de pompen aangesloten konden worden. Ik liet hem daarom eerst aan de hart-longmachine aansluiten om hem veilig te stellen. Vervolgens probeerde ik de sfeer wat te verlichten met een grapje.

'Ik heb zonet alle Duitsers uit het geheugen van mijn telefoon gewist.' Korte pauze. 'Nu is het "Hans free"!'

Niemand snapte de grap. Ook Katsumata niet. In stilte werkten we snel door en maakten de vier gaten om de canules uit de borstholte naar buiten te brengen. We verbonden telkens één uiteinde aan het hart en het andere aan de uitwendige pomp. Ik probeerde weer een grapje.

'Wat is het verschil tussen een *hippo* en een zippo? – De eerste is nogal zwaar, de tweede *a little lighter*!'

Maar ook nu: niemand die lachte.

Alles werd afgewerkt volgens plan en het moment van aanschakelen was gekomen. De kunstpompen waren net als normale ventrikels, maar zaten aan de buitenkant van het lichaam, waar je ze kon zien werken: lub dub, lub dub, lub dub. Energiek en effectief. Stefans eigen hart liep leeg als een doorgeprikte ballon, en er was nu een veel betere bloeddruk, met krachtige pulsen in de aorta en de longslagader. Lub dub, lub dub, lub dub. Het was een belachelijk eenvoudige aanpak, maar met een uitstekend resultaat. Een triomf van leven over dood. Een pulserende bloedstroom heeft iets esthetisch bevredigends, maar dat had als consequentie dat Stefan wel uitwendige pompen kreeg. Continu stromende steunharten zijn tenminste klein genoeg om in het lichaam te implanteren.

Katsumata zorgde ervoor dat er geen bloedingen waren. Hij gebruikte biologische lijm om het vervelende doorsijpelen via de incisies te stoppen. We moesten twee drains in Stefans borstkas plaatsen om het bloed eruit te laten, waardoor er nu zes buizen uit zijn fragiele lijfje staken. Dat betekende meerdere sneden in zijn lijf, maar ze waren allemaal nodig. We gebruikten de gangbare dikke roestvrijstalen draadhechtingen om de bothelften van het borstbeen weer bij elkaar te houden, strak vastgezet om alle hardware binnenin af te dekken.

Daarna werd Stefan teruggebracht naar de pediatrische intensivecare-afdeling, waar ze zijn steunhart voor het eerst te zien kregen. Het had de verpleegkundige staf zenuwachtig kunnen maken, maar dat was niet gebeurd. We zeiden ze dat ze zich niet moesten laten afleiden door de slangen en knoppen van het bedieningspaneel, en dat ze er niets aan hoefden te veranderen. Het enige wat ze moesten doen was zorg dragen voor het jongetje, vooral omdat hij bang en onrustig zou zijn wanneer hij wakker zou worden.

We drukten ze op het hart dat het van vitaal belang was dat Stefan niet aan die slangen zou gaan trekken, want dat waren zijn levenslijnen. Het zou het beste zijn, wanneer hij wakker werd, om hem overeind te laten zitten, hem van de beademing te halen en de beademingsbuis te verwijderen – een ongemak minder. Dan zou het ook mogelijk zijn om hem uitleg te geven, en gemakkelijker om hem rustig te houden. Zijn ouders konden bij hem blijven zitten en Desiree zou altijd in de buurt zijn om te helpen, zelfs wanneer ze geen dienst had.

Toen vertrokken de Duitsers en wij waren op onszelf aangewezen met de technologie. Dat was geen probleem, want Stefan werd snel beter. Zijn urine stroomde weer de katheterzak in, en zoals verwacht werd hij vroeg in de avond wakker, waarop de intubatiebuis werd verwijderd. Hij was behoorlijk van streek – zelfs met zijn arme moeder naast zijn bed – maar hij was weer roze, met blozende wangen, warme benen en warme handen, die zijn ouders stevig vasthielden. Hij vond die aliens maar niks, die zomaar uit zijn buik staken en vlak onder zijn neus zaten te pulseren. Onbetaalbare, levensreddende technologie, maar voor een kind behoorlijk afschrikwekkend.

De dagen gingen voorbij en nu wilde ik weten wat de biopsie zou laten zien zodat we de volgende stap konden plannen. Het Berlin Heart kon hem weken en zelfs maanden in leven houden, maar zou zijn eigen hart herstellen? Ik verwachtte dat niet, dus we moesten stilletjes beginnen te denken aan een transplantatie. Nieuwsgierig als ik was, ging ik zelf naar het pathologielaboratorium en vroeg of ik het bewerkte materiaal van Julie en Stefan mocht bekijken, net zoals ik ook altijd de autopsies van mijn overleden patiënten bijwoonde. De pathologen kenden me goed en waardeerden mijn klinische feedback.

Julies hartspier was sterk geïnfiltreerd met een type witte bloedcellen die lymfocyten heten, en die reageren op virusinfecties. Virussen zijn te klein om zichtbaar te worden onder een lichtmicroscoop, maar de geïnfiltreerde lymfocyten bewijzen dat ze er zijn. Er waren er miljoenen van, en de hartspier was opgezwollen en oedemateus als gevolg van het ontstekingsproces.

Bij Stefan was dit niet zo, en dat was een schokkend iets bij een tienjarige. Veel hartspier was bij hem vervangen door vezelig weefsel, maar niet als gevolg van een gebrek aan bloedtoevoer. Er waren helemaal geen witte bloedcellen. Stefan had inderdaad idiopathische dilaterende cardiomyopathie – een langdurige vergroting van het hart, oorzaak onbekend – en zijn toestand kon nooit door rust alleen verbeteren. Hij had het slecht getroffen. Julie en Stefan hadden slechts één ding gemeen, namelijk dat we er net op tijd bij waren. Maar de te volgen weg was nu duidelijk: Stefan had het hart van iemand anders nodig om naar huis te kunnen gaan.

In die dagen – net als nu – kon een ziekenhuis of een individuele chirurg niet zelf een harttransplantatie organiseren, zelfs niet als er in het bed naast de patiënt die het hart nodig had een matchende hersendode donor lag. Er bestond een besluitvormingsproces dat gevolgd diende te worden, en er was een organisatie die ingeschakeld diende te worden, de UK Transplant Service. Zij hadden besloten dat, om beter gebruik te maken van schaarse donororganen, en om een eerlijke verdeling te garanderen, de categorie 'urgent geval' moest worden geschrapt. Dus werden donororganen destijds strikt volgens een rotatiesysteem aan de transplantatiecentra aangeboden. Veel donorhart-ontvangers woonden thuis en waren niet zoals Stefan afhankelijk van een levensondersteunend apparaat. Inmiddels weten we dat deze ambulante patiënten weinig of geen overlevingsvoordeel hebben van een transplantatie en dat veel van hen sterven als gevolg van complicaties. Verkwisting van donororganen, en dat is een reden waarom ik gemotiveerd was om een alternatief te vinden. Bovendien, als er een harttransplantatie plaatsvond met een donororgaan dat informeel – buiten de regels om – werd aangeboden, moest het betrokken transplantatiecentrum dat aan de UK Transplant Service melden, die het centrum vervolgens onder aan de wachtlijst zou plaatsen.

Ik maakte me steeds meer zorgen over het vinden van een hart voor Stefan, en ik wilde hem in het Great Ormond Street Hospital-systeem krijgen. Ik belde de transplantatiechirurg Marc de Leval op, met wie ik een deel van mijn opleiding heb gedaan en voor wie ik veel respect heb. Op zijn beurt steunde hij me vanwege het feit dat ik in Oxford van de grond af een centrum voor aangeboren hartziekten had opgebouwd. Door de jaren heen stuurde ik elk complex geval naar hem wanneer ik dacht dat hij het beter kon doen dan ik. Er is geen plaats voor trots en arrogantie bij het opereren van kleintjes. Ik legde Marc uit dat we Stefan al geprobeerd hadden over te dragen voordat zijn toestand ineens was verslechterd.

Marc wist hier al alles van en was graag bereid om te helpen. Hij was ook geïnteresseerd om een Berlin Heart te zien. Hoewel Stefan nu stabiel was, was zijn toestand zo hachelijk en onvoorspelbaar dat hij op de transplantatielijst van het Great Ormond Street Hospital kon worden geplaatst, alsof we hem een week eerder al hadden overgedragen.

Maar er was een probleem. Hem naar Londen transporteren met zijn Berlin Heart bleek zeer riskant te zijn. Toen we de ambulancedienst vroegen om hem daarheen te brengen, konden ze niet voldoende elektrisch vermogen garanderen om de tijdsduur van het transport te dekken, gezien het risico op vastraken in het verkeer of op pech met de wagen. Dus was het nodig om de voorbereidingen af te stemmen met de transplantatiecoördinator van Oxford: Stefans bloedgroep opnieuw laten bepalen, de weefseltypering regelen en zijn bloed laten onderzoeken op ongewone antilichamen. Als we een geschikt donorhart zouden vinden, zou de transplantatie in Oxford worden gedaan, en dat betekende vrijwel zeker dat de medisch directeur een beroerte zou krijgen.

Het eindspel kwam eerder dan verwacht, maar we waren er klaar voor. Stefan was met de dag beter geworden; hij was lichamelijk nog steeds zwak, maar niet meer in een toestand van hartfalen. Het volgende weekend al kregen we detransplantatie-alert.

Vijftig kilometer snelweg verderop, in het Harefield Hospital, was men een hart- en longtransplantatie aan het voorbereiden bij een tiener die ernstig gehandicapt was door taaislijmziekte en nu op sterven lag doordat haar longen faalden. Ze kreeg al enkele jaren thuis zuurstof, maar moest nu in bed blijven, zag blauw, snakte naar adem, had een hoge bloeddruk in de longvaten en hoestte regelmatig bloed op. Zij zou een hart- en longtransplantatie krijgen, en dan kon haar eigen sterke hart aan Stefan worden gegeven. Dat was het plan; een dergelijke procedure staat om voor de hand liggende redenen bekend als een dominohart. Dominotransplantaties waren toen al zeldzaam, en worden nu niet meer gedaan.

De patiënt met taaislijmziekte werd naar het Harefield Hospital gebracht terwijl het donorteam al klaarstond. De logistiek was allesbehalve eenvoudig – de donor was vele kilometers verwijderd en er waren vier aparte chirurgische teams, voor hart en longen, de lever en de twee nieren. Deze teams zouden allemaal naar verschillende plaatsen reizen, en ze waren nu paraat, als gieren die boven een prooi rondzweven, klaar om de beste stukken van het lichaam te consumeren, zij het dan met de meest nobele bedoelingen. Ze zouden allemaal 's nachts op weg gaan, en dat was niet zonder gevaar – er zijn al per vliegtuig reizende transplantatieploegen bij slecht weer omgekomen.

Toen het vaststond dat het weefseltype van het donorhart matchte met dat van Stefan, en dat hij en de donor dezelfde bloedgroep hadden, werd besloten de procedure zaterdagnacht van start te laten gaan. Kon het nog beter? We zouden de operatie in Oxford op een rustige zondagochtend zonder nodeloze drukte kunnen uitvoeren.

Sterker nog, dit donorhart was niet onderhevig aan de nadelige fysiologische gevolgen van een hersendode donor. Hoofdletseldonoren waren vaak behandeld met vochtafdrijvende en -reducerende middelen om de druk in hun schedel te verminderen, en tezamen met schade aan de hypofyse maakte dit vaak reanimatie nodig met liters vocht. Veel donors kregen hoge doseringen medicijnen om een goede bloeddruk te behouden. Als gevolg van dat alles faalden deze specifieke donorharten vaak in de post-transplantatiefase. Ik had drie jaar in het Harefield Hospital gewerkt en wist hoe dat ging.

De transplantatiecoördinator van het Great Ormond Street Hospital zou ons op de hoogte houden van de timing. Het dominohart zou rond zeven uur 's ochtends uit de ontvanger van hart en longen worden verwijderd, en tegen de tijd dat het verpakt en gekoeld hier zou aankomen, zou Stefans borstkas weer geopend zijn, klaar om aangesloten te worden aan de hart-longmachine, waarna het Berlin Heart kon worden verwijderd. Vervolgens zouden we zijn nutteloos geworden hart met canules en al wegsnijden uit zijn borstkas. Mijn team zou vroeg komen en er helemaal klaar voor zijn.

Tien is een moeilijke leeftijd om iets dergelijks mee te moeten maken, maar Stefan begreep de situatie. Hij liet zijn opluchting blijken bij het vooruitzicht verlost te worden van de aliens en vervolgens toonde hij berusting. Toen kwam ook de angst. Hij had een hekel aan die vier slangen, zo dik als tuinslangen, die uit zijn buik staken. Door één paar stroomde blauw bloed, door het andere helderrood bloed. En dan nog die luidruchtige, pulserende dingen voor zijn neus. We hadden hem eerst verteld dat hij wel maanden met deze apparatuur zou moeten leven; de snelle transplantatie bracht een welkome bevrijding.

Maar we vertelden hem niets over het risico dat hij het niet zou overleven. In die dagen was daar vijftien tot twintig procent kans op, door falen van het donorhart, infectie of afstoting. Maar dit dominohart kwam van een levende donor met normale hersenen en was bijzonder sterk. En het was een redelijke match wat betreft weefseltype. Nergens alarmbellen. We moesten gewoon voortmaken. Die dag waren Stefans ouders vanaf zes uur 's ochtends bij hem, na een slapeloze nacht waarin ze steeds angstiger waren geworden ondanks hun hoopvolle verwachtingen. Naarmate de spanning bij hen steeg, brachten ze hun angst ook over op hun zoon.

Ik nam Marc de Leval mee om kennis met hen te maken. Op dat moment waren ze bij Stefan in de anesthesiekamer, waar er niet veel plaats was omdat het vol stond met apparatuur en andere benodigdheden. Marcs ogen bleven heen en weer gaan naar het Berlin Heart, in die tijd het enige steunhart dat geschikt was voor jonge kinderen. Het Great Ormond Street Hospital moest er nodig een krijgen zodat er geen levens onnodig verloren zouden gaan.

Katsumata verscheen in de deur met nieuws: het dominohart was onderweg van het Harefield Hospital. Het verkeer op zondagochtend was niet druk, dus het zou over een half uur in Oxford aankomen. Het was tijd om Stefan onder narcose te brengen. Het moment van scheiden was nu gekomen, uiterst beangstigend voor de ouders en, hoewel kort, voor Stefan. Kate, de anesthesist, was kalm en doortastend. Ze injecteerde het narcosemiddel via het infuus en zijn angstgevoel verdween. De anesthesieverpleegkundige Louise gaf de ouders een teken en ze schuifelden door de deur naar buiten, tegen elkaar aan gedoken. Hun angst zou nog een tijd aanhouden. En ze hadden al zoveel te verduren.

Daarna ging alles snel. Mijn operatiekamerverpleegkundigen Linda en Pauline beschilderden zijn borst met antiseptische roze chloorhexidineoplossing en droogden deze vervolgens omdat de vloeistof brandbaar is. Ze bedekten hem met steriele groene doeken. Marc, Katsu en ik wasten onze handen en trokken operatiekleding en -handschoenen aan. De klok tikte.

We maakten Stefans huidhechtingen los, sneden de draden door die het borstbeen samenhielden en brachten voorzichtig de wondspreider in tussen alle slangen. Zoals altijd bij het heropenen van de borstkas zaten er bloedstolsels en klonters fibrine op het hart en de buizen; we pelden dit allemaal los en zogen het weg. Daarna werden het hart en het hartzakje gewassen met een warme zoutoplossing. Alles moest schoon zijn, en we moesten ruimte maken voor de slangen van de hart-longmachine. Zodra die zou zijn aangesloten, konden we het Berlin Heart uitschakelen en de buizen dicht bij het hart doorsnijden en uit het operatiegebied verwijderen.

Maar we waren niet van plan dat te gaan doen voordat het donorhart daadwerkelijk de kamer was binnengebracht. Een ramp onderweg is altijd mogelijk, een verkeersongeval, een lekke band, wat ook. Of iemand kan het hart in de operatiekamer op de vloer laten vallen. Dat is ooit gebeurd, bij Christiaan Barnard in Kaapstad. Zijn broer Marius liet het vallen terwijl hij het van de operatiekamer met de donor naar de ontvanger bracht, een deur verderop. Oeps!

Om kwart over negen kwam het hart aan, in een doos, tussen zakken ijs. We zetten het neer op een aparte tafel en pakten het voorzichtig uit, één zak na de ander, totdat het bewegingloos in een roestvrijstalen schaal lag. Het lag daar in een zoutoplossing bij 4 graden, koud en slap, net als een schapenhart op het hakblok van de slager. Maar we wisten hoe we het weer konden laten herleven, en hadden het volste vertrouwen dat het opnieuw zou gaan kloppen en zijn werk doen. Dus ik gaf Brian opdracht om het Berlin Heart uit te schakelen en over te gaan op de hart-longmachine.

Stefans eigen hart leegde zich voor de laatste keer en zakte toen slap en nutteloos neer, achter in het hartzakje. Marc begon het donorhart bij te snijden terwijl ik de vier plastic canules doorsneed. Katsumata trok ze uit het lichaam en gooide ze weg. Nu was het moment gekomen om Stefans ongelukkige hart weg te halen en te vervangen door het nieuwe. Het kwam eruit en liet een leeg hartzakje achter – een vreemd gezicht. Geen hart. Het moet een beangstigend gezicht zijn geweest toen Barnard het voor het eerst deed. Alsof je onder de motorkap van een auto kijkt en je ziet geen motor.

Het donorhart werd volgens een strakke procedure geïmplanteerd, waarbij het van essentieel belang was om dat correct en zonder vervorming te realiseren. Dit klinkt misschien voor de hand liggend, maar donorharten zijn glibberig, nat en niet zo makkelijk in positie te houden.

Het helpt als je een duidelijke, driedimensionale visie hebt van het eindresultaat. Ik heb wat dit betreft het geluk dat ik co-dominante hersenhelften heb geërfd, wat wil zeggen dat ik beide helften van de motorische hersenschors van mijn brein gebruik. Ik kan met beide handen opereren. Ik schrijf met mijn rechterhand maar ben een linkshandige slagman bij cricket, en ik schop een bal het liefst met mijn linkervoet. Co-dominantie is bij veel dingen een voordeel, maar vooral bij chirurgie, het is belangrijker dan de vaardigheid om goed te studeren en examens te behalen.

Een harttransplantatie is echter vrij simpel. Pak flinke porties op volle dikte van de atriumwand van de donor en de ontvanger beet en hecht ze aan elkaar vast, heel secuur zodat er geen lekken kunnen ontstaan. Wanneer de atriums en de aorta aan elkaar genaaid zijn, kan de aortaklem losgemaakt worden. Dit markeert het eindpunt van de zogenoemde 'ischemische' periode, de kritieke tijdspanne die van invloed is op de overlevingskansen, waarbij het hart geen bloedtoevoer heeft via de kransslagaderen na verwijdering uit de donor. We weten dat de beste harten afkomstig zijn van jonge donoren, en met een korte ischemische periode en overeenstemmende bloedgroepen. Maar die kennis helpt niet veel. De patiënten moeten nemen wat ze kunnen krijgen, ze hebben al geluk áls ze een hart ontvangen. Daarom worden vandaag de dag zelfs 'marginale' donoren geaccepteerd, zoals zestigplussers, rokers, zelfs donoren met bepaalde vormen van kanker.

Maar het zag er allemaal goed uit voor Stefan. Er stroomde bloed door de kransslagaders en dat bracht de hartspier weer tot leven, veranderde hem van slap en lichtbruin tot bijna paars, stevig en fibrillerend. Toen het herstelproces op gang kwam, hechtten we de laatste verbinding tussen de doorgesneden longslagaders en beijverden we ons om alle lucht weg te krijgen. Lucht in de hersenen, daar zou hij niet mee geholpen zijn.

Op Marcs voorstel lieten we Stefans prachtige nieuwe hart een uur rusten aan de hart-longmachine. Dit kostbare orgaan had gemakkelijk samen met de zieke longen in de afvalbak terecht kunnen zijn gekomen. Zijn voortgezette leven is een van de wonderen van de moderne geneeskunde. Het defibrilleerde vanzelf en begon bloed uit te stuwen, in snel tempo toenemend in kracht. Daarna was het gemakkelijk los te koppelen van de hart-longmachine.

Er waren nu nog twee belangrijke risico's. Als eerste afstoting van het donorhart, als de immunosuppressie ontoereikend zou blijken te zijn. Daartegenover stond het tweede risico, dat van overmatige immunosuppressie, wat kan leiden tot ernstige, zelfs dodelijke ontsteking. Voor zijn herstel moest Stefan daarom overgebracht worden naar de experts van het transplantatiecentrum in het Great Ormond Street Hospital. Wij hadden hier ons aandeel geleverd door hem in leven te houden. Marc zou het ons laten weten zodra er een bed beschikbaar kwam.

Archer en de pediatrische intensive care hebben ons een week lang geholpen Stefan te verzorgen en toen werd hij overgebracht naar Londen. We hielden contact en volgden zijn voortgang. Na een paar korte afstotingsepisodes, die snel verholpen werden, verliep zijn verder herstel – na een bijna uitzichtloos begin – vrijwel zonder complicaties. We volgen hem bijna twintig jaar later nog steeds. Hij heeft nu zijn eigen gezin en oogst de voordelen van een ideaal donorhart, dankzij mijn vrienden in Berlijn en in het Great Ormond Street Hospital.

Die paar hectische zomerweken waren epische pioniersdagen. We hebben toen de eerste overbrugging naar herstel na virale myocarditis gerealiseerd in het Verenigd Koninkrijk. Daarna de eerste overbrugging naar transplantatie bij een kind. Dit waren extreme noodgevallen, die improvisatie vereisten en in het holst van de nacht werden uitgevoerd, samen met mijn toegewijde team van buitenlandse collega's. Het Great Ormond Street Hospital heeft het Berlin Heart opgenomen in hun harttransplantatieprogramma, aanvankelijk met behulp van liefdadigheidsfondsen. Toen werd het in de Verenigde Staten het enige goedgekeurde ondersteuningssysteem voor baby's en kinderen met ernstig hartfalen. Dat is het nu nog steeds. Het behoeft geen vermelding dat we het in Oxford nooit meer hebben gebruikt. Kinderen met hartfalen kwamen of tijdig in het Great Ormond Street Hospital, of ze gingen dood. Julie en Stefan hebben mijn eigen onderzoeksbudget uitgeput. Maar welk prijskaartje hang je aan twee jonge levens?

10
LEVEN AAN EEN BATTERIJ

Nu zullen we iets meer in detail ingaan op de strijd om het bestaan.
– Charles Darwin, *Over het ontstaan van soorten*

Het was een warme zomermorgen in de eerste week van juni aan het begin van het nieuwe millennium. Om elf uur 's ochtends hoorde ik een aarzelend, bijna verontschuldigend klopje op de deur van mijn kantoor. En daar stond Peter, zijn grote gestalte vulde de gehele deuropening. Hij leunde wankelend op een stok, was hevig aan het zweten, het hoofd gebogen, lippen en neus blauw, naar adem happend. Uit trots wilde hij niet in zijn rolstoel door de deur worden geduwd. Hoewel hij een paar weken geleden nog de laatste sacramenten had ontvangen, waren dit soort dingen nog steeds van belang voor deze man. Hij deed zijn best om zijn angst te verbergen, tilde langzaam zijn hoofd op en staarde recht voor zich uit door de deuropening. Hij had me nog niet kunnen zien, maar hij deed me, net als Stefan, denken aan een concentratiekampslachtoffer, een levende dode die alle hoop heeft opgegeven.

Mijn secretaresse Dee was zichtbaar geschokt door Peters toestand, en ik verbrak het stilzwijgen.

'U bent ongetwijfeld Peter. Kom alstublieft verder en ga zitten.'

Verscholen achter de gebogen gestalte stond Peters pleegzoon, die de rolstoel in de gang had achtergelaten. Ik probeerde ze op hun gemak te stellen met een flauw grapje.

'Hebt u wel betaald voor die parkeerplaats? Dit is de National Health Service, moet u weten!'

Ze begrepen het niet.

Peter schuifelde langzaam mijn kamer in en begon mijn certificaten, prijzen en andere chirurgische trofeeën aan de muren te bekijken. Hij was me aan het keuren. Hij was een religieus mens, werkte als begeleider van terminale aidspatiënten. Maar zijn leven had een onverwachte draai genomen, en nu stond hij oog in oog met de dood. Zijn huidige bestaan was dat van een intelligent brein in een lichaam dat onbruikbaar werd als gevolg van hartfalen. Hij verwachtte spoedig te zullen sterven, hoe eerder hoe beter. Ik wees naar de fauteuil. Hij zette zijn stok weg en ging kreunend zitten.

Nu was ik hem aan het keuren. Bij de geringste inspanning was hij buiten adem, zijn buik stond bol door vocht en een vergrote lever, en ik kon zien dat zijn benen opgezwollen en paars waren. Hij droeg overmaatse sandalen en sokken die om sterk opgezwollen voeten spanden, en ik zag vlekkerig verband op zweren die de sokken niet konden bedekken. Ik hoefde hem niet te onderzoeken. Dit was overduidelijk hartfalen in de eindfase. Ik was verbaasd dat hij de moeite had gedaan om van huis te gaan want hij kon elk ogenblik sterven.

Enkele maanden voor Peters bezoek hadden een collega en ik een open brief gestuurd aan leden van de British Cardiac Society (zoals het toen heette) om aan te kondigen dat we klaar waren om een revolutionair nieuw soort kunsthart te testen: de Jarvik 2000. Daarvoor hadden we terminale patiënten met hartfalen nodig die niet in aanmerking kwamen voor harttransplantatie. Peter paste perfect in dit profiel.

Ik had het medisch verslag van zijn cardioloog al gelezen. Peter was aanvankelijk gediagnosticeerd met dilaterende cardiomyopathie, veroorzaakt door een virale ziekte die zijn hartspier aantastte. Hij had eerst griep gekregen, die omgeslagen was in myocarditis, maar was in eerste instantie hersteld. Zo leek het tenminste. Nu had hij een vergroot, zwak hart, een onregelmatig hartritme en een lekkende mitralisklep. Dergelijke patiënten sterven meestal binnen twee jaar na de diagnose, en Peter zat daar ruim overheen. Hij was verschillende keren opgenomen in het ziekenhuis, naar adem snakkend en vocht ophoestend, en zonder snelle behandeling met vochtafdrijvende diuretica zou dit 'water op de longen' zijn einde hebben betekend.

Elke keer werd zijn medicatie vermeerderd, met een bescheiden maar kortdurend effect. Nu had hij het maximale doseringsniveau van alle bruikbare geneesmiddelen bereikt, en zijn enige nier begon uit te vallen. Maanden eerder had zijn cardioloog de chirurgen van een Londens ziekenhuis gevraagd of zijn lekkende mitralisklep kon worden hersteld, waardoor Peter weer hoop had gekregen. Die viel weer in duigen bij zijn poliklinisch consult, toen de chirurg zei dat het onmogelijk was, omdat het te laat en te riskant was.

In de correspondentie van het ziekenhuis werd hij beschreven als lijdend aan ernstige vochtophoping en kortademigheid, en aan uitputting bij de minste inspanning. Hij kon niet plat liggen en kon alleen slapen als hij overeind werd gehouden door kussens of in een fauteuil zat. Precies zoals ik me dat herinnerde van mijn arme grootvader.

Nu, in mijn kantoor, was Peter nog steeds aan het zweten, terwijl hij probeerde op adem te komen om te spreken. Ik herinner me dat de gedachte in me opkwam dat deze man van geluk mocht spreken als hij het knippen van zijn haren overleefde, en ik was verbaasd dat men werkelijk verwachtte dat ik hem zou opereren. Maar dat is waar kunstharten voor zijn gemaakt. Dit was precies zo'n onverdraaglijk bestaan dat ze konden verbeteren, ze waren ontworpen om dit soort klachten te verlichten en het was de bedoeling dit soort levens te verlengen. Dee was inmiddels van de schrik bekomen en had thee gehaald. Peter bedankte haar. Nu konden we praten.

Ik bedankte Peter en zijn zoon voor de grote inspanning om hierheen te komen en vroeg hem naar de bijzonderheden van zijn verwijzing. Hij had gewerkt als psycholoog bij het Londense Middlesex Hospital en was ironisch genoeg een boek aan het schrijven dat *Healthy Dying* heette. Slechts een paar dagen geleden was hij nog met veel moeite naar een bespreking gegaan met zijn co-auteur, dokter Robert George, een palliatieve-zorgspecialist van het University College Hospital.

Peter wilde hem een laatste keer zien om afscheid te nemen, maar was er zo erg aan toe dat Rob een cardioloog ging zoeken om te zien of er iets kon worden gedaan. Terwijl hij wachtte tot zijn collega klaar was met een patiënt, keek hij naar het prikbord van de hartafdeling en zag een krantenknipsel over het kunsthartproject in Oxford. Hij herkende de naam van de chirurg, Steve Westaby, want hij had mij gekend als chirurg in opleiding. Zowel hijzelf als de cardioloog vroeg zich toen af of ik misschien Peter zou kunnen helpen.

Meteen ter zake komend zei ik tegen Peter dat we elkaar zouden kunnen helpen. Ik was onlangs in de gelegenheid gesteld om iets te proberen wat nog nooit eerder was gedaan, iets waar wereldwijd mogelijk honderdduizenden patiënten profijt van zouden hebben als het zou werken. Ik zei botweg dat ik een proefkonijn nodig had, en dat hij daarvoor perfect geschikt was.

Ik nam de Jarvik 2000 uit een bureaulade om hem te laten zien. De titaniumturbine was zo groot als mijn duim of een C-batterij en ik legde uit dat de pomp binnen in zijn eigen falende hart zou passen, geïmplanteerd in de puntige apex. Zijn linkerventrikel was nu zo groot dat er ruimte genoeg voor was. Eerst zouden we op de hartspier een manchet vasthechten die de pomp op zijn plaats zou houden, dan een gat in de hartwand maken en de pomp daardoor naar binnen schuiven. De hogesnelheidsturbine zou het bloed uit zijn worstelend hart via de kunstmatige vaatbuis in zijn aorta pompen, het grootste bloedvat van zijn lichaam.

Ik heb hem laten zien hoe de torpedovormige turbine in de buis ronddraaide. Dat ging met ongelooflijk hoge snelheid, tussen 10.000 en 12.000 toeren per minuut. Hij pompt dan vijf liter bloed, of meer, per minuut rond; evenveel als een normaal hart maar met een continue stroming. De pomp vulde en leegde zich niet om het bloed voort te stuwen, zoals een normaal hart, en er was geen polsslag. Het enige mogelijke probleem was dat de rechterkant van zijn hart met een krachtigere bloedcirculatie te maken zou krijgen, maar als het rechterventrikel dat aankon, zou deze kunstmatige pomp even goed zijn als een getransplanteerd hart. Indien niet, dan zou hij sterven.

Bij het woord 'transplantatie' vertrok Peters gezicht. Men mag nooit onderschatten wat voor een diepgaand psychologisch trauma het gevolg is van afgewezen te worden voor een transplantatie, de laatste hoop voor een patiënt wiens leven ten einde loopt. Peter was verbitterd omdat hij tweemaal het selectieproces had meegemaakt. De eerste keer kreeg hij te horen dat hij niet ziek genoeg was voor een harttransplantatie en de tweede keer, toen hij achtenvijftig was, dat hij juist te ziek was.

Ik heb geprobeerd dit voor hem in een bredere context te plaatsen. De beoordeling voor een harttransplantatie is een keiharde zaak. Transplantatie te zien als de volmaakte behandeling voor hartfalen, is hetzelfde als denken dat een winnend lot de beste manier is om geld te verdienen. Om te beginnen worden ouderen gediscrimineerd bij harttransplantaties. In de jaren negentig kwamen patiënten boven de zestig helemaal niet in aanmerking. Het Verenigd Koninkrijk telde circa 12.000 patiënten van onder de zestig met ernstig hartfalen, maar er waren minder dan 150 transplantaties. Het spreekt vanzelf dat het de verantwoordelijkheid is van de transplantatieartsen om die patiënten te selecteren die het meeste baat zouden hebben bij een transplantatie, en daar waren er maar weinig van.

Wat ik wilde doen was patiënten in de positie van Peter helpen – de wanhopig zieken die nooit kans maken op een transplantatie, en patiënten van alle leeftijden die werden overgelaten aan 'palliatieve zorg', bedwelmende middelen om de ellende te verdoven van hun onaangename, langzame dood. Peter had deze medicijnen geweigerd. Hij zei me dat hij maar al te vertrouwd was met de dood, aangezien hij meer dan honderd patiënten had bijgestaan bij hun laatste levensdagen, door 'ze te vertellen wat hun te doen stond en wat ze doen konden, de stadia die ze zouden doormaken, dat soort dingen'. Het was niet het moment om aantallen doden te vergelijken, maar ik had er al meer dan drie keer zoveel naar het hiernamaals gestuurd.

Peter voelde zich inmiddels op zijn gemak, hij had zich een idee over mij kunnen vormen en werd geanimeerder; en nu kwam een uitzonderlijke persoonlijkheid naar voren, na de wat morbide ouverture. Zijn glimlach deed zijn grauwe gelaat en paarse neus teniet, en ik begon waardering te voelen voor deze man. Hij was zodanig getraumatiseerd door eerdere afwijzingen dat hij absoluut geen verwachtingen had gekoesterd van onze ontmoeting. Integendeel zelfs. Hij verwachtte opnieuw afgewezen te worden.

Ik had ernstige twijfels of hij een volledige narcose zou overleven, maar als we hem zouden aannemen kon niemand beweren dat we een gemakkelijke patiënt hadden uitgekozen, of iemand die de pomp eigenlijk niet nodig had. Zowel de ethische commissie van mijn eigen ziekenhuis als de Medical Devices Agency had onafhankelijke bevestiging gevraagd van het feit dat de eerste patiënt die de Jarvik 2000 zou krijgen terminaal ziek was met een zeer korte levensverwachting, en Peter voldeed aan beide criteria. Dus de beslissing lag bij mij. Impulsief zei ik hem dat het een groot voorrecht zou zijn als hij ons toestemming zou geven hem te helpen en dat hij, als hij dat wilde, als eerste de pomp zou krijgen. Eerst keek hij verbaasd, toen verscheen een brede grijns op zijn gelaat. Dit was zijn winnende lot.

Hij vroeg hoe zijn kansen lagen. Ik zei ongeveer fiftyfifty, maar wist dat dit een optimistische schatting was. Zoals veel patiënten was zijn grootste zorg dat hij zou overleven met hersenschade en er dus erger aan toe zou zijn dan voor de ingreep. Ik stelde hem gerust dat wanneer de operatie zou mislukken hij die met zekerheid niet zou overleven. Misschien een vreemde manier van geruststellen, maar de gedachte dat mislukking de dood zou betekenen, beviel hem wel. Zijn leven was op dat moment ondraaglijk, maar omdat hij katholiek was zou hij, zoals de meesten in zijn positie, geen suïcide overwegen omwille van zijn familie. Een operatie was een optie voor euthanasie zonder moreel debat.

Ik vroeg hem naar zijn vrouw. Waarom was ze niet meegekomen? Diane was onderwijzeres en kon niet wegblijven op zulke korte termijn. Samen hadden ze de National Association for the Childless opgericht, het boek *Coping with Childlessness* geschreven en elf pleegkinderen verzorgd. Als jongeman had hij rugby gespeeld, iets wat we gemeen hadden. Ik voelde dat hij een goed mens was en het beste zou maken van zijn extra tijd van leven.

Ik liet hem de apparatuur zien en vroeg of hij leven aan een batterij dacht aan te kunnen. Hij zou het controlepaneel en de batterijen altijd in een speciale schoudertas mee moeten dragen. Er ging een alarm af wanneer de batterijen leeg begonnen te raken of losgekoppeld waren, en hij zou ze twee keer per dag moeten omwisselen. 's Nachts kon hij het thuis inpluggen op het stroomnet. Zeer futuristisch allemaal.

Nu de volgende verrassing. Dokter Jarvik en ik hadden een revolutionaire nieuwe methode bedacht om elektrische stroom in het lichaam te brengen. Het grote probleem met elektriciteitsleidingen die door de buikwand naar buiten kwamen, was hun gevoeligheid voor infectie, omdat door het gedurig bewegen van de kabel door de huid en het onderhuids vetweefsel bacteriën de mogelijkheid kregen om binnen te dringen, en soms raakt zelfs de pomp geïnfecteerd. Zeventig procent van de patiënten kreeg hier last van en veel van hen hadden nieuwe operaties nodig. Om dat te voorkomen hadden we een plan gemaakt om een metalen stekker in Peters schedel te schroeven. De hoofdhuid is vrijwel vetvrij en heeft een royale bloedtoevoer. De stekker zou bewegingloos vastzitten in bot en we geloofden dat deze combinatie het risico op infectie via de stroomkabel zou minimaliseren.

Peter zou een elektrische stekker in zijn hoofd hebben die stroom levert voor de pomp via een kabel die door zijn nek en borstkas gaat. Magie! Ik zou de echte dokter Frankenstein zijn.

Peter lachte. Zijn stemming veranderde. Ik legde uit dat hij een grote, pijnlijke snede aan de linkerkant van zijn borst zou krijgen om de pomp te implanteren. Niet erg fijn. Ook zouden er extra kleine sneden gemaakt worden in zijn nek en zijn hoofdhuid, om het elektrische systeem te plaatsen. Peter vroeg of dit ooit eerder was gedaan. Nee, nog nooit.

'En gaat het werken?' vroeg hij.

'Ja. Ik heb het bij schapen gedaan.'

Weer lachte hij, en hij vroeg of hij de pomp in zijn hart zou horen of voelen.

'Nou, de schapen heb ik niet horen klagen.'

Het schoot me te binnen dat ik hem moest waarschuwen dat hij geen polsslag zou hebben. De turbine – het bewegende deel van de pomp dat met hoge snelheid ronddraait – zou continu bloed door zijn lichaam doen stromen, zoals water door een buis stroomt en dus heel anders dan het pulserende pompen van het biologische hart. Dus verpleegkundigen en artsen zouden nooit zijn pols kunnen voelen, of zijn bloeddruk meten? Precies. Zijn leven zou anders worden, maar in elk geval beter dan het onvermijdelijke alternatief. In dit opzicht zou hij een pionier zijn.

Toen kwam bij hem nog een vraag op: als hij ver van het ziekenhuis buiten bewustzijn zou raken, hoe zou iemand dan weten of hij dood was of nog leefde? Daar had ik niet meteen een goed antwoord op, en ik reageerde ontwijkend. Maar het was een terechte vraag. Maanden later in de winter viel een andere pomppatiënt thuis, knalde met zijn hoofd ergens tegenaan. Hij werd een tijdje later gevonden, bewusteloos, koud en zonder polsslag. De ambulance bracht hem meteen naar het mortuarium.

Nu kwam Peters laatste vraag. Of ik nerveus werd bij de gedachte deze operatie te proberen, een aanpak die pure sciencefiction was en die hem waarschijnlijk het leven zou kosten?

'Absoluut niet,' antwoordde ik. 'Niet als je wilt dat ik het doe. Ik ben niet het zenuwachtige type. Dat past niet bij deze baan.'

Op deze woorden reageerde hij direct.

'Laten we er dan voor gaan.'

Ik zei hem dat hij wat tijd moest nemen om dit te bespreken met zijn familie en vrienden.

Er was nog één ding, ik moest zelf echo's van zijn hart zien. We reden hem naar de cardiologieafdeling en hielpen hem op de ligbank. Hij was opnieuw buiten adem, en we zagen snel waarom. Zijn grote linkerventrikel was enorm opgezwollen en bewoog nauwelijks. De mitralisklep werd opengesperd door de uitgerekte hartwand, maar dat zou geen rol spelen wanneer de pomp erin zou zitten, tenminste als de aortaklep niet lekte – en dat was niet het geval. De pomp stuwt het bloed gewoon verder. Zijn rechterventrikel leek goed genoeg te werken en alles bij elkaar genomen leek zijn anatomie geschikt voor de operatie. Ik moest gewoon ophouden me op de risico's te focussen. Mislukken was geen optie, omdat de dood van de eerste patiënt het hele programma zou torpederen.

Peter kwam van de ligbank af en drong erop aan om lopend naar de deur te gaan. Je kon ook weer niet zeggen dat hij een veerkrachtige tred had, maar hij ging weg met iets veel belangrijkers, namelijk hoop. Voor het eerst had hij weer hoop sinds hij zo uitzichtloos was afgewezen voor een transplantatie. Nu moesten we gewoon voortmaken.

Peters vrouw Diane en enkele pleegkinderen voerden emotionele discussies. Kon Peter zich niet beter vastklampen aan de korte tijd die hem nog restte, of moest hij het risico aangaan om tijdens de operatie te sterven voor een kans op een beter leven? Diane zei tegen haar man dat ze niet voor hem kon beslissen, of hem kon zeggen wat hij moest doen, maar dat ze hem alle steun zou geven na zijn beslissing, hoe die ook zou zijn.

Twee dagen na onze ontmoeting bevestigde Peter dat hij instemde met de operatie. Nu moest ik Philip Poole-Wilson, de belangrijkste specialist in Europa op het gebied van hartfalen, vragen om de slechte prognose van Peter te bevestigen. Hij kon op 19 juni laat 's avonds naar Oxford komen. Ik was zeker van wat hij zou zeggen en ging ervan uit dat we op 20 juni konden opereren.

Ik moest de coördinatie regelen van de teams uit Houston en New York. Bud Frazier, die het werk op proefdieren in het Texas Heart Institute te Houston had opgezet en veel meer kunstharten had geïmplanteerd dan welke andere chirurg dan ook, zou een belangrijk lid van mijn chirurgisch team zijn. Dokter Jarvik zou zelf het apparaat vanuit New York overbrengen, en we zouden Peter twee dagen voor de operatie in het ziekenhuis opnemen. We moesten zijn hartfalenbehandeling optimaliseren, en hem leren om te gaan met het controlepaneel en de batterijen. Het was ook belangrijk dat andere leden van mijn team hem leerden kennen.

Op de middag voor de operatie brachten we Peter naar de intensivecare-afdeling van cardiologie. Zuster Desiree schoor de linkerkant van zijn hoofd kaal als voorbereiding op de incisie om de stekker vast te zetten op de schedel. Dave Pigott, de anesthesist, bracht een canule in Peters polsslagader in, en vervolgens een wijde intraveneuze canule in de inwendige halsader, aan de rechterkant van zijn hals. Vervolgens liet hij een ballonkatheter door de ader omlaag zakken, door de rechterkant van het hart, tot in de longslagader.

Vroeg in de avond nam ik Jarvik en Bud mee naar Peter. Het gesprek was geanimeerd en bemoedigend voor iemand die over minder dan twaalf uur geconfronteerd zou worden met een fiftyfifty overlevingskans. Voor de eerste keer in maanden sprak hij over de toekomst, over wat hij zou kunnen doen om ons programma te ondersteunen als hij zou blijven leven en waar hij voor het eerst sinds jaren op vakantie zou gaan. Positieve dingen, die ons allemaal moed gaven. Nu moest de professor nog komen.

Philip arriveerde om half elf 's avonds. Hij sprak lang met Peter, bekeek zijn gegevens, en kwam net na middernacht weer naar buiten. Hij wenste ons succes. Peters cardioloog te Oxford, Adrian Banning, vergeleek zijn situatie met die van iemand die van een duikplank wil springen maar niet zeker weet of er wel water in het zwembad staat. Adrian schreef:

> Peter Houghton was functioneel dood. Alles wat er nog overbleef was een geest vol frustraties. De prognose bij hartfalen is slechter dan bij elke vorm van kanker. Als je de drempel voor de transplantatiewachtlijst niet hebt gehaald, heeft de conventionele geneeskunde je weinig meer te bieden. Iedere cardioloog heeft poli's vol met zulke mensen, die niet in staat zijn om te werken en gewoon rondhangen, wachtend op hun dood.

We verzamelden ons 's ochtends om half acht in de anesthesiekamer van Operatiekamer 5. Zoals gewoonlijk kwam Bud met stetson en cowboylaarzen – normaal in Texas, minder in Oxford. Ik vroeg Peter of hij bedenkingen of laatste gedachten had. Hij antwoordde dat hij na de operatie ongeacht de uitkomst er beter aan toe zou zijn. Ik zei onbekommerd dat alles goed zou verlopen, iets dat iedere patiënt voor de narcose zou moeten horen.

Zodra hij in slaap was, legden we hem op zijn rechterzij op de operatietafel, zodat de linkerkant van zijn hoofd en nek zichtbaar waren, en ik markeerde waar de chirurgische incisies zouden komen met permanente zwarte stift. We zouden de stroomkabel via de top van zijn borstkas, via zijn nek naar de linkerzijde van zijn hoofd laten lopen. Mijn collega Andrew Freeland, specialist op het gebied van cochleaire implantaten, zou de stekker aan de schedel vastschroeven, terwijl wij het hartzakje en de aorta via de linkerkant van zijn borstkas zouden blootleggen. Daarvoor was een grote snede tussen de ribben nodig.

Een tikje gespannen legde ik in Peters lies de heupader en -slagader bloot om hem aan de hart-longmachine aan te sluiten, en maakte vervolgens de snede in zijn borstkas, snijdend door vet en verzakte spieren. De metalen wondspreider wrikte de ribben uit elkaar, waardoor de long en het hartzakje zichtbaar werden. Achter de long bevond zich de aorta. Via een aparte snede op de schouder duwden we de zwarte, geïsoleerde stroomkabel naar zijn nek, daarna door de nek heen tot achter zijn linkeroor. Dit was moeilijk, want er liggen daar belangrijke structuren in onmiddellijke nabijheid van grote slagaders en aderen, om maar te zwijgen over de vitale zenuwen.

Aan het eind van de elektrische kabel zat een miniatuur-driepuntstekker. Letterlijk. Deze stekker werd ingebracht via een houder van titanium met zes schroefgaten, om hem stevig vast te maken aan de buitenkant van Peters schedel. Andrew maakte een C-vormige snede achter het oor en schraapte vezelige substantie weg van het bot. Vervolgens werden met een elektrische boor schroefgaten in zijn schedel gemaakt. De stekker werd stevig vastgeschroefd op de schedel, waarbij droog botstof werd toegevoegd om genezing rond het stuk titanium te bevorderen. We kwamen problemen tegen maar wisten die allemaal op te lossen.

Nu moesten we alleen nog een gat in de huidplooi maken waar de stekker uit zou steken, zodat we de externe stroomkabel naar de batterijen en het controlepaneel konden aansluiten. De incisies in hoofd en nek werden vervolgens gehecht, en we waren klaar om de pomp te gaan implanteren.

Ik sneed het hartzakje open. Peters hart bood een trieste aanblik. Het vergrote, trillende linkerventrikel bestond meer uit vezelig bindweefsel dan uit spierweefsel. Het bewoog nauwelijks en nu, een uur na het begin van de operatie, was Peters bloeddruk ver-

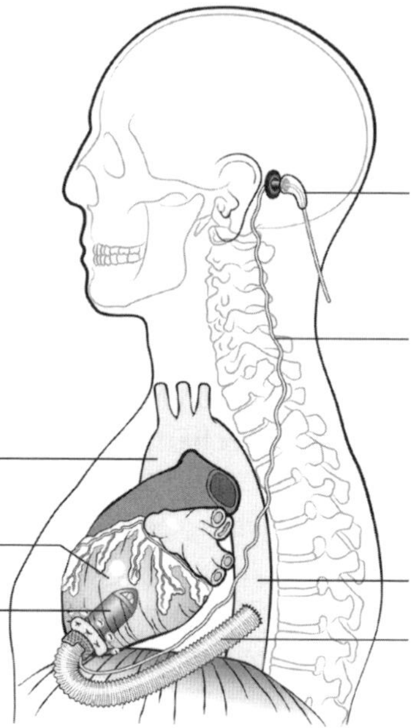

Het Jarvik 2000-kunsthart geïmplanteerd in het linkerventrikel – de op Peter Houghton uitgevoerde operatie.

ontrustend laag, het melkzuurgehalte van zijn bloed steeg en we moesten de hart-longmachine opstarten om de bloedsomloop te ondersteunen. Bud hield de titaniumpomp vast terwijl ik de long naar voren trok om de aorta bloot te leggen. Voordat de pomp in het hart kon worden geïmplanteerd, moesten we de kunstmatige vaatbuis aan de aorta vastnaaien. En de kunstmatige vaatbuis moest precies de juiste lengte hebben, niet zo lang dat er een knik in kon komen maar ook niet te kort, want dat zou nog erger zijn. Bovendien moest de aanhechting loepzuiver zijn om geen bloedingen te krijgen.

Nu waren we klaar voor de grote gebeurtenis. We begonnen met het bevestigen van de bevestigingsmanchet op de afgeronde punt van het hart, dat eruitzag als een rotte meloen. Nooit meer zou Peters hart alleen verantwoordelijk zijn voor zijn bloedsomloop. Van nu af aan hing zijn leven van technologie af.

Het enige wat ons nu nog te doen stond was om een gat te knippen in de hartspier, door het midden van de manchet heen, en dan de pomp erin te schuiven. Net alsof je het klokhuis van een appel eruit boort, en dan een zaklampbatterij erin stopt. Dit was Peters reddingsboei. We stonden op het punt om een mens zonder hartslag te creëren, en tot nu toe was alles goed gegaan. Ik sneed een kruis in de hartspier waar die omringd werd door de manchet, en met een ultrasoon mes maakten we het gat rond en duwden de pomp erdoorheen. Hij zat. Het plan had gewerkt, tot nu toe.

Desiree hield het controlepaneel en de batterijen vast, en wachtte op de instructie om hem aan te zetten. Zodra ik er zeker van was dat er geen lucht meer in de pomp of kunstmatige vaatbuis zat, stelden we de pompsnelheid in op 10.000 toeren per minuut, en de stromingssonde wees aan dat hij nu vierenhalf liter bloed per minuut pompte. We verminderden geleidelijk de stroming van de hartlongmachine, om de combinatie van kunsthart en Peters eigen hart de bloedcirculatie over te laten nemen. We gingen langzaam over van ondersteuning door het ene systeem, de hart-longmachine, naar het andere. Ten slotte gaf ik Brian opdracht de hart-longmachine uit te zetten. Het hele proces had tot nu toe twee uur geduurd.

Al onze aandacht was nu gericht op het monitorscherm. De arteriële druk was een absoluut vlakke streep, die niet meer dan twee derde van de normale bloeddruk aangaf, en de druk in de aderen was ook lager dan normaal. Dit suggereerde weliswaar dat het rechterventrikel goed werkte, maar het was nog te laag. Peters bloedvatenstelsel moest goed gevuld zijn met bloed, anders zou de krachtige turbine het linkerventrikel kunnen leegzuigen en zo een verstopping veroorzaken. We streefden naar een evenwicht waarbij de pomp het grootste deel van het werk deed, maar Peters linkerventrikel bleef nog wat bloed uitstoten.

Nu moesten we onze behandelstrategie aanpassen aan een volstrekt nieuwe fysiologie zonder hartslag – *flatline*-fysiologie. We hadden veel met schapen gewerkt, daarom wisten we hoe we hiermee om moesten gaan.

Het laatste en lastigste probleem was om de bloedingen te stoppen. Uit elk aangesneden oppervlak en uit elke hechting sijpelde er bloed, omdat Peters gezwollen lever geen stollingsfactoren meer aanmaakte, een probleem dat voorkwam bij de meeste patiënten die kunstharten nodig hadden. We dienden donorstollingsfactoren toe en de kleverige cellen die bloedplaatjes worden genoemd, waardoor de lekken dichtslibden. Nu konden de assistent-chirurgen zijn borstkas weer dichtmaken.

Vanuit een andere kamer konden we het energieverbruik checken, en dat bleek zeven watt te zijn. Het debiet van de pomp schommelde tussen drieënhalf en zevenenhalf liter per minuut, afhankelijk van de draaisnelheid van de pompturbine en van Peters eigen bloeddruk, die nu weerstand bood tegen de pompstroom. Dit was contra-intuïtieve fysiologie: wanneer Peters bloeddruk toenam, nam de stroomsnelheid aanzienlijk af. Als de bloedstroom naar het lichaam en de hersenen onvoldoende is, hoopt zich melkzuur op in het bloed en stoppen de nieren met urine te produceren. Maar op dit moment ging alles goed. De pomp deed zijn werk.

Toen zijn borstkas weer dicht was, werden de steriele doeken verwijderd, en werd Peter op een brancard geplaatst en naar de intensivecare-afdeling gebracht. We hadden een eliteteam verpleegkundigen dat goed voorbereid was en wist wat het kon verwachten. Hij werd aangesloten aan een monitor en een publiek stroomde toe om de flatline-patiënt te zien, de eerste die op permanente basis was voorzien van een revolutionair nieuw type kunsthart. We lieten hem over aan de zorg van het verpleegteam, met orders om ons op te roepen mocht er iets misgaan.

Ik was zo opgewonden na een van de spannendste operaties die ik ooit had uitgevoerd, dat ik nauwelijks kon slapen. Toen de zon om half vijf opkwam ging ik Peter opzoeken in zijn kamer. Ik luisterde naar zijn hart met een stethoscoop en nu was er geen lub dub, lub dub, lub dub te horen, maar het karakteristieke continue gezoem van de pompturbine. Zijn enige functionerende nier was gestopt met urine produceren, maar dat hadden we verwacht. Waar ik mij het meest zorgen over maakte was het feit dat bloedtransfusies slecht zijn voor de longen, en hij had al dertig eenheden transfusiebloed gekregen. Zijn bloed stroomde nu in omgekeerde richting, omhoog door de neerdalende aorta, naar de hersenen. Ik vroeg me af hoelang hij erover zou doen om wakker te worden. Alleen de tijd zou dat leren.

Peters toestand bleef stabiel gedurende de volgende zesendertig uur en toen begon hij tot bewustzijn te komen. Zodra hij voldoende wakker was om te ademen, te hoesten en om instructies te begrijpen, zetten we zijn grote lichaam meer rechtop in bed en haalden de beademingsbuis weg.

Het eerste wat hij zei toen hij me zag, was: 'Schoft die je bent.' Een thoracotomie tussen de ribben is erg pijnlijk, en hij had nog andere incisies in hoofd, nek en lies. Maar hij zei het met een glimlach op zijn gezicht, met gevoel voor humor. Hij was blij dat hij leefde. We hebben even gepraat over hoe de operatie was gegaan. Ik maakte een grapje dat ondanks zijn christelijk geloof hij nu het monster van Frankenstein was geworden, aangedreven via een contact in zijn hoofd, waardoor hij hoofdpijn had. Maar hij was uiterst gemotiveerd om beter te worden en het beste te maken van zijn nieuwe leven.

In de loop van de eerste week verbeterde zijn nierfunctie en hoefde hij niet meer te worden gedialyseerd. Met hulp van de fysiotherapeuten deed hij zijn best om uit bed te komen en weer mobiel te worden. Hoewel de pomp de bloedsomloop onmiddellijk herstelt naar een normaal niveau, duurt het maanden voordat het vernietigende effect van chronisch hartfalen weer is verdwenen. Het is precies zo bij een harttransplantatie. Het was al een bron van opluchting en verbazing dat zijn kortademigheid voorbij was, en dat er geen druk meer op zijn longen was door de falende linkerhelft van zijn hart. Hij begon het vocht dat zich chronisch had opgehoopt in zijn weefsels weer kwijt te raken, de zweren op zijn benen begonnen te genezen, en zijn gezicht en neus waren nu roze in plaats van blauw.

Het is opmerkelijk dat Peter slechts elf dagen na zijn operatie het ziekenhuis al kon verlaten, en terug naar huis werd gebracht in Birmingham. Een dergelijk snel ontslag uit het ziekenhuis zou in de Verenigde Staten niet mogelijk zijn. Voordat hij vertrok, verscheen Peter voor de pers, met talrijke fotografen die hem aan de ingang van het ziekenhuis opwachtten. Hij was in zijn element en genoot enorm. Ons Anglo-Amerikaanse team had een wereldprimeur behaald, maar Peter was de ster – de bionische man zonder polsslag. Hij beschreef zichzelf als een soort cyborg.

Peter kon geleidelijk aan beter bewegen. Binnen enkele weken begon zijn buik te krimpen doordat het vocht om zijn darmen verdween. Vervolgens werden zijn lange benen weer slank. Bij een poliklinische afspraak in november, vijf maanden na de operatie, bleek hij zelfs een normaal hartritme te hebben.

Hij was erg spraakzaam en vertelde me dat de gebeurtenissen na juni hem veranderd hadden van een vluchteling die gedwongen werd zijn spullen te pakken en alle statussymbolen achter te laten, naar een man die voor onbepaalde tijd mocht blijven. Telkens opnieuw kwam zijn innemende persoonlijkheid naar voren. Pure angst en verbijstering hadden bij hem plaatsgemaakt voor onverbloemd genoegen over dat hij de dood had weten te ontlopen, en hij was nu fitter en gezonder dan in jaren. Hij vertelde:

> Ik vind het heel vervelend wanneer mensen zeggen dat ik dapper was; dat was ik helemaal niet. Ik ruilde de zekerheid van een langzame dood in voor het risico van een snelle dood of de kans op volledig herstel. Aanvankelijk, toen ik het ziekenhuis verliet, durfde ik niet vooruit te plannen. Ik leefde mijn leven letterlijk van dag tot dag. Nu ben ik aan het nadenken hoe ik mijn tijd zal besteden en neem ik contact op met al mijn vrienden om ze te vertellen dat ik niet dood ben.

In Birmingham en omstreken was Peter een bezienswaardigheid. Het duurde lang voordat hij weer haar had aan de zijkant van zijn hoofd. Een tijdlang waren zijn stekker en de zwarte stroomkabel duidelijk zichtbaar voor passanten. Kinderen kwamen naar hem toe en vroegen waarom hij een stekker in zijn hoofd had. Was hij een robot? Peter bleef dan met plezier staan om hun uit te leggen hoe het zat. Kerstmis was een bijzonder prettige feestdag want hij had niet verwacht die nog te beleven.

Op een dag in januari, in de uitverkoopperiode, was hij aan het winkelen toen hij een hevige en pijnlijke ruk aan zijn hoofd voelde. Een dief had zijn tas met controlepaneel en batterijen voor een cameratas aangezien en die van zijn schouder gerukt. De stekker in zijn schedel werd losgetrokken en zijn pomp stopte met werken. De tasjesdief, een tiener, probeerde met de tas in zijn hand weg te vluchten, maar het alarm voor stroomonderbreking ging luidruchtig af. Bang in een val gelopen te zijn, wierp de jongen de tas weg en ging ervandoor. Enkele winkelende mensen hielpen Peters stroomkabel terug te vinden en hij probeerde onhandig de stekker zo snel mogelijk weer in zijn hoofd te steken. Een oude dame deed het voor hem, maar raakte daarna helemaal in de war door wat ze had gedaan. Weer aangesloten zoemde de pomp alsof er niets was gebeurd.

'Ik voelde me slap,' herinnerde Peter zich, 'maar ik denk dat het meer de schrik was dan iets anders. De ruk aan mijn hoofd was wel pijnlijk, daar heb ik dagen last van gehad.'

Hij besteedde het eerste jaar om zijn fysieke conditie zo goed mogelijk te verbeteren en een tweede jaar om een zinvol doel te vinden en zijn 'extra leven' de moeite waard te maken. Deze tweede kans zou meer dan tien procent van zijn totale levensduur uitmaken. Het was van vitaal belang voor hem een doel voor zijn bestaan te vinden, en meer te betekenen dan simpelweg een bezienswaardigheid zijn. Daarom heeft hij onvermoeibaar fondsen geworven en aandacht gevestigd op onze inspanningen, in de hoop dat ook anderen dezelfde kans zouden kunnen krijgen. Al snel maakte hij volwaardig deel uit van ons team en begeleidde andere potentiële kunsthartpatiënten en hun families.

Peter was zeker niet een volgzame patiënt. Hij had last van neusbloeden en verminderde zijn antistollingsmedicatie om dat tegen te gaan. En dan was er de prijs die hij moest betalen voor zijn respijt: hij moest om de acht uur zijn batterijen omwisselen en de set gebruikte weer opladen en hij moest zijn apparatuur overal en altijd mee naartoe nemen, als een kwestie van routine. Soms vergat hij de batterijen om te wisselen voor een volledig opgeladen set voordat hij van huis ging. Toen hij een keer bij de tandarts was voor een nieuwe vulling, ging tijdens de behandeling het 'batterij bijna leeg'-alarm af, en de tandarts moest hem met spoed naar huis rijden.

Hij was een productief auteur en publiceerde zijn eigen boek, *Death, Dying and Not Dying*. Het feit dat zijn liefdadigheidswerk hem in staat stelde bij te dragen aan pompimplantaten voor andere patiënten gaf hem veel voldoening. Ook genoot hij van de camaraderie onder zijn nieuwe bionische collega's, van wie de meesten hun actieve, en soms avontuurlijke, levens weer opnamen.

In zijn achterhoofd bleef hij hopen dat zijn eigen hart voldoende zou herstellen om zijn hardware te kunnen verwijderen. Hoewel dit tot op zekere hoogte gebeurde, gaven we niet toe aan de verleiding. Dat was een goede keuze want zijn hart ging weer achteruit, en de laatste drie jaar van zijn leven was hij volledig afhankelijk van zijn kunsthart. Ironisch genoeg werd hem een harttransplantatie aangeboden, maar hij weigerde resoluut om dat zelfs maar te bespreken.

In zijn zesde en zevende extra levensjaar kreeg hij verouderingsproblemen, waarvan hij niet meer had verwacht dat hij er ooit nog mee te maken zou krijgen. Hij kreeg reumatoïde artritis in de handen, wat hem hinderde bij het schrijven, en zijn prostaat werd zo groot dat er een operatie nodig was. We hebben dit voor hem in Oxford geregeld, omdat geen enkel ander ziekenhuis een patiënt in zijn omstandigheden wilde opereren. Zoals Peter het verwoordde: 'Ik vraag me af of er een dag zal komen waarop de moeite om een zinvol leven te leiden zwaarder weegt dan het wonderbaarlijke ervan.'

Tijdens zijn laatste reis naar de Verenigde Staten in augustus 2007 gaf Peter een onthullend interview aan *The Washington Post*. Hij erkende dat zijn kunsthart een paar religieuze crises teweeg had gebracht, waardoor hij zich vragen ging stellen in verband met zijn katholieke geloof. Over de vraag naar een leven na de dood schreef hij: 'Wie weet hier iets van? Dit zijn slechts priesters. Ze houden er niet van om hierover kritische vragen te krijgen.' Hij maakte episodes van depressie mee en kreeg voor achttien maanden antidepressiva voorgeschreven, maar hij nam ze nooit. Hij verklaarde: 'Verschillende keren dacht ik dat het beter zou zijn als ik er niet was. Laat iedereen maar doorgaan met zijn leven. Ik had het gevoel er liever een einde aan te willen maken. Maar het kiezen van een methode bracht me op andere gedachten. Ik was te laf om mezelf te doden.' Hij sprak met een psychiater over zelfmoordgedachten:

> Hij was niet zo ongerust, het is een perfect rationele reactie op een moeilijke reeks van omstandigheden. Hij was er niet verbaasd over. Hij adviseerde me om te proberen na te denken over wat ik aan het doen was zonder te proberen me ervan af te houden. Hij daagde me uit – weet je wel zeker dat je het meent? Ik meende het wel, maar niet krachtig genoeg om mijn angst voor de werkelijke daad te overwinnen.

Mijn innemende cyborg zwierf rond in niemandsland. Zevenenhalf jaar na de implantatie waren we ver gekomen in onbekend gebied. Voorheen had niemand meer dan vier jaar met een kunsthart overleefd. Peter zei: 'De procedure brengt je in een positie die niemand ooit heeft meegemaakt – wat leven op een batterij met je doet als persoon. Je bent een levende uitvinding die probeert ermee om te gaan – probeert om te gaan met de emotionele context ervan. Je wordt onverschillig.' Hij gaf toe dat hij een zorgeloze houding ten opzichte van geld had gekregen: 'Het kan me niet schelen of ik te veel uitgeef met mijn creditcards. Als je toch niet veel tijd meer hebt, waarom zou je je dan niet iets leuks gunnen. Je denkt gewoon: wat kan het me verdommen, als ik iets wil, dan koop ik het.'

Veel van het liefdadigheidsgeld dat Peter bijeenbracht, werd uitgegeven aan het bijwonen van internationale conferenties. Daar was hij dan een gevierd iemand, een drijvende kracht achter de nieuwe technologie. Toch was de laatste alinea in het interview in *The Washington Post* onthullend:

> Dingen worden normaal. Je ziet jezelf niet meer als vreemd of buiten de norm. Te worden gered van een wisse dood en dan te veranderen in een boegbeeld voor leven als cyborg is, ondanks

ingrijpende psychologische veranderingen, een hele ervaring geweest. Een rollercoaster. Beter dan dood zijn, denk ik – drie van de vijf dagen.

Op dat moment had Peter een baan bij Birmingham Settlement om mensen te helpen die dakloos waren of in armoede leefden. Tegelijkertijd was hij bezig met de oprichting van een spiritueel retraiteoord in de bergen van Wales, had een liefdadigheidstrektocht van honderdvijftig kilometer ondernomen, en rondgetrokken in de Zwitserse Alpen en het Amerikaanse Westen. Onze 'levende dode' heeft bijna acht jaar zijn operatie overleefd. Als gevolg hiervan hebben de Verenigde Staten en verschillende Europese landen deze geminiaturiseerde roterende bloedpompen aangenomen als een alternatief voor harttransplantaties. Veel patiënten gingen weer aan het werk. Zestien jaar later, met al onze opgebouwde expertise in het begeleiden van pomppatiënten, bevinden we ons op de juiste koers om vergelijkbare overlevingsperiodes te behalen tussen mechanische harten en harttransplantaties.

Peter stierf enkele weken na het artikel in *The Washington Post*. Ik was toen in Japan en probeerde steunharten te introduceren in een cultuur die transplantatie onacceptabel vindt. Zijn dood had niets te maken met pomp- of hartfalen. Hij kreeg simpelweg een enorme neusbloeding, waardoor zijn enige, zieke nier faalde. Men had hem gemakkelijk kunnen dialyseren – we hadden hem meteen na zijn eerste operatie een week lang gedialyseerd – maar het plaatselijke ziekenhuis weigerde in te grijpen. Zonder deze behandeling hadden de hoge niveaus van kalium en zuur in zijn bloed tot gevolg dat zijn eigen hart ging fibrilleren en de pomp werd uitgeschakeld. Als ik toen in het Verenigd Koninkrijk was geweest, hadden we zijn zorg overgenomen en hem behandeld. Ik beschouw dit als een volkomen onnodige dood.

We vroegen Peters vrouw Diane toestemming om een autopsie te verrichten, zodat we de langetermijneffecten van bloedcirculatie zonder polsslag konden onderzoeken. De pomp zelf verkeerde in ongerepte staat, er waren geen bloedstolsels en er was slechts minimale slijtage aan de kogellagers. We hebben hem teruggegeven aan Rob Jarvik in New York, waar hij nog jarenlang is doorgegaan met pompen, in een testopstelling. Peters eigen linkerventrikel was enorm vergroot gebleven, en onveranderd nutteloos. De enige vondst in verband met de pomp was de verdunning van de spierlaag in de wand van zijn aorta. Omdat hij weinig of geen polsslag had, had zijn aorta niet die spierdikte nodig die anderen nodig hebben, een perfect voorbeeld van hoe de natuur zich aanpast aan de omstandigheden.

Peter liet een belangrijke erfenis na. Zijn ervaring bevestigde het enorme potentieel van mechanische bloedpompen om een goede kwaliteit van leven te bieden aan duizenden patiënten met ernstig hartfalen die niet in aanmerking komen voor een transplantatie. Er zijn weinig of geen ethische bezwaren, hoe goed je ook je best doet om ze te vinden. De realiteit is dat de patiënten voor wie deze behandeling bedoeld is, nog maar korte, ellendige levens in het vooruitzicht hebben.

Peter heeft duidelijk aangetoond dat extra tijd van leven geen gewoon leven is. Er moet een prijs worden betaald en er ligt een tweede dood in het verschiet. Maar hij was de eerste bij wie het ware potentieel van bloedpomptechnologie zichtbaar werd, en ik was blij om een rol te hebben gespeeld in iets wat de meeste mensen voor onmogelijk hielden. Peter was een werkelijk bijzonder mens.

11
ANNA'S VERHAAL

Lichaam en geest, net als man en vrouw, zijn het niet altijd eens om samen te sterven.

– Charles C. Colton

Het is mijn werk om anderen te helpen in de meest kwetsbare fase van hun leven, nadat ze hebben ontdekt dat ze een ernstig hartprobleem hebben. Als ze mij ontmoeten is het voor iedereen duidelijk dat ze kunnen sterven, en sommigen verwachten ook dat ze zullen overlijden. Een dame was er zo zeker van dat ze het liet gebeuren na een volkomen ongecompliceerde operatie. Onderschat nooit de menselijke geest. Het is een machtig iets.

Eén ding is zeker. Voor patiënt en familie is elk professioneel contact emotioneel beladen. Nooit was dit meer het geval dan bij Anna. Ze had een moeilijke start in het leven gehad. Haar moeder stierf toen ze net elf maanden oud was, maar ze had het geluk dat er twee andere sterke karakters in haar leven waren. Haar vader David bracht haar groot in een rustig dorpje in Oxfordshire, dicht bij de kerk – en dat niet alleen geografisch – en later heeft haar man Des haar door dik en dun gesteund.

Zeven maanden nadat Anna was geboren, kreeg haar moeder een massieve beroerte. Het gebeurde volkomen onverwachts toen ze midden dertig was. Waarom het op zo'n jonge leeftijd kon gebeuren is nooit opgehelderd. Het was voor het laatst dat ze contact had met haar babydochter. Toen David werd verteld dat zijn vrouw op sterven lag, ging hij meteen naar huis om de luiers te wassen.

Toch heeft Anna herinneringen aan een gelukkige jeugd, aan vakanties in Yorkshire en op Guernsey, wandelingen op zondagmiddag, picknicks en uitstapjes. David leerde haar de natuur en het buitenleven kennen, en ze ontdekte haar voorliefde voor vogels en planten. Op school werkte ze hard, maar religieuze en sociale activiteiten in het dorp waren veel aantrekkelijker dan boeken. Boven alles hield ze van kleine kinderen en babysitten. In de kerk was zij het die nieuwe baby's vasthield en die ook de klokken luidde – een oude familietraditie.

Net als mijn eigen moeder ging Anna van school en werd bankbediende. Ze begon vroeg in de ochtend en werkte vaak tot laat door. Alles wat ze deed, deed ze met hart en ziel. Zoals haar vader het zei: 'Anna's innerlijke kracht en doorzettingsvermogen dankt ze waarschijnlijk aan mijn invloed, en daar ben ik trots op.'

Anna ontmoette haar man Des toen hij met zijn hond door het dorp liep. Ze werden verliefd, trouwden in juli 1994 en kochten een huis. Ze was vijfentwintig en ze was gelukkig, zowel thuis als bij de bank.

Toen, heel plots, zo'n week of zeven na hun bruiloft, begon ze zich moe te voelen, en soms was ze volkomen uitgeput. Ze dacht dat het kwam door de lange dagen op haar werk. Daarna kwamen er onverklaarbare aanvallen van plotse ernstige ademnood, die toegeschreven werden aan paniekaanvallen. Ook verscheen er als uit het niets een zere rode plek op haar teen. Er vormde zich een blaar en de plek raakte ontstoken. Hoewel antibiotica de ontsteking genazen, vroeg ze zich af wat die blaar zou kunnen hebben veroorzaakt, want die bleef zitten. Wat ze toen niet wist was dat dit de klassieke symptomen waren van een zeldzaam en levensbedreigend ziekteverschijnsel, hetzelfde als dat waar haar moeder aan was overleden. Maar niemand nam de moeite om het uit te zoeken, en het leven ging verder.

Om negen uur 's ochtends op 29 augustus 1994 lag Anna in bed met geweldige hoofdpijn. Het was geen kater want ze dronk niet. Des was beneden de krant aan het lezen en ze herinnert zich dat *Skippy the Bush Kangaroo* op de televisie was. De kamer begon plotseling rond te draaien en ze voelde dat ze haar grip op de realiteit kwijtraakte en naar een vreemde, onbekende plek in haar hoofd ging. Ze kon nog net Des beneden toeschreeuwen om de dokter te bellen voordat alles zwart werd. Anna kon Des horen telefoneren en de angst in zijn stem maakte haar bang. Ze voelde dat ze een ambulance nodig had. Haar hersenen wisten wat ze wilde zeggen, maar haar stem en mond wilden niet meewerken. Het was alsof haar hersenen zich losgemaakt hadden van haar lichaam, dat nu levenloos was en niet reageerde. Het was een verschrikkelijke ervaring voor haar.

Anna werd direct met spoed naar het John Radcliffe Hospital in Oxford gebracht, waar ze bij aankomst bewusteloos en verlamd bleek. De paramedici reden haar direct naar de reanimatieafdeling. *Luchtwegen, ademhaling, bloedsomloop*, de geheugensteun om levens te redden, het medisch abc. Iedere arts, verpleegkundige en paramedicus moet dit leren. De artsen brachten een buis in haar luchtpijp in om verstikken te vermijden, en begonnen haar vervolgens te beademen met de beademingsmachine. Haar pols was stabiel en krachtig, haar bloeddruk hoog – hoge bloeddruk die op hersenletsel wijst. Dus het aspect bloedsomloop was oké. Of toch niet? Heeft iemand naar haar hart geluisterd, of de blaar op haar teen opgemerkt? Werd er rekening gehouden met de dood van haar moeder? Om fair te zijn, er was nog geen tijd geweest om de familiegeschiedenis na te gaan. Als eerste ging het om het redden van Anna's leven, de oorzaak van de catastrofe bepalen was voor later.

Een diagnose is als een puzzel. Je moet eerst de stukken zien te vinden, en ze dan in elkaar zien te passen. Alleen dan wordt het volledige plaatje zichtbaar. Het was duidelijk dat Anna een plotse catastrofale hersenbeschadiging had opgelopen. Bij jonge mensen wordt dit meestal veroorzaakt door een hersenbloeding als gevolg van een aangeboren zwak bloedvat dat is gescheurd.

Maar er is een tweede mogelijkheid, een incident dat bekendstaat als een paradoxale embolie. Een embolus is een stukje vreemd materiaal dat in de bloedbaan drijft; gebroken botten kunnen vetbolletjes uit het beenmerg lozen en bloedstolsels kunnen loskomen van een diep-veneuze trombose in de benen en zich dan naar de longen verplaatsen. Wanneer er lucht in de bloedsomloop komt via een infuusnaald, kan dat bloedvaten blokkeren die naar de hersenen leiden of een verstopping in het hart veroorzaken. Er is sprake van een paradoxale embolie wanneer een bloedstolsel uit de aderen van de benen of het bekken loslaat, maar in plaats van naar de longen te drijven, een opening in het hart passeert en in de hersenen terechtkomt, wat een plotse en soms fatale beroerte kan veroorzaken. Anna had een hersenscan nodig met het vooruitzicht op een urgente hersenoperatie. Er was echter een positief teken. Haar oogpupillen hadden een normale grootte en reageerden op licht. Ze was niet hersendood.

De hersenscan werd uitgevoerd met geïnjecteerde kleurstof om de slagaders in de hersenen te laten zien. Dat onthult hun prachtige architectuur, zoals de takken van een eikenboom – maar een levensboom met een afgezaagde tak, want een bloedvat was vroegtijdig uitgeschakeld, hoewel er geen bloeding was. Het was een embolus die zich in een levensbelangrijke slagader naar de hersenstam had genesteld en de bloedtoevoer afsneed naar dat vitale zenuwcentrum.

Een cruciale hoeveelheid witte stof was al dood of beschadigd, met inbegrip van de zenuwen naar de armen en benen, de zenuwen die het spreken beheersen, en ook de zenuwen die verantwoordelijk zijn voor de automatische reflexen van het lichaam. Ze leek diep bewusteloos, en was waarschijnlijk blind.

Maar hoe was het mogelijk dat Anna in staat was om te horen en te denken toen het leek alsof ze helemaal weg was? Dat lijkt op iets regelrecht uit een horrorfilm, zoals het levend begraven worden in een kist met een raampje – het gevreesde locked-in-syndroom, met volledige verlamming van alle spieren die aan de wil gehoorzamen, in alle delen van het lichaam, uitgezonderd de spieren die de oogbeweging controleren. En dan nog zijn alleen verticale oogbewegingen en knipperen mogelijk. Niettemin is er geen schade aan het denkend brein, de hersenschors of grijze stof – en de patiënt blijft alert en volledig bij bewustzijn, nog steeds in staat om te denken, maar stom en onbeweeglijk. Het is het scenario van een nachtmerrie.

Anna verloor nooit het bewustzijn. Haar stembanden waren niet verlamd, maar haar vermogen om ademhaling met spreken te coördineren was weg. Terwijl ze voor de buitenwereld diep in coma leek, bleven vanuit Anna's perspectief haar gehoor- en gedachteprocessen gewoon normaal functioneren. Het is begrijpelijk dat dit nieuwe, gevangen leven verschrikkelijk voor haar was. Ze kon uit haar ogen kijken – maar de mensen om haar heen waren vreemden – en ze kon een steeds terugkerende pieptoon horen, afkomstig van de monitor. Omdat haar zenuwstelsel alle controle kwijt was, voelde ze zich koud van binnen, hoewel ze met warme dekens toegedekt was. Het was alsof haar lijf bevroren en vastgeklonken was.

Ze herinnerde zich een in het groen geklede man met een olijfkleurige huid die probeerde een buisje in de ader op de bovenkant van haar hand in te brengen. Hij leek maar wat te proberen en het deed pijn. Ze kon geen spier verroeren en geen geluid maken, maar van binnen schreeuwde ze het uit. Hij sprak niet tegen haar en het was alsof ze zich in volledig gescheiden werelden bevonden. Anna vroeg zich af of ze dood was en of men met haar aan het experimenteren was. Waar waren God en de Hemel nu?

En waar kwam die embolus vandaan? Wanneer hij uit de beenaderen kwam, moest er een gat in het hart zijn om hem van de rechterkant van haar hart naar de linkerkant te laten passeren. Veel gezonde mensen hebben een klein gaatje tussen hun rechter- en linkeratrium, een overblijfsel van de foetale bloedsomloop in de baarmoeder. Het is er om bloed van de rechterkant van het hart naar de linkerkant door te laten, voordat de longen zich ontplooien bij de geboorte. Anna had een echocardiogram nodig. Eigenlijk zouden alle patiënten met een beroerte er een moeten krijgen, niet in het minst om vergelijkbare gebeurtenissen in de toekomst te kunnen voorkomen door dat verbindingsgaatje dicht te maken.

Anna's scan vertelde het hele verhaal en bracht haar eigen toestand in verband met het vroegtijdige overlijden van haar moeder. Er was een enorme tumor te zien, die haar linkeratrium vulde. Hoewel hij er fragiel uitzag, als een delicaat stukje zeewier, werd hij bij elke contractie van de atria in de mitralisklep geduwd, waardoor de werking van het linkerdeel van haar hart sterk werd verstoord. Dit was de verklaring voor haar kortademigheid en vermoeidheid.

Haar teenontsteking was ook het gevolg van een embolus, een klein stukje van de fragiele tumor dat was afgebroken toen het in de hartklep werd geduwd. Het volgende fragment ging naar het noorden in plaats van naar het zuiden, en ging direct door de halsslagader naar de arteria basilaris in het midden van de hersenstam – een catastrofale route naar zelfvernietiging die een gps-toestel niet accurater had kunnen aangeven.

Ik had veel harttumoren geopereerd, hoewel ze niet vaak voorkomen. Anna had een myxoma cordis, die nog het meest voorkomt en die goedaardig is. Vaak zijn ze fragiel, zoals bij haar, waardoor er stukjes afbreken. Vaak veroorzaken ze een beroerte als eerste symptoom en daarom worden ze direct na hun ontdekking geopereerd. Gelukkig komen de meeste myxoma's nooit terug na verwijdering.

De cardiologen werden opgeroepen om haar te zien. Dokter Forfar wilde dat ik de tumor met spoed zou verwijderen. Ik was geraakt toen ik Anna's verhaal had gehoord en haar verlamd in bed zag liggen. Haar ogen waren open, met een blanco blik – geen beweging, geen reactie. Ironisch genoeg, toen ik een stethoscoop tegen haar borst hield, kon ik het ruisen van haar geobstrueerde mitralisklep goed horen, en ook de 'plop' waarmee het myxoma in de opening werd geduwd. Had er niemand eerder naar haar hart geluisterd? In dat stadium wisten we niet echt wat haar neurologische prognose kon zijn. Gewoonlijk opereren we patiënten liever niet na een recente beroerte, omdat de antistollingsmedicatie die nodig is voor de hart-longmachine nieuwe bloedingen in de hersenen kan veroorzaken. Maar zoals gezegd was er een heel groot risico dat losse fragmenten van haar tumor nieuwe, fatale embolieën konden veroorzaken.

De beslissing lag bij Des en David, Anna's echtgenoot en haar vader. Wilden ze dat ik het zou doen, zelfs als de prognose slecht was? Dit was erg moeilijk voor hen. Ze waren in shock, en David had zijn vrouw al verloren en nu verkeerde zijn dierbare dochter in dezelfde situatie. Ze wilden allebei Anna een kans geven. Wat ik ervan dacht, vroegen ze. Naar mijn gevoel was er helemaal niets te verliezen door te opereren. Toen ze voor opereren kozen, kreeg ik haar diezelfde middag nog in de operatiekamer.

Anna had een klein, krachtig hart dat flink klopte en er aan de buitenkant helemaal normaal uitzag. Aan de binnenkant echter was het een landmijn die op scherp stond, klaar om te ontploffen. Het was belangrijk om de tumor niet aan te raken en de delicate franjes ervan niet te verstoren voordat hun ontsnappingsroute geblokkeerd zou zijn door een klem op de aorta.

Eerst gingen we over op de hart-longmachine om de bloedsomloop gaande te houden en het hart te legen. Vervolgens plaatste ik de klem om de bloedstroom naar de kransslagaders stop te zetten, en zette het hart helemaal stil met cardioplegische vloeistof. Toen het kleine hart er slap en koud bij lag, opende ik het rechteratrium. Hartchirurgie is simpel, of zou het moeten zijn.

Het myxoma zat vast aan de andere kant van de scheidingswand tussen rechter- en linkeratrium, het interatriale septum of boezemtussenschot. De veiligste manier om erbij te komen was om het tussenschot weg te snijden en de basis van het myxoma te lokaliseren. Er is vaak een korte steel tussen het tussenschot zelf en de tumormassa die in het bloed drijft. Doel van de operatie is het hele ding te verwijderen zodat het niet terug kan groeien. Dit kan het best worden gedaan in twee stappen: snij de steel door en haal het fragiele deel er voorzichtig uit zonder dat er stukjes afbreken en snij vervolgens de hele basis eruit. Dat is precies wat we hebben gedaan. Ik heb de tumor trots in een container met formaldehyde-conserveermiddel laten glijden, een cadeau voor de patholoog om te controleren of er geen kwaadaardigheid was. Ik heb patiënten geopereerd bij wie het goedaardige myxoma teruggroeide en kwaadaardig werd. Dat is uitzonderlijk, maar het kan gebeuren.

De tumor was weg, Anna's hart kwam moeiteloos los van de hart-longmachine, en we maakten haar borstkas weer dicht. Nu was ze zwaargewond maar veilig voor verdere schade. De operatie zelf was niet de grootste uitdaging geweest. De grote vraag nu was of Anna als tetraplegiepatiënt in staat zou zijn om te herstellen van de operatie. Ze kon niet reageren op instructies en we hadden geen idee of ze zelfstandig kon ademen en of ze zou kunnen hoesten. Plat en bewegingloos liggen is een recept voor borstinfecties en longembolie als gevolg van trombose in de benen.

We zouden hard moeten werken om Anna hierdoorheen te krijgen, en net als voor ons was het ook de taak van de fysiotherapeuten en haar vrienden en familie. Ze werden aangemoedigd om tegen haar te praten en haar muziek te laten horen, hoewel ze geen enkel teken gaf ook maar iets te merken van wat dan ook. Wanneer Des koptelefoons op haar hoofd zette om haar muziek van het lokale radiostation te laten horen, kwam er geen enkele reactie.

Merkwaardig genoeg wás Anna zich bewust van alles rondom

haar. Nadat de narcose was uitgewerkt, kon ze weer zien en horen, maar ze kon zich nog steeds niet bewegen. Het ergste van alles was dat ze pijn leed maar dat niet kon laten weten. Voor iedere waarnemer in de wereld buiten haar was het alsof ze diep in coma bleef.

Op een avond toen Anna lag te zweten, verwisselde een nieuwe verpleegkundige haar lakens. Als gebaar van vriendelijkheid streelde ze Anna's hoofd en zei: 'Het spijt me dat ik niet meer voor je kan doen.' Anna raakte in paniek van binnen, denkend dat dit blijk van medelijden betekende dat ze aan het sterven was. Bij een andere gelegenheid zei een minder sympathievolle verpleegkundige: 'Ze lijkt wel dood!'

Op een dag verwisselden twee verpleegkundigen het onderlaken van haar bed. Ze rolden haar daarbij op haar ene zij en vervolgens op de andere, waardoor Anna's knieschijf herhaaldelijk uit de kom schoot, maar niemand had dat in de gaten behalve zijzelf. Het uit de kom schieten was ontzettend pijnlijk voor haar, maar er was geen enkele manier waarop ze dat iemand duidelijk kon maken. Uiteindelijk zag een oplettende arts-assistent de vreemde asymmetrie van haar knie en duwde de knieschijf weer op z'n plaats. Nee, geen verdoving.

Des en vader David bezochten haar elke avond na hun werk, in de hoop tekenen van verbetering te zien. Ik kwam elke dag langs haar bed op de intensive care, wanneer ik van mijn kantoor naar de operatiekamer ging. Mijn gedachte was dat ze ernstig, onherstelbaar hersenletsel had. Maar ik ben geen hersenspecialist.

Anna's oom bezocht haar op maandagavond 5 september. Zoals alle bezoekers zat hij daar en probeerde met haar te praten. De tape die haar oogleden dichthield om te voorkomen dat het oppervlak van haar ogen zou uitdrogen was verwijderd. Opeens opende Anna haar ogen en haar oom sprong opgewonden overeind en riep: 'Ze is wakker, ze is wakker, Anna is wakker!' Er was meer. Ze kon een vinger die omhoog en omlaag bewoog met haar ogen volgen. Dit was de eerste aanwijzing van bewustzijn sinds haar beroerte een week daarvoor.

Des en David, die een groot deel van de dag in het ziekenhuis hadden doorgebracht, waren net weggegaan. Toen ze het nieuws hoorden, haastten ze zich terug, maar Anna was in slaap gevallen. Wetend dat Anna niet hersendood was, was het redelijk om te proberen haar zelfstandig te laten ademen. In de volgende vierentwintig uur slaagden we erin de beademingsbuis uit haar keel te verwijderen, wat een geweldige opluchting betekende voor Anna, en waardoor fysiotherapie en het verschonen van haar bed gemakkelijker werden.

Een paar dagen later bleef Anna het grootste deel van de dag wakker, ze ademde goed en haar pols en bloeddruk waren stabiel. Zoals gewoonlijk was er een tekort aan bedden op de intensive care en tegen de wensen van de familie in en ondanks mijn eigen ernstige reserves werd ze overgebracht naar een eenpersoonskamer op een gewone ziekenafdeling. Daar kreeg ze minder vaak ademtherapie, waardoor ze al snel longontsteking kreeg, die behandeld moest worden met een combinatie van antibiotica. Ze lag nog steeds plat en was niet in staat om te hoesten. Haar toestand werd levensbedreigend, met hevige koortsaanvallen, overvloedig zweten met gevaar van uitdroging, en met periodes van sterk, onbeheersbaar beven, waardoor haar leven ondraaglijk werd.

De longontsteking begon te verergeren in plaats van te verbeteren. Toen zag Des per toeval de letters 'DNR' schuin over de bruine kaft van haar medisch dossier staan: *Do Not Resuscitate*, Niet Reanimeren. Dat stond er – zonder toestemming van de familie – omdat men verwachtte dat de kwaliteit van haar leven onaanvaardbaar slecht zou zijn. Het was voor iedereen een duidelijk signaal dat de medische staf haar had opgegeven.

Dit betekende meer in het bijzonder dat Anna niet aan de beademing zou worden gelegd wanneer haar longinfectie zou escaleren. David zei hierover: 'Ik denk dat ze dat op haar dossier hebben gezet toen ze van de intensivecare-afdeling werd verhuisd. Ik ben niet zeker over de ethiek maar ik had wel het gevoel dat ze dat met ons hadden moeten bespreken.' Het spreekt verdomme vanzelf dat ze dat hadden moeten doen. Dierenartsen laten geen huisdieren sterven zonder dat met de eigenaars te bespreken, en het zou redelijk zijn geweest – om het zacht uit te drukken – om het aan haar familie mee te delen. Angstaanjagend dat dit niet gebeurde.

Nu Anna een kamer op de verpleegafdeling had, viel ze onder mijn verantwoordelijkheid en niet meer onder die van de intensivecare-artsen. Ik heb een casusbespreking georganiseerd met mijn eigen assistent-chirurgen, de verpleegkundigen van de afdeling en de fysiotherapeuten, en heb Des en David meegebracht voor een eerlijke, open discussie. We waren nu zover gekomen met Anna dat ze bij bewustzijn was. Hoewel de vooruitzichten op neurologische verbetering beperkt waren, wilde de familie dat ze zo veel mogelijk kansen zou krijgen.

Wat voor zin had dat 'Niet Reanimeren' eigenlijk? Het myxoma was verwijderd en ze had nu een normaal jong hart dat echt niet stil zou vallen. Niemand zou ooit op haar borstkas hoeven bonken of haar met een defibrillator bewerken. Wat ze nodig had was een tijdlang fysiotherapie en antibiotica, tezamen met liefdevolle zorg, waardoor ze zich weer mens zou gaan voelen. Het was volledig verkeerd om haar slechts te zien als een hinderlijk voorwerp in een bed waarvoor meer inspanning nodig was dan normaal. Mijn peptalk bereikte zijn doel, en het team zette eensgezind de schouders eronder en genas Anna van haar longontsteking.

Langzaamaan bleef Anna langere periodes alert en al snel kon ze in een stoel worden geplaatst. Haar ademhaling verbeterde en ze leerde communiceren door met haar ogen te knipperen, waarbij ze op vragen met ja of nee kon reageren. Goedbedoelende verpleegkundigen hadden voor anderen een systeem uitgewerkt om met haar te communiceren, waarbij Anna met één of twee ogen zou knipperen, en het bijbehorende instructieblad op een kastje vastgeplakt, maar onnadenkend genoeg te ver weg voor haar om het te kunnen lezen. Niemand had eraan gedacht dat ze haar bril op moest hebben. Mettertijd herkreeg ze enigszins het vermogen om de bewegingen van haar hoofd te beheersen, en vervolgens leerde ze een speciaal ontworpen 'spreekbord' gebruiken om te communiceren met bezoekers. Het was een traag systeem, maar zo kreeg haar intact gebleven intelligentie weer de mogelijkheid om zich te uiten. Gaandeweg begon ze ons haar eigen verhaal te vertellen, de dingen die ze zich herinnerde van de andere kant van de muur.

Ik herinner me dat ik midden in de nacht wakker werd. Ik denk tenminste dat het nacht was; het was erg donker. De hele tijd was er dat continue gebliep en wat eruitzag als het oplichten van een heleboel televisies. Nu weet ik dat het de hartmonitoren van de intensive care waren. Ik had de sensatie alsof mijn nek in een kom lag. Iemand goot heerlijk warm water over mijn haar en masseerde mijn hele hoofdhuid. Wie het ook was, ze waren mijn haar aan het wassen! Het was een fantastisch gevoel.

Toen ze klaar waren, werd de kom weggehaald en ik probeerde mijn hoofd overeind te houden. Ik wilde zien waar ik was. Mijn nek leek al zijn kracht kwijt te zijn en het voelde alsof de achterkant van mijn hoofd vol beton zat. Ik kon niet praten en kan me helemaal niet herinneren of ik kon huilen. Ik was bang. Er was een vierkant van gordijnrails boven me, en een geverfd plafond. Niet in staat om mijn hoofd te bewegen of op te tillen, lag ik gewoon plat op mijn rug recht omhoog te kijken. Geen teken van leven in mijn blikveld, maar veel stemmen. Een van de stemmen herkende ik. Een vrouw. Mijn directe baas bij de bank. Ik was bezorgd dat ze gekomen was om me te controleren. Om te zien waarom ik niet op mijn werk was. Iemand had het over een begrafenis de volgende week. Ik dacht dat het over mij ging. Mijn oom realiseerde zich dat en heeft me gerustgesteld. Mijn brein werkte prima. Waar was mijn lichaam?

Vaak kwamen veel mensen in witte jassen om het bed staan. Ze spraken altijd over mij, niet tegen mij. Dingen waar ik nog nooit eerder van had gehoord. Daarna gingen ze weer gewoon weg. Ik wilde ze dingen vragen. Waar was ik? Waarom was ik hier? Hoe haalden ze het in hun hoofd om te praten alsof ik er helemaal niet bij was? Ik was verontwaardigd maar ik kon dat niet overbrengen. Heel wat van de verwarring en verschrikkelijke gedachten die in me opkwamen, hadden voorkomen kunnen worden als mensen met me hadden gepraat. Niemand heeft uitgelegd wat er met me was gebeurd.

Op een dag kwam een specialist in opleiding van het Rivermead Rehabilitation Centre die Imad heette, haar bezoeken. Hij was vriendelijk en voerde een echt gesprek met Anna. Hij vroeg haar of ze de maagsonde door haar neus niet liever vervangen zou zien door eentje direct naar haar maag.

'Ik haatte die buis in mijn neus,' herinnerde Anna zich. 'Ik heb mijn ogen wijd geopend en geglimlacht om "Ja" te beduiden. Dat was de eerste keer dat ik me kan herinneren dat iemand mij probeerde te betrekken bij mijn eigen verzorging.'

Imad kwam bij Anna langs om haar te beoordelen voor een revalidatieprogramma zodra ze fit genoeg zou zijn om het ziekenhuis te verlaten. Dat zou pas drie maanden later worden, omdat ze veel sterker moest zijn en moest kunnen slikken voordat ze kon vertrekken. Ze ging traag maar gestaag vooruit. Ze kreeg nog een paar longinfecties, waarvoor ze met antibiotica werd behandeld. In elk geval hadden ze de 'Niet Reanimeren'-vermelding van de voorzijde van haar dossier verwijderd. Anna was volop in leven, en wilde dat blijven. Eind januari was ze sterk genoeg om haar hoofd te bewegen en met de ogen te knipperen, en ze was fit genoeg om te verhuizen. Hoewel al haar ledematen verlamd bleven, was het zonder beademing kunnen ademen een grote zegen.

Het duurde al met al bijna drie jaar voordat Anna, tijdens de paasdagen van 1997, terug kon keren naar haar (aangepaste) woning, en met Des haar leven opnieuw kon gaan opbouwen. Ze bleef lichamelijk afhankelijk maar geestelijk alert. Op weekdagen ging Des vroeg naar zijn werk, en dan kwamen er twee hulpverleners. Ze haalden Anna uit bed, en dan bleef een van hen de hele ochtend bij haar. Rond lunchtijd kwam er een andere verzorger, die tot ongeveer zeven uur 's avonds bleef. Dan kwamen er twee andere om haar naar bed te brengen. Een vaste routine. Ze ging naar buiten, naar de supermarkt en het plaatselijke park, in een speciale elektrische rolstoel die ze met hoofdbewegingen kon besturen. Ze vond het heerlijk om als een normaal persoon te worden behandeld, en dat mensen met haar kwamen praten.

Met een voorgeprogrammeerde trukendoos op haar rolstoel kon Anna de voordeur openen en sluiten, de gordijnen dichttrekken en de televisie bedienen. De doos was geprogrammeerd om te werken met infraroodsignalen. Een hoofdbeweging tegen een hefboom aan de linkerkant van haar hoofd zette een cursor in werking die een lijst opdrachten langsliep. Wanneer de gewenste opdracht was bereikt, selecteerde ze die met een nieuwe hoofdbeweging tegen de hendel.

Anna had ook een computerkamer, met uitzicht op de tuin. Daarin registreerde een ontvangsttoestel haar hoofdbewegingen via een witte reflecterende stip die aan haar bril was bevestigd. Hiermee kon ze een muis over het computerscherm bewegen, en met speciaal ontworpen software kon ze e-mails schrijven en zo contact houden met haar vrienden. Net als met voorspellende tekstinvoer op mobiele telefoons, raadde haar computer voortdurend wat ze wilde schrijven.

Afgezien van het verlies van haar mobiliteit beweerde Anna dat er voor haar weinig veranderd was sinds haar beroerte. Als gelovige vrouw accepteerde ze haar situatie en maakte er het beste van. Het plaatselijke radiostation zette een actie op touw om een aangepaste bestelwagen te kopen waarin plaats was voor haar rolstoel. Haar vader doopte de blauwe Vauxhall Combo 'Annamobile', afgeleid van 'Popemobile' (pausmobiel). En de grootste zorg in haar leven? Dat ze een ander myxoma zou kunnen krijgen die ik niet uit haar hart zou kunnen verwijderen. Ze was tevreden binnen in haar eigen lichaam, en wilde niet dat haar leven verkort zou worden door een nieuwe beroerte.

Dokter Forfar controleerde haar om de zes maanden met een echocardiogram. Het eerste myxoma was radicaal weggesneden en het was onwaarschijnlijk dat het terug zou keren. Ik was me er echter van bewust dat er erfelijke familiale myxoma's zijn, en ik was ervan overtuigd dat Anna's moeder aan zo'n myxoma overleden was. Patiënten met het familiale myxoma-gen kunnen op andere plaatsen nieuwe tumoren ontwikkelen. Ik kon niets anders doen dan hopen dat dit niet zou gebeuren.

Maar in augustus 1998 kreeg ik een oproep van dokter Forfar, die Anna en Des bij hem op zijn kantoor had. Er was verpletterend nieuws van haar laatste scan: het myxoma was teruggekomen. Hij vertelde me dat Anna erg bang was en vroeg me wanneer ik haar kon opereren.

Ik verzekerde hem dat als hij die middag voor haar een bed kon regelen op cardiologie, ik haar de volgende dag kon opereren. Het betrof een re-operatie, dus we zouden bloed nodig hebben. Re-operaties zijn altijd ingewikkelder, en in dit geval zou het vlies rond het hart gehavend zijn door ontstoken verklevingen als nasleep van de eerste operatie. Zoals ik jaren eerder in het Royal Brompton Hospital had geleerd, kan het hart vastzitten aan de achterkant van het borstbeen. Maar ik had inmiddels honderden re-operaties gedaan sinds dat eerste debacle en het zou geen probleem zijn.

Anna zat als versteend in haar rolstoel toen ik haar op de afdeling opzocht. Des was terneergeslagen en haar vader David zou straks arriveren. We zouden elkaar de volgende ochtend in de operatiekamer ontmoeten, en ik zei dat alles goed zou gaan maar dat ik nu weg moest om mijn operatielijst te wijzigen. In werkelijkheid dreigde ik meegezogen te worden in het emotionele zwarte gat, en ik moest daaraan ontsnappen.

Des kwam met haar mee naar de narcosekamer. Hij bleef om haar rustig te houden totdat ze in slaap was. De eerste keer dat ik Anna zag, was ze al verlamd, maar toen had ze nog gespierde armen en benen. Nu ze drie jaar later weer op de operatietafel lag, zag ik dat door haar immobiliteit haar spieren bijna verdwenen waren. Ik luisterde met een stethoscoop voordat ik haar borstkas beschilderde. Ik was ervan overtuigd dat ik deze tumor kon horen. Zoals ik al had gedacht was de oorsprong van het myxoma nu op een andere plek in het linkeratrium, in wat het linkerhartoor wordt genoemd. Er was geen steel – de tumor had gewoon een brede basis, die ik eruit sneed, en daarna naaide ik de atriumwand weer dicht.

Ik controleerde zorgvuldig de rest van het hart om er zeker van te zijn dat er geen andere tumoren in holtes en plooien verscholen zaten. Niets. We kwamen moeiteloos los van de hart-longmachine, maakten Anna weer dicht en brachten haar terug naar de intensive care. We wisten deze keer dat ze wakker zou worden en haar communicatiemiddelen lagen klaar. De fysiotherapeuten waren standby. Nu ging alles veel gemakkelijker, na de ervaringen van de eerste keer. Opnieuw kwamen familieleden en vrienden haar bijstaan. Ik hoopte voor haar dat dit de laatste keer was dat ik haar zag.

Dat was het niet. Bij de derde keer was Anna tweeëndertig, en er waren zeven jaar verstreken sinds de eerste operatie. In april 2001 liet haar controlescan een nieuw, reusachtig myxoma zien in het linkeratrium, opnieuw op een andere plek, nu vlak boven de mitralisklep. Deze tumor was steviger en plopte heen en weer door de klepopening. Een levensgevaarlijke situatie. Grote myxoma's kunnen de klep volledig blokkeren en een plotselinge dood veroorzaken. Opnieuw werden Anna en haar familie gegrepen door angst toen ze het echocardiogram op het scherm zagen.

Ik liet haar meteen opnemen in het ziekenhuis en de volgende dag ging ze naar de operatiekamer. Het voor de derde maal doorzagen van het borstbeen is altijd een precaire zaak. Opnieuw ging ik het hart in via het rechteratrium en opende de restanten van het tussenschot. De tumor lag direct voor me, en groeide uit een plek vlak bij de mitralisklep en deels ook uit het tussenschot. Ik begon met hem uit het linkeratrium te tillen met een gewone keukenlepel, een handig instrument voor weefsel dat de consistentie van gelei heeft. Ik had nooit gezien of gehoord dat een patiënt meer dan drie harttumoroperaties had moeten ondergaan, en straks zou er niet voldoende plaats meer zijn op haar kleine hart voor de canules van de hart-longmachine.

Anna leefde weer op. Haar veerkrachtige geest en de steun van Des en David waren buitengewoon. Ze kreeg de onvermijdelijke longinfectie, maar de fysiotherapeuten kregen haar erdoorheen. We waren zorgvuldig wat betreft pijnbestrijding en gebruikten dezelfde communicatiesystemen als voorheen. Dat was in die tijd het voordeel van langdurig met hetzelfde verpleegteam werken.

Ze bleef drie weken in het ziekenhuis voordat ze naar huis ging. We kwamen erachter dat ze depressief was, maar hoe zou dat ook anders kunnen na een massieve beroerte en verschillende hartoperaties, en het besef dat dit de oorzaak van haar moeders voortijdige dood moet zijn geweest en, het ergste van alles, de niet-aflatende vrees dat de tumor weer terug zou komen. Hij was al twee keer op verschillende plekken teruggekomen, dus zou het opnieuw kunnen gebeuren, en was een vierde operatie eigenlijk wel uitvoerbaar? Kon dat nog veilig worden gedaan? Wij hoopten allemaal dat het niet meer nodig zou zijn.

Des kon het niet meer opbrengen om de follow-up-controles bij te wonen. De stress van daar te zitten en de echobeelden op het scherm te zien was gewoon te veel. In plaats daarvan ging hij bidden in de kerk. Het was pijnlijk om te zien hoe mager Anna was, maar haar echobeelden waren daardoor glashelder, en bij elke follow-up lag ze daar, hopend om lege hartkamers te zien, lege atria, die bij elke operatie kleiner waren geworden.

In augustus 2002, amper zestien maanden na de laatste operatie, was er opnieuw een akelige verrassing. Dokter Forfar vroeg me het monster te komen bekijken – de grootste tumor tot nu toe. Ik kon niet geloven dat er in een paar maanden een nieuw myxoma van deze afmetingen kon zijn gegroeid. Ik zei niets, maar ik vroeg me af of deze kwaadaardig zou kunnen zijn. Ik had eerder zoiets meegemaakt bij een jonge vrouwelijke operatiepatiënt. Het eerste myxoma was goedaardig, maar de tweede keer was het een uiterst kwaadaardig myxosarcoom. Dit wilden we niet voor Anna. Ik liet haar weer opnemen in het ziekenhuis voor een vierde spoedoperatie.

Voor het verkrijgen van schriftelijke toestemming voor een operatie zijn we verplicht om uit te leggen wat de risico's zijn. Niemand zou kunnen beweren dat het risico van overlijden gedurende een vierde hartoperatie minder zou zijn dan twintig procent. Ook was er een significant risico op een nieuwe beroerte, omdat er een reële kans was dat stukjes van het myxoma zouden afbreken en in de hersenen terecht zouden komen. Wanneer we echter niet zouden opereren zou de tumor snel verder groeien en het hart blokkeren. En hoe groter het werd, hoe groter ook het gevaar van embolie. We moesten kiezen tussen twee kwaden, opereren of niet opereren. Ik dacht dat we beter konden opereren, met alle bezwaren van dien. Anna en haar familie konden in die strijd op goddelijke hulp rekenen. Niet opereren betekende stellig de ondergang.

Op de dag van Anna's operatie hield de kerk een gebedsdienst voor haar. Net zoals de eerdere keren brachten Des en David haar naar de operatiekamer. Ik bleef in de koffiekamer van de operatieafdeling. Het was voor hen een zware emotionele ervaring, net zoals wanneer ouders een klein kind naar de anesthesiekamer brengen en het daar bij vreemden moeten achterlaten. Des betwijfelde of ze er deze keer doorheen zou komen.

Dit was tot nu toe het grootste en agressiefste myxoma, dat het linkeratrium praktisch volledig opvulde. Ik voerde een radicale excisie uit en onderwierp vervolgens de gehavende holte aan een lang en grondig onderzoek. Was er iets wat ik kon doen om nieuwe tumorgroei radicaal onmogelijk te maken? Ik besloot met elektrocauterisatie alle cellen van de binnenbekleding te doden, de gehele laag cellen die genetisch geprogrammeerd waren om Anna's leven te beëindigen. Ik brandde zoveel celweefsel kapot als ik maar kon. Rook steeg op als bij een brandend stoppelveld. Ik had gekozen voor deze verschroeide-aardetactiek omdat ik gewoonweg niet wilde dat Anna aan deze doem ten onder zou gaan.

Toen we de bekledende laag cellen vernietigd hadden, had ik onverwachts enorm geluk. Ik had de mitralisklep opengeduwd om het linkerventrikel te bekijken en zag daar een babymyxoma op een van de spiertjes van de mitralisklep. Het was nog te klein om zelfs met de beste echo gezien te worden, maar hij was voorbestemd om groot te worden als we hem hadden gemist. De boosdoener werd weggesneden en ging de pot in, met de rest. Alles moest naar de patholoog voor analyse.

Het hart bleef er goed uitzien en het hartritme was normaal. Het afschroeien van de binnenkant van het linkeratrium had geen nadelige gevolgen gehad. Ik heb verder toegekeken van achter de steriele doeken hoe de operatie werd afgerond door mijn team – het was een eersteklas team en ik hoefde niets meer te doen.

Toen het borstbeen met draad was toegenaaid belde ik Des op; ik wilde de gespannen familie zo snel mogelijk geruststellen. Er was heel weinig bloeding geweest, dus de hele operatie was sneller verlopen dan verwacht, en ik vermoedde dat Des nog in de kerk zou zijn. Toen ik hem sprak, vertelde ik hem dat de strijd voorbij was. Opnieuw was Anna veilig, tenminste, als ze in staat zou zijn om weer op te leven en het trauma van dit alles kon verwerken.

Ik maakte me zorgen dat ze de moed zou verliezen wanneer ze zich zou fixeren op de mogelijkheid van terugkeer van de tumor. Anna had een overdosis nodig van positief denken, een stevige morele oppepper om haar door de komende weken te krijgen en haar te helpen om de pijn, de angst en de onzekerheid te overwinnen. Daarom vroeg ik Des om God met hem mee te nemen naar het ziekenhuis.

Anna herstelde langzaam, deze keer zonder ernstige longinfectie. Iedereen zette er de schouders onder om haar er nog eens weer bovenop te krijgen, de medische staf, de verpleegkundigen, fysiotherapeuten, de ziekenhuisgeestelijken, en vooral haar eigen vrienden en familieleden – stuk voor stuk met een gigantische dosis positief denken. Anna was inmiddels een vertrouwde persoon in het ziekenhuis en in de gemeenschap, en iedereen wilde dat ze beter zou worden.

Opnieuw ging ze terug naar huis, met de onvermijdelijke poliklinische afspraken en de zo gevreesde echocardiogrammen. Er gingen maanden voorbij zonder enig incident, vervolgens jaren. Twee jaar in elk geval.

Toen kwam die grijze, natte novembermiddag, de dag voor Guy Fawkes Night in 2004. Anna kwam voor de routineafspraak met haar cardioloog. Haar vader was meegekomen en had haar op de bank geholpen voor de echo. Ze kreeg gel op haar benige, kleine borstkas om het contact met de zender, de zogeheten transducer, te verbeteren en bij hen allebei stegen de adrenalinespiegels door de spanning. Enkele seconden later kwam dat bekende paniekgevoel toen ze weer een nieuwe klomp zagen in het linkeratrium, als een drijvende goudvis in een jampot. Mijn verschroeide-aardetactiek was niet afdoend geweest.

Dit was te veel voor Anna, te veel voor David, en ook voor Des. Het was makkelijk om hun standpunt te begrijpen: hoeveel kon een mens verdragen, waarom liet God dit gebeuren? En, meer praktisch, hoe nu verder? Deze laatste vraag vergde zorgvuldige overweging. Hoeveel hart kon er verwijderd worden bij deze jonge vrouw? De situatie was te emotioneel om snel te besluiten, daarom gingen Anna en haar vader weer naar huis, totaal ontredderd. Ook dokter Forfar moest erover nadenken en zou het met mij bespreken, maar hij gaf het gezin de kerstperiode om tot rust te komen. Natuurlijk kwamen ze niet tot rust. Gemoedsrust was onmogelijk omdat Anna wist dat dit een doodvonnis was.

Begin februari kwam ze terug met David, en ook Des kwam deze keer mee. Er was geen onzekerheid meer voor Des, alleen de discussie over wat er nog kon worden gedaan. Een nieuw echocardiogram maakte hen diep ongelukkig. Anna's vier vorige myxoma's waren telkens snel gegroeid, hoewel ze goedaardig waren. Deze nieuwe had een doorsnede van twee centimeter en stak al gevaarlijk ver in de mitralisklep, waardoor een nieuwe beroerte waarschijnlijk werd.

Dokter Forfar belde me met het slechte nieuws. Wat dacht ik? Zou Anna in aanmerking komen voor een harttransplantatie? Helaas niet. Bij een harttransplantatie blijft er een heel stuk van het linker- en rechteratrium achter, en daar worden de donoratria aan vastgenaaid. Dat zou bij haar geen bescherming bieden tegen nieuwe tumorgroei. Bij een hart- en longtransplantatie zou het volledige hart verwijderd worden, maar niemand zou dat overwegen omdat beide longen na de vorige operaties verkleefd waren met de binnenkant van de borstholte. Ik zei dat ik bereid was opnieuw te opereren, maar we moesten het er met z'n allen over eens zijn dat dit de laatste keer zou zijn. We voelden allebei dat we Anna niet zomaar aan haar lot konden overlaten.

Toen we het hun vroegen was de familie het ermee eens dat Anna liever tijdens de operatie zou sterven dan aan haar lot te worden overgelaten. Wanneer de operatie zou slagen, zouden er geen verdere echocardiogrammen meer komen. Toegegeven, dit was een kop-in-het-zandstrategie, maar het had geen zin om iedereen zich weer ellendig te laten voelen.

Anna werd op Valentijnsdag opgenomen, op de dag af elf jaar na haar verloving met Des. Deze vijfde operatie was voorspelbaar moeilijk en gevaarlijk. Met veel geduld en voorzichtigheid hebben we haar borstkas weer geopend en we hebben net genoeg van het hart weggesneden om in het rechteratrium te kunnen komen. Toen ik dat eenmaal veilig voor elkaar had gekregen, heb ik even een pauze genomen. Dat is verstandig bij complexe operaties en een noodzaak voor chirurgen met een verouderende blaas. Nu begon de tweede ronde.

Ik opende het rechteratrium om bij het linker te kunnen komen, en dat wilde ik rechtstreeks via de lap van de derde operatie proberen. Waar de onderste holle ader, komend van de buik, het rechteratrium binnenkomt bevond zich een volledig onverwacht myxoma, net zo groot als die waarnaar we op zoek waren in het linkeratrium. We hebben hem verwijderd, maar het is juister om te zeggen dat het er bijna vanzelf uit viel. Daarna haalden we het myxoma in het linkeratrium weg. Opdracht volbracht, wat een tevreden gevoel gaf. We hebben het hart weer gesloten, alle lucht verwijderd en het bloed verwarmd. Onaangedaan door dit vijfde offensief kon het bestookte kleine hart probleemloos worden losgekoppeld van de hart-longmachine. Opnieuw twee myxoma's voor de prijs van één. We hebben de borstkas dichtgemaakt, om die nooit meer opnieuw te openen. Voor mij een opluchting, voor Anna's familie berusting.

Aanvankelijk verliep de postoperatieve periode normaal. Anna werd twee dagen lang beademd, daarna werd de beademingsbuis weggehaald en kreeg ze veel fysiotherapie. Iedereen was blij dat ze het had overleefd. Toen gaf men haar soep te eten zonder deskundig toezicht. Door haar beschadigde hersenstam was slikken altijd al een probleem geweest. Ze inhaleerde de hete vloeistof en verslikte zich. Er volgde een lange periode aan de beademing met een longinfectie waarvoor verschillende antibioticakuren en ook een tracheotomie nodig waren. Maar uiteindelijk kwam ze erdoorheen en was ze er niet slechter aan toe dan voorheen. Anna en Des keerden terug naar huis met het voornemen om te leren gaan met de onzekerheid, hun depressies te overwinnen en het beste te maken van hun levens.

De tijd verstreek en we hebben haar niet teruggezien in het ziekenhuis. Rivermead was zeer ondersteunend en bleef haar volgen. Bovenal werd ze goed ondersteund door de kerk en de gemeenschap. Van tijd tot tijd vroeg ik dokter Forfar of hij iets van haar had gehoord, maar na een tijdje verloren we haar allebei uit het oog en hoorden niets van haar totdat ik ontdekte dat een buurman haar goed kende van de kerk. Toen kreeg ik regelmatig nieuws. Anna was gelukkig. Des was gelukkig, hij steunde Anna door dik en dun. Af en toe kreeg ik een kaart.

In 2015, meer dan tien jaar na haar vijfde en laatste operatie, parkeerde de Annamobile voor mijn huis. Ze zat achterin, in haar rolstoel, stralend gezond. Des kwam naar de deur met een taart. Met hulp van haar verzorgers had Anna die voor mij gebakken om de eenentwintigste huwelijksdag van haar en Des te vieren.

Wat was er met de myxoma's gebeurd? De genetische storm was gaan liggen en de strijd was gewonnen. Ik vermoed met goddelijke hulp. Het deed me denken aan een vers van de zeventiende-eeuwse dichter George Herbert uit 'The Flower': 'Wie zou hebben gedacht dat mijn verschrompeld hart weer groen zou kunnen worden?'

Ik hoop dat ze allebei lang en gelukkig zullen leven.

12
MENEER CLARKE

Voordat je de waarheid vertelt aan een patiënt: wees er zeker van dat je de waarheid kent en dat de patiënt die wil horen.

– Richard Clarke Cabot

18 maart 2008. Ik wandelde terug naar mijn kantoor na het eerste geval van de dag, een baby met een gat in het hart – mooi resultaat en gelukkige ouders –, toen ik een vrouw zag huilen aan het andere einde van de gang. Ze was elegant gekleed, en twee jonge kinderen hielden zich vast aan haar jas. Het ging mij niets aan, maar na veertig jaar in de chirurgie was ik nog steeds niet immuun voor andermans verdriet. Ik werd geraakt door dat tafereeltje van wanhoop.

Iedereen liep aan ze voorbij, op een doelgerichte manier, druk met hun ziekenhuisbesognes, die weinig te maken hadden met menselijkheid of gewone omgangsvormen maar meer met deadlines, cijfers of wachtlijsten. Ik was op weg naar mijn kantoor om een stapel papierwerk af te werken, maar ik kon niet zomaar doorlopen. Hoewel ik vond dat ik er in mijn bezwete operatiekleding niet bepaald goed en fris uitzag, ben ik naar haar toe gegaan.

De arme dame ging zo op in haar verdriet dat ze me niet had opgemerkt, of anders had ze me voor een brancardier gehouden die op de lift wachtte. Rustig vroeg ik haar of er iets was wat ik kon doen. Ze had even tijd nodig om haar kalmte te herwinnen en vertelde me toen dat haar man op de afdeling hartkatheterisatie lag. Hij lag daar te sterven en men had haar verteld dat er niets meer voor hem kon worden gedaan. Nu had ze iemand nodig om op haar kinderen te passen, zodat ze naar hem terug kon gaan en bij hem kon zitten zodat hij niet alleen zou liggen dood te gaan.

Ik drong erop aan dat ze meer zou vertellen. Haar man, meneer Clarke, was achtenveertig. Eerder in de ochtend, en volledig onverwacht, had hij een zware hartaanval gehad. Hij was per ambulance naar het plaatselijke algemene ziekenhuis gebracht, waar hij een hartstilstand kreeg, gereanimeerd werd, en aan de beademing werd geplaatst. Nadat daar een myocardinfarct – een hartinfarct – was gediagnosticeerd, had de cardioloog een ballonpomp in zijn aorta ingebracht en hem doorverwezen naar Oxford, op meer dan een uur afstand, voor dringende angioplastiek.

Het doel van angioplastiek, ook dotteren genoemd, is het openen van de geblokkeerde kransslagader om te voorkomen dat de hartspier door zuurstofgebrek zou afsterven – het 'infarct' in 'myocardinfarct'. De cardioloog brengt een ballonkatheter in via de aorta tot aan de geblokkeerde kransslagader, en dan wordt de ballon opgeblazen om het kleine bloedvat weer open te krijgen. Om het bloedvat open te houden wordt een kleine metalen stent ingebracht. In de meeste gevallen herstelt dit de bloedtoevoer naar het bedreigde deel van de hartspier. Maar nu het kritieke deel van het verhaal. Als angioplastiek binnen veertig minuten na het begin van de pijn op de borst wordt toegepast, zal zestig tot zeventig procent van de bedreigde hartspier gered worden. Als het meer dan drie uur later gebeurt, zal slechts tien procent ervan behouden blijven.

Meneer Clarke was van het kastje naar de muur gestuurd, en zijn behandeling had veel meer tijd gekost dan redelijkerwijs nodig was. Het behandelingsprotocol adviseert het gebruik van antistollingsmiddelen in geval van vertraging. Antistollingsmiddelen kunnen het bloedstolsel dat de vernauwde kransslagader blokkeert laten oplossen, en mogelijk de bloedstroom weer herstellen. Het is niet zo effectief als angioplastiek, maar beter dan niets.

Oxford heeft een fantastische dienst voor spoedeisende angioplastie, waar men vierentwintig uur per dag terechtkan. Toen meneer Clarke uiteindelijk daar in het katheterisatie-lab was, kreeg hij de beste behandeling. Zijn geblokkeerde kransslagader werd geopend, maar het linkerventrikel bleek zwaar beschadigd tijdens de vertraging. Er zat nu geen beweging meer in en de bloedcirculatie was zeer slecht. Een normaal hart pompt vijf liter bloed per minuut, maar zijn hart minder dan twee. Met een lage bloeddruk van ongeveer 70 mm Hg, de helft van wat normaal is, begon zich melkzuur in zijn bloed op te hopen. Hij had het stadium bereikt dat we cardiogene shock noemen en hij ging snel achteruit. Wanneer er geen wonder gebeurde was hij verloren en zouden zijn kinderen geen vader meer hebben.

Ik wilde dat niet laten gebeuren en zei mevrouw Clarke dat ik zou zien of er iets was wat ik zou kunnen doen om te helpen. Misschien zouden we nog één ding kunnen proberen. Men had mij weer een nieuw mechanisch steunhart opgestuurd uit Amerika om uit te testen – we hadden namelijk in de voorbije tijd heel wat gepresteerd op dit gebied. Het was tijd om het nieuwe apparaat eens te proberen!

Ik sprak met mevrouw Clarke af dat zij de kinderen mee zou nemen naar de kantine om te proberen hun gedachten van alle ellende af te leiden, en dat ik hen daar zou opzoeken. Ik moest meneer Clarke zo spoedig mogelijk in de operatiekamer zien te krijgen, en ik moest het operatierooster voor die dag wijzigen. Eerst zouden we hem aan de hart-longmachine aansluiten om zijn levensbedreigende slechte stofwisselingstoestand te verbeteren, en dan zouden we zijn stervende hart onder handen nemen.

Voordat ik op weg ging naar de hartkatheterisatieafdeling ging ik langs mijn Portakabin-kantoormodule. Mijn nieuwe secretaresse Sue was bezig mieren op de vensterbank dood te maken terwijl ze op me wachtte om aan mijn papierwerk te beginnen. Gelukkig had ik weer een nieuw excuus om dat niet te hoeven doen. Ik vroeg haar om de anesthesiekamer van Operatiekamer 5 te bellen en hen op de hoogte te stellen van mijn nieuwe plan.

'Welk nieuwe plan?'

Sue had het volste recht dit te vragen, want ze wist niets van meneer Clarke, maar ik had geen tijd om het uit te leggen. Of ze alstublieft ook de perfusionisten wilde waarschuwen dat ik de nieuwe CentriMag-pomp zou gaan gebruiken.

Ik wilde het angiogram van de kransslagaders zien, zodat ik wist waar we mee te maken hadden en of het hart een kans op herstel had. Dat kostte me niet meer dan twee minuten. Een zijtak van de linkerkransslagader – de ramus interventricularis anterior – was volledig geblokkeerd geweest, maar werd nu weer wijd open gehouden door een metalen stent, waardoor het bloedvat niet opnieuw dicht kon raken. De bloedcirculatie door de hartspier was niet meer zo vief als zou moeten, en de echo liet zien dat een substantieel deel van het linkerventrikel feitelijk niet bewoog en helemaal niet contraheerde, ondanks de geopende kransslagader.

De kernvraag was of het spierweefsel al dood was – myocardinfarct – of dat het leed aan wat we 'myocardiale verdoving' noemen, een toestand die ernstig is, maar niet hopeloos. 'Verdoofd' spierweefsel blijft in leven, maar heeft dagen of weken nodig om te herstellen. We zouden dat te weten komen als ik hem in leven zou kunnen houden.

Er was geen mogelijkheid om dit alles aan meneer Clarke uit te leggen, want hij ging heel snel achteruit. Hij lag plat op de brancard met een beademingsbuis in zijn keel, en toen ik hem probeerde te vertellen wie ik was, bleek duidelijk dat zijn geestesvermogens faalden, en dat hij bijna bewusteloos was. Zijn nieren waren gestopt met urine produceren, zijn longen vulden zich met vocht en hij was ijskoud, dodelijk bleek maar wel aan het zweten. Er zat schuim in zijn mondhoek, dat door blauwe lippen borrelde, en zijn ogen rolden. Dit is hoe patiënten aan een hartaanval sterven. Zo had ik mijn grootvader verloren. Er was geen tijd om brancardiers te laten komen en dus vroeg ik de verpleegkundigen om naar de lift te gaan. Breng hem gewoon naar de operatiekamer voordat zijn hart het helemaal begeeft. Ik zou me later om het toestemmingsformulier bekommeren – of hij nu bleef leven of dood zou gaan, het was zeker dat hij geen klacht tegen me zou indienen.

Ze zeggen dat alles in het leven draait om goede planning. In het geval van meneer Clarke was er geen sprake van goede planning. Zoiets kon je gewoon niet plannen: mijn toevallige ontmoeting met de verdrietige dame op de gang. Een lege operatiekamer. En de nieuwe CentriMag-pomp. Het was vergelijkbaar met Julies buitenkans met de AB-180. Ze hadden gewoon geluk.

De pomp heette niet voor niets een CentriMag. Het mechaniek

dat het bloed voortstuwt – de zogeheten *impeller* – draait, hangend in een magnetisch veld, rond als een centrifuge, met maximaal 5000 toeren per minuut. Centri is kort voor 'centrifugaal' en Mag voor 'magnetische ophanging'. De CentriMag kan tot tien liter bloed per minuut pompen, veel meer dan nodig. Een beperkt pompvermogen was vanaf het begin het zwakke punt van kunstharten, maar nu wordt de technologie snel beter.

Meneer Clarkes stofwisseling was een ramp en hij was te ziek om naar de anesthesiekamer te gaan, en werd daarom meteen op de operatietafel gelegd. Hem in deze toestand een algemene narcose geven kon acute hartstilstand veroorzaken – in plaats daarvan werden de monitorkabels en infuuscanules onder plaatselijke verdoving aangebracht. Om hem in leven te houden, moest ik hem snel aan de hart-longmachine krijgen, en dan moest zijn bloed gefilterd worden voordat we over zouden stappen naar het CentriMag-systeem.

Het doorzagen van het borstbeen ging zonder bloedverlies. Lijken bloeden niet. Het beschadigde hart beefde en gaf de geest, maar zoals altijd veranderde alles door de hart-longmachine. Het worstelende hart leegde zich en ik had nu goed zicht op de stijve spier die het zonder bloed en zuurstof had moeten doen. Het was duidelijk dat hij niet dood was; ik kon zelfs de kroonvormige stent in de kransslagader voelen en zien, als een rat in de slokdarm van een slang, en er stroomde bloed doorheen naar de opgezwollen spier. Het ventrikel was buiten dienst maar niet kapot.

Wat meneer Clarke overkwam was een gewone doorsnee 'dood door hartaanval'. Elke dag overkomt dit honderden patiënten van de National Health Service. Ik was vastbesloten om aan te tonen dat in elk geval hij nog steeds kon worden gered, met de juiste technologie. Ter wille van die ene familie.

Met het CentriMag-systeem wordt de bloedsomloop vanuit het linkeratrium met plastic slangen omgeleid naar een uitwendige turbinepomp, en nog andere slangen leiden het bloed terug naar de borstkas, de aorta in, daar waar die uit het hart treedt. Een bedieningspaneel zo groot als een ouderwetse schrijfmachine regelt de pompsnelheid. Met deze eenvoudige opstelling kregen meneer

Clarkes hersenen en lichaam een royale bloedtoevoer, terwijl zijn moeizaam worstelende linkerventrikel werd gepasseerd zodat het kon uitrusten.

Door de klemmen op de buizen los te maken, lieten we de CentriMag vollopen met bloed, waardoor alle lucht eruit werd gedreven. Zoals altijd moet het gehele systeem vrij zijn van lucht. Het was een obsessie voor ons – dat simpele versje, 'lucht in het hoofd, van leven beroofd', kon niet vaak genoeg worden herhaald. Nu was het tijd om de CentriMag aan te zetten. We stemden de afname van de bloedstroom door de hart-longmachine af met de toename van die door het pompsysteem van het steunhart, totdat dit apparaat het soepel en probleemloos helemaal overnam. Magie.

Ik keek naar de klok. Het was bijna drie uur geleden dat ik de verdrietige familie naar de kantine had gestuurd. Shit. Ze zouden zich daar nu zitten af te vragen of hij leefde, en waarschijnlijk denken dat hij dood zou zijn. Ik maakte me zorgen om hen, maar er was nu niets wat ik daaraan kon doen. Goed nieuws zou straks alles weer goedmaken.

Voor één keer rondde ik zelf de operatie af en ik maakte de borstkas dicht, waarbij ik de slangen die hem in leven hielden veiligstelde. Toen ik klaar was, staken er twee pacemakerdraden en vier plastic slangen onder zijn ribben naar buiten. Twee daarvan waren gewone drains om bloed af te voeren.

Ik ging op zoek naar mevrouw Clarke. Inmiddels waren er familieleden gekomen die de kinderen uit het ziekenhuis hadden meegenomen. Ik wilde haar zelf bij zijn bed brengen. Toen we daar samen aankwamen, moet het voor haar een beetje de indruk hebben gewekt in een ruimteschip terecht te zijn gekomen: alle muren vol met technologie, de machine om hem te beademen en zijn bloedcirculatie ondersteund door de CentriMag. Wat er nog aan ruimte rond het bed overbleef, was bezet door monitoren en drainflessen. Midden tussen dit alles lag het gebroken lichaam van haar man, eerder iets om naar te kijken dan om mee te communiceren.

Haar eerste reactie was paniek – hem zo zien was een emotionele schok – en ik dacht even dat haar benen het zouden begeven. We hebben snel ingegrepen en haar naast haar man laten zitten.

Instinctief greep ze onmiddellijk zijn hand vast. Hij reageerde niet, maar in elk geval was hij nu warm en roze, en niet meer koud en klam zoals ze hem eerder had gezien, met die typische grijsblauwe kleur van mensen die aan een hartaanval overlijden. De verpleegkundigen waren aardig. Ze kalmeerden mevrouw Clarke en toen ze rustig werd, begonnen ze haar uitleg te geven over alle apparaten. Ze hadden er alle vertrouwen in dat ze de apparatuur konden beheren en de aanwijzingen voor hen waren simpel: niets veranderen. We zijn aan het overwinnen.

Een week later zag meneer Clarkes onbeschadigde hartspier er veel beter uit, dus ik besloot de optimistische keuze te maken de CentriMag weer te verwijderen. We gingen terug naar de operatiekamer, waar we de pompsnelheid langzaam verminderden en met echografie de prestaties van zijn hart konden volgen. Het linkerventrikel trok goed samen, zijn hartslag was normaal en zijn bloeddruk voldoende. Er was maar weinig overgebleven van de beschadigingen door de catastrofe van een week geleden. Dit is verdomme fantastisch, dacht ik.

We haalden de pomp weg, spoelden zijn borstkas schoon, plaatsten nieuwe drains en maakten zijn borstkas definitief dicht. Zijn toestand bleef perfect stabiel. Vierentwintig uur later werd hij wakker en werd de beademingsbuis weggehaald. Hij was er weer, alsof hij na een week uit de doden was opgestaan. Toen ik eindelijk met hem sprak, herinnerde hij zich niets van wat er was gebeurd. Hij had ook geen uittredingservaringen of flashbacks meegemaakt. Ook had hij geen idee wie ik was of enig besef in welk ziekenhuis hij zich bevond.

Ik wilde erbij zijn wanneer zijn kinderen hem terug zouden zien – niet vlakbij maar ergens in een hoek van de kamer. Ik wilde gewoon toekijken hoe ze binnen zouden komen om hun vader te zien. Het was zeker het wachten waard. Verrassend genoeg kon meneer Clarke slechts een week later al naar huis. Even opvallend was het feit dat drie maanden later, bij het follow-up-onderzoek, zijn hart volkomen normaal leek. Alle 'verdoofde' en worstelende hartspieren hadden zich hersteld. Het was een schoolvoorbeeld voor een net-op-tijdoperatie.

Voor mij markeerde het geval-Clarke een keerpunt. Zoveel patiënten bleven na een hartaanval doodgaan, zelfs wanneer met snelle angioplastiek het geblokkeerde bloedvat open was gekregen. We hadden aangetoond dat ten minste sommige van deze sterfgevallen hadden kunnen worden voorkomen met eenvoudige, goedkope technologie. En dat nu voor de zoveelste keer.

Spalk een gebroken bot en het zal genezen. Geef een gewond hart rust en het is niet onmogelijk dat het zal herstellen. Het gebeurt niet altijd, maar wat mij betreft moeten patiënten die kans krijgen. Wat ook meespeelt is dat de verpleegkundigen op de intensive care erg goed konden omgaan met het CentriMag-systeem. Het is heel gemakkelijk: draai de snelheid hoger of lager. We hadden controle over de gehele bloedsomloop van de patiënt door simpelweg aan een knop te draaien. Het is veel eenvoudiger dan autorijden.

Nu het venijn in de staart. Zes maanden nadat meneer Clarke zijn hartaanval had gekregen, overkwam zijn jongere broer, slechts zesenveertig, hetzelfde. Ik was weg naar een congres. De tweede meneer Clarke werd eerst naar zijn plaatselijke ziekenhuis gebracht, waar men hem meteen naar Oxford doorstuurde. Tegen die tijd was hij al in shock. Zijn gezin kreeg hetzelfde te horen als dat van zijn broer: er is niets meer aan te doen. Ze vonden de weg naar mijn kantoor, wanhopig hulp zoekend, maar ik was er niet en dus was er geen hulp. Geen chirurg, geen steunhart. Zijn vrouw verloor haar man, zijn kinderen verloren hun vader.

De eerste meneer Clarke moest de zorg voor hen op zich nemen. Toen ik hoorde wat er gebeurd was, werd ik ontzettend verdrietig, en tegelijkertijd was ik opgelucht dat ik die familie niet hoefde te ontmoeten. Met de leeftijd was mijn objectiviteit aan het verdwijnen en begon de empathie de overhand te krijgen. Ik leed voor mijn beroep.

13
ADRENALINERUSH

We zijn slechts pachters. Straks zegt de Grote Landeigenaar ons de pacht op.

– Grafschrift op de steen van Joseph Jefferson, Sandwich, Cape Cod

Geallieerde jachtvliegers die in de Slag om Engeland vochten leefden op adrenaline, het hormoon dat de bijnier afscheidt als reactie op stress. Het ene moment lagen ze te relaxen in ligstoelen in de zon, het volgende ogenblik moesten ze naar hun vliegtuigen rennen en opstijgen, op zoek naar het gevecht in de lucht, met het risico van een plotse dood.

Medische studenten leren dat adrenaline het 'vecht of vlucht'-hormoon is; 'vlucht' in de betekenis van 'wegvluchten' en niet van het vliegen met een Spitfire. Mij overkomt het ook weleens dat ik me, net als die jachtvliegers, halsoverkop naar het ziekenhuis moet haasten, wanneer elke minuut telt en wanneer zelfs seconden tellen. Er komt een oproep dat er een patiënt met een diepe open borstwond per helikopter of ambulance naar de eerstehulpafdeling wordt gebracht. De wond ligt vlak bij het hart, de bloeddruk is laag en er is zo snel mogelijk een hartchirurg nodig. Haast je!

Soms bepalen simpele en frustrerende dingen het verschil tussen leven en dood: de verkeerslichten, een politieauto die voor je rijdt, geen plek meer op het parkeerterrein van het ziekenhuis. Ik kan met mijn auto geen snelheid maken zoals een ambulance en ik heb geen blauw zwaailicht op het dak. Wanneer ik zo hard rijd als ik kan, kom ik in de problemen. Toen ik me als specialist in opleiding van het ene Londense ziekenhuis naar het andere moest haasten, werd ik zo vaak aan de kant gezet dat de politie me een aanbod deed.

'Wanneer u zich met spoed moet verplaatsen, bel het alarmnummer. Leg het uit aan de meldkamer en we escorteren u naar uw bestemming.' Ze hebben dit verschillende keren gedaan, maar tegenwoordig gebeurt dat niet meer. Nu zetten ze me aan de kant en word ik vervolgens woest. Ik vraag ze het ongeval te checken bij de ambulancedienst en me dan naar het ziekenhuis te escorteren. Zo'n confrontatie pompt de adrenaline nog meer op, dus als ik aankom ben ik helemaal op scherp om in actie te komen en het mes erin te zetten.

Mijn mobiel gaat om elf uur 's avonds, nummer 'onbekend'. 'Onbekend' is altijd het ziekenhuis. De telefonist zegt: 'Ik verbind u door met de afdeling ongevallen', en ik ben een en al oor. Hoe pissig ik ook ben dat ik 's avonds laat wordt gestoord, ik luister aandachtig. Een dokter zegt dat er een ambulance op weg is vanuit het Stoke Mandeville Hospital. De patiënt heeft een hogesnelheidsschotwond in de linkerborst en is in shock. De artsen van het Stoke Mandeville Hospital hadden een infuus ingebracht en gezegd: 'Breng hem meteen naar Oxford.'

Ik vroeg de dokter, die van de luchtmacht bleek te zijn, hoe hij wist dat het hogesnelheid betrof. Omdat het een jachtgeweer was. Was er een uitschotwond? Nee. Dit had belangrijke implicaties voor de inwendige schade. Ik had ervaring met schotwonden. Ik had een tijd in het Washington Hospital Trauma Center gewerkt en ook in het Baragwanath Hospital in Soweto, Johannesburg, en ik heb het hoofdstuk 'Ballistische verwondingen aan de borstkas' geschreven voor het Brits militair handboek voor spoedeisende geneeskunde. Ik opereerde graag penetrerende borstwonden omdat ze zo onvoorspelbaar zijn; elke wond is weer anders en altijd vormen ze een uitdaging.

'Oké, ik kom eraan. Kunt u mijn assistent-chirurg opbellen? Vraag hem om het operatieteam te waarschuwen.'

Ik reed in die tijd nog in een krachtige Jaguar, en de wegen waren donker en leeg. Ik kon flink gas geven, waarbij ik wel oplette of er geen herten en vossen op de weg liepen. Mijn gedachten waren bij de spaarzame informatie die ik had gekregen. Hoe had het in hemelsnaam kunnen gebeuren dat deze man zo laat in de avond een schotwond kon oplopen van een hogesnelheidsgeweer?

Wanneer hogesnelheidskogels de borst raken is hun baan weliswaar voorspelbaar, maar ze draaien snel rond en raken energie kwijt door gaten in de long te maken en secundaire projectielen te genereren: metaalfragmenten, stukken rib en kraakbeen. Gewoonlijk zijn ze dodelijk. Als de patiënt van dichtbij was beschoten, zou de kogel er aan de achterkant van de borstkas weer uit zijn gekomen, met een grote uitschotwond.

De ongelukkige heer in kwestie woonde aan de rand van een bosrijk jachtgebied. Toen hij de televisie uitzette om naar bed te gaan dacht hij geweerschoten te horen. Waren het stropers? Het was bijna Halloween en er hingen spookachtige nevelflarden, maar ondanks de koude vollemaansnacht liep hij langs de weg naar de rand van het bos en ging het veld in om erachter te komen wat er aan de hand was.

Plots sloeg een harde klap tegen zijn borst hem tegen de grond, nog voordat de geluidsgolf hem bereikte – de scherpe knal van een geweerschot. Hij voelde een intens felle pijn boven zijn linkertepel die hem de adem benam en hij voelde zich ineens krachteloos, maar had nog de tegenwoordigheid van geest om zijn mobiele telefoon te pakken en het alarmnummer in te toetsen. Hij zei tegen de telefonist dat hij dacht dat hij neergeschoten was en gaf zijn positie op voordat hij vervolgens mentaal en fysiek in shock raakte. Hij zag de sterrenhemel, wazig door het maanlicht, en was ervan overtuigd dat hij nu dood zou gaan.

De schutter zat diep in de problemen. Hij was op zijn vaste stek aan het stropen geweest op herten en had de weerkaatsing van het maanlicht in de bril van het slachtoffer voor een paar oplichtende hertenogen aangezien. Daarop richtte hij zijn geweer ietsjes lager op wat hij dacht dat de borst van een hert was, en haalde de trekker over. Het was inderdaad een borst, maar niet van een dier, en hij miste het hart op enkele centimeters. Daar hadden ze allebei bijzonder veel geluk mee gehad, want niemand overleeft een hogesnelheidsgeweerkogel door het hart.

Jaren geleden had ik in het Middlesex Hospital het leven gered van een jonge man die door de politie in het oosten van Londen was neergeschoten. Het verschil met nu was dat het toen om een pistoolkogel ging. Die was wel recht door zijn hart gegaan, maar een bloedstolsel in het hartzakje had de gaten afgedicht, wat meestal gebeurt als de druk in het hart omlaag gaat door bloedverlies. Maar met hogesnelheidskogels is het een heel ander verhaal. Die scheuren het hart aan flarden, en daarom wist ik dat onze patiënt geen hartletsel had opgelopen en ik was vol vertrouwen dat ik de rest wel kon repareren.

Ik kwam eerder aan dan de patiënt. Het was tamelijk rustig op de ongevallenafdeling, dus er was een horde medisch en verpleegkundig personeel beschikbaar, klaar om in actie te komen. Maar ik had maar één iemand nodig – een anesthesist om de beademingsbuis in de luchtpijp in te brengen en ervoor te zorgen dat de patiënt bleef ademen. Wat ik niet wilde, was agressief vocht toedienen om het bloedverlies te compenseren. Pure vloeistof verhoogt gewoon de bloeddruk, bevordert bloeden en remt het stollingsvermogen van het bloed, met het risico op een catastrofale bloeding.

In die dagen waren de richtlijnen voor Advanced Trauma Life Support, gevorderde levensondersteuning bij ongevallen, ronduit slecht, zo niet gevaarlijk te noemen voor wat betreft schotwonden. Onderzoek in Washington, DC, had zelfs aangetoond dat patiënten met penetrerende borstwonden meer overlevingskansen hadden wanneer ze met privéauto's naar het ziekenhuis werden gebracht dan wanneer ze door paramedici werden vervoerd, die tijd verloren met infusen aan te leggen en koude vloeistoffen toe te dienen.

De ambulance liet zijn sirene horen toen hij aankwam; op dat moment was de bloeddruk van de patiënt minder dan 60 mm Hg en zijn pols 130. Hij was koud, bleek, zweette sterk en was bijna buiten bewustzijn. De ambulanceverpleegkundigen wisten dat snelheid geboden was. Ze reden de ambulance achteruit tot voor de ingang en gooiden de achterportieren open. De brancard werd naar buiten geschoven en de patiënt werd met grote haast naar de reanimatieafdeling gebracht. Ik vroeg hem zijn naam maar hij reageerde niet.

Hij had nog steeds een bezweet, bloederig overhemd aan, met een kogelgat aan de voorkant. In de bleke huid daaronder zat de kleine schotwond, omgeven door een onderhuidse kring van zwart bloed. De wond was afgesloten door opgezwollen spierweefsel en gestold bloed. Bovendien kon ik lucht voelen in de onderhuidse weefsels, een aanwijzing dat zijn grote luchtwegen beschadigd waren. Ik moest een inschatting maken van zijn inwendige verwondingen op basis van de plek van de wondingang, en dat was niet geruststellend. De wond bevond zich dicht bij het longhilum, de poort tot de longen en een belangrijk deel van het ademhalingsstelsel, en vlak boven de bloedvaten. Gelukkig lag hij een eindje verwijderd van het hart.

Te veel koks bederven de brij, en dat dreigde hier te gebeuren. Ik wilde hem zo snel mogelijk onder narcose en aan de beademing hebben, zodat ik zijn borstkas kon opensnijden en de bloedingen kon aanpakken. Er moesten een paar wijde veneuze canules geplaatst worden in zijn aderen, maar tijd voor röntgenfoto's of scans was er niet. Hij moest worden behandeld, niet onderzocht. Terwijl de anesthesist de beademingsbuis in zijn luchtpijp plaatste, vroeg ik de verpleegkundigen om me een operatieschort en handschoenen te geven en de instrumenten om de borst te openen klaar te leggen.

Er ontstond wat paniek toen men zich realiseerde dat ik hem meteen daar op de brancard wilde opensnijden. De narcosemiddelen hadden zijn toch al lage bloeddruk nog verder verlaagd, en hij was bijna dood. Ik moest de bloeding zien te vinden en die stoppen, en hem dan wat donorbloed toedienen. Heldere infuusvloeistof transporteert geen zuurstof. Dat doen alleen de rode bloedcellen, en daar had hij er te weinig van. Ik schatte dat er minstens drie liter bloed in zijn borstholte en in zijn volledig ingeklapte linkerlong terecht was gekomen. Mijn assistent-chirurg waste zijn handen om te komen helpen. Ik liet de verpleegkundigen de patiënt op zijn rechterzij rollen, de linkerzij naar boven, en knipte met een schaar het natte, bloederige overhemd weg. Snel jodeerden we zijn huid om hem te ontsmetten en we veegden alle plakkerige rommel opzij.

Merkwaardig genoeg zag ik de kogel liggen, onder de huid vlak bij zijn linkerschouderblad. Die moet op het bot van zijn schouderblad achter in zijn borstkas zijn afgeketst naar omlaag, waar hij is blijven steken in het midden van de kneuzing die hij had veroorzaakt. Ik herinner me dat ik eraan dacht dat we die kogel eruit zouden moeten vissen en bewaren voor ballistisch onderzoek om hem te kunnen linken met het geweer waarmee hij was afgevuurd.

Met een scalpel sneed ik zijn borst open, tussen de ribben vanaf de rand van het borstbeen helemaal tot aan het schouderblad waar de kogel uitpuilde. Ik bleef snijden met het scalpel, door de dikke, bleke spierlagen heen. Bij een levende patiënt zou daar normaliter bloed uit stromen, maar hij had geen bloeddruk en er was in elk geval weinig bloed over dat weg kon stromen. Terwijl ik zijn borstholte opende, vielen er grote hompen gestold bloed uit. Ze leken op stukken lever en ploften op de vloer. Daarna kwam er vers vloeibaar bloed. Ik greep een grote wondspreider, wrikte die tussen de ribben en hield zo de borstholte open, zodat ik kon proberen zijn verwondingen zichtbaar te maken en de bloedende plekken te lokaliseren.

Op dat moment kwam een van mijn operatiekamerverpleegkundigen aanzetten met een krachtig zuigapparaat, en ik kon bloed zien opwellen uit de diepte. Zoals ik had verwacht, was de longslagader aan flarden en blies er lucht uit de hoofdbronchus, dus ik moest zowel de bloedvaten als de luchtvaten naar de long met een grote klem afsluiten. De operatiekamerverpleegkundige ging zo'n klem voor me zoeken, en toen ze er een had gebracht en die eenmaal veilig op zijn plaats zat, zei ik tegen de anesthesist om de patiënt snel een bloedtransfusie toe te dienen.

Het hart van de patiënt ging steeds trager kloppen – en hield er toen mee op. Ik zag het recht voor mijn neus gebeuren, door het dunne hartzakje heen. Ik greep het vast, balde er mijn vuist omheen en pompte hard – een aantal slagen om het wat te helpen. Het hart voelde leeg. Ik vroeg om een injectiespuit met adrenaline en stak de naald direct in de apex van het linkerventrikel. Een paar milliliters, daar zou het van opleven. We moesten de bloeddruk omhoog krijgen en het melkzuur in het bloed neutraliseren met natriumbicarbonaat. De injectie van adrenaline bracht de bloeddruk op een aanvaardbaar niveau, en de pols versnelde tot 140. De man had een goede conditie, hij zou nu weer opveren; we hadden alles onder controle.

Om de klus goed af te maken moest ik hem in de operatiekamer hebben, onder het heldere licht van de operatielampen, en met goede steriele afdekdoeken en secure monitoring van zijn bloedgegevens en levensfuncties. Het was inmiddels twee uur 's nachts en de operatiekamer was klaar, de ziekenhuisgangen waren allang leeg en verlaten. We zouden hem gewoon naar de operatiekamer rijden – met zijn borst wijd open, de klem goed op zijn plaats en een steriele doek over de bovenkant van zijn lichaam om de wond schoon te houden – en hem dan op de operatietafel tillen.

Ik deed mijn operatieschort en handschoenen uit en raapte de kogel van de vloer. Dit soort voorwerpen verdwijnen makkelijk, het zijn macabere maar gezochte souvenirs. Dit projectiel had echter een groot forensisch belang, en ik wilde het aan de politie geven, die inmiddels in groten getale aanwezig was.

Ik liep voor de bizarre optocht uit om in de operatiekamer weer mijn handen te wassen. De verpleegkundigen stonden te wachten met de operatielampen aangeschakeld. Nu kon ik alles goed zien. Ik verwijderde voorzichtig de klem en er spoot donkerblauw bloed omhoog uit de longslagader. Langs de rand van de borstwond sijpelde helderrood bloed, en er blies lucht uit een aan flarden geschoten bronchus, maar afgezien daarvan waren er geen problemen.

Om een betere indruk te krijgen van de aangerichte schade trok ik aan de lege, ingeklapte long. Het was precies zoals je dat kunt verwachten van een hogesnelheidskogel: alsof een hond had zitten kauwen op de vitale structuren. Mijn hoop om de long te kunnen redden was snel verdwenen. Hij moest er gewoon uit, het hele ding. We moesten zijn leven veiligstellen en afzien van heroïsche reparatiepogingen. Als hij zou sterven, zou het zijn familie diep raken – en de jachtopziener, want die bleek de schuldige te zijn, zou terecht moeten staan wegens moord.

Ik bond de longslagader af met dikke hechtdraad van zijde. Geen donkerblauw bloed meer dat omhoog spoot. Twee grote aderen gaan van de long naar het hart; ook die bond ik af en vervolgens knipte ik alle drie de bloedvaten door met een schaar. Nu was er alleen nog zijn gewonde bronchus die bloed en schuim uitblies.

Die sloot ik af met hechtnietjes, sneed de bronchus door en verwijderde de overbodige long. Ik miste de container en de long viel op de vloer. Het zou de man best goed afgaan met alleen een enkele long, en de rechterlong is bovendien groter dan de linker. We spoelden de lege holte uit met warme zoutoplossing en het krachtige antibioticum gentamicine. Infectie was nu het grootste gevaar voor hem omdat de kogel fragmentjes van jasje en overhemd in zijn borst had meegezogen.

Ik zat mijn schrijfwerk te doen terwijl mijn assistent-chirurg en de dienstdoende dokter het bloeden van de wondranden stelpten en de patiënt weer dichtnaaiden. Documentatie is van essentieel belang bij strafzaken, zelfs om drie uur 's ochtends. Toen ik naar huis reed langs een donkere weg zag ik een vos in de berm en toen een hert in het licht van mijn koplampen, met oplichtende ogen. Ik was ontspannen en tevreden, weer een gewonnen strijd, mijn adrenalinerush verdween.

Onze patiënt herstelde zonder complicaties. De kogel kwam overeen met het geweer van de jachtopziener. Hij werd gearresteerd, vervolgens vrijgelaten op borgtocht, omdat hij op een haartje na ontsnapt was aan een aanklacht voor moord of doodslag – een kwestie van minuten. Het was een uniek geval voor slaperig Oxford, iets voor Inspector Morse.

Niets laat de adrenaline zo stromen als een steekwond in het hart. Ik kan me het eerste geval waar ik als jonge man langgeleden, in 1975, mee te maken kreeg, nog goed herinneren. Ik was eerstehulparts op de ongevallenafdeling van het King's College Hospital in Zuid-Londen, aan de rand van de oorlogszone die Brixton toen was, Londens tegenhanger van Harlem in New York, en ik heb daar veel steekwonden gezien. Nadat ik in het Royal Brompton Hospital mijn tanden had gezet in de thoraxchirurgie verkeerde ik in mijn 'onoverwinnelijke' fase – ik was als een opgewonden spiraalveer, klaar om in actie te komen.

Eerst een korte uiteenzetting om een en ander te kunnen plaatsen. Door mijn korte stageperiode in Harlem wist ik dat de meeste slachtoffers van steekwonden in het hart ter plekke doodgaan of onderweg naar het ziekenhuis overlijden. Degenen die daar levend aankomen bevinden zich in een hachelijke toestand – op de rand van de afgrond. Er zijn grote risico's, maar de meesten kunnen overleven door de juiste behandeling, namelijk een spoedoperatie.

Vechtende mensen staan meestal tegenover elkaar, oog in oog, en steekwonden worden daarom meestal aan de voorkant van het rechterventrikel toegebracht. Veel minder steekwonden betreffen zowel het rechter- als het linkerventrikel. Steekwonden in het linkerventrikel komen gewoonlijk van de zijkant of de rug – kenmerkend voor 'huiselijk geweld'. Het dunwandige rechteratrium wordt beschermd door het borstbeen en het linkeratrium ligt meer naar achter in de borst. De atria worden slechts zelden geraakt door messteken.

Regel nummer één. Als het mes – soms is het een schroevendraaier – nog in de wond steekt, laat het vooral zitten, en als het met elke hartslag meebeweegt is het meer dan waarschijnlijk dat het steekwapen in een gat in de hartspier steekt. Dit soort gevallen zijn meestal zelfmoordpogingen, aangezien agressors zelden messen en vingerafdrukken achterlaten als bewijsmateriaal.

Wanneer een mes eruit wordt getrokken, spuit er bloed onder druk in het vezelige hartzakje, de beperkte ruimte die het hart herbergt. Als het bloed ongehinderd uit het hartzakje in de ruime borstholte kan stromen, zal dit hoogstwaarschijnlijk resulteren in exsanguinatie – dood door verbloeding. Wanneer bloed zich binnen in het hartzakje ophoopt vanwege de geringe afmetingen van de wondopening, dan noemen we dat harttamponnade. Omdat het bloed het hart zelf samenperst, daalt de bloeddruk van de patiënt totdat er een evenwicht is bereikt en de bloeding ophoudt. De bloedsomloop gaat voort met een lagere bloeddruk. Deze patiënten maken een goede kans om te overleven. Ze zijn bleek, koud en onrustig als ze worden binnengebracht en vertonen een versnelde hartslag en uitgezette halsaders, maar ze kunnen een korte tijd uitstekend in leven blijven, zolang hun bloeddruk laag wordt gehouden.

Regel nummer twee. Degenen die worden binnengebracht en volledig bij bewustzijn zijn, hebben meestal harttamponnade, en bij veel van hen moet de borstkas met spoed worden geopend voor reanimatie. Gaten in het hart lenen zich niet voor de gebruikelijke reanimatiebehandelingen, want als dergelijke patiënten intraveneus vloeistof toegediend krijgen, zullen ze meer gaan bloeden, en vaak doodbloeden. Daarom is het belangrijk om allereerst de bloedende plek onder controle te krijgen. Zodra de harttamponnade opgeheven is, is het goed mogelijk dat de patiënt geen vloeistof nodig heeft. Ik heb harttamponnadepatiënten geopereerd aan wie zoveel vloeistof was toegediend dat hun arme harten op springen stonden. Voordat de wond dicht kon worden genaaid, moest ik hem openmaken en grote hoeveelheden verdund bloed wegzuigen. Pas dan zag het hart er goed genoeg uit en leek het me verantwoord om de scheur dicht te hechten.

Sommige patiënten die worden binnengebracht zijn nog warm maar tonen geen enkel ander teken van leven. Maar een spoedoperatie moet alleen worden uitgevoerd als de pupillen van hun ogen op licht reageren. Met krachtige hartmassage en adrenaline is het mogelijk om elk hart opnieuw op te starten, of de hersenen nu dood zijn of niet. Daarom is het belangrijk om eerst de pupillen te onderzoeken. Geen enkele lijkschouwer zal toelaten dat het slachtoffer van een moord in leven wordt gehouden om orgaandonor te zijn.

Ik was arts-assistent bij het King's College Hospital, nog geen hartchirurg, en om twee uur 's ochtends was de afdeling vol drugsverslaafden, dronkaards, zwervers en gewonden die nog konden lopen. Niet dat we ze geen zorg boden, want dat deden we. De verpleegsters waren engelen maar moesten voortdurend worden beschermd. Het was soms een gevaarlijke omgeving.

Deze specifieke patiënt was in de hal bij de ingang gedropt door zijn medebendeleden. Zijn overhemd zat vol bloed, en hij was doodsbleek en bewusteloos. De brancardiers brachten hem naar een reanimatieafdeling en de leidinggevende zuster riep het reanimatieteam op. Hij had nog een zwakke polsslag en zijn pupillen reageerden op licht.

Toen de verpleegkundigen zijn overhemd verwijderden, kon ik de steekwond zien, direct in zijn hart, ongeveer één centimeter breed. Er sijpelde bloed langs de wondranden, maar zijn hart pompte niet meer en zijn uitgezette halsaders zagen eruit als boomstammen in zijn dunne hals, het gevolg van verhoogde druk in het hartzakje. Dit was een duidelijk geval van harttamponnade.

De anesthesist had de beademingsbuis al ingebracht en was verwoed de longen aan het ventileren, maar we moesten nog een wijde infuusnaald in zijn halsader steken voor transfusie. Een verpleegster nam het werk met de blaasbalg over terwijl de anesthesist de canule erin stak. Hij kon het bloedvat niet missen. Donkerblauw bloed schoot onder hoge druk uit het open uiteinde van de infuusnaald.

In die dagen waren er 's nachts op de eerstehulpafdeling geen specialisten aanwezig en in het hele ziekenhuis ook zeker geen hartchirurgen. De zuster wist dat ik bij het Royal Brompton Hospital had gewerkt. Ze keek me even aan en zei: 'Snij hem open. Ik help je wel.'

Mijn hersenen zeiden: 'O, shit', maar mijn mond zei: 'Laten we dan maar meteen beginnen – het is nu of nooit.'

De anesthesist was een specialist in opleiding, en hij knikte instemmend, goed wetend dat de jongen zou sterven als we niets deden. Uitwendige hartmassage is nutteloos wanneer het hart samengeperst wordt en zich niet kan vullen. Er was zelfs geen tijd om handen te wassen, want hij had geen pols en bloeddruk meer. De aanwezige verpleegkundigen rolden hem met zijn linkerzij naar boven terwijl ik een operatieschort en handschoenen aantrok, en dat deed de zuster ook. Ik stond achter hem, de zuster voor hem, en terwijl mijn eigen adrenaline ging stromen sneed ik zijn borst open met een scalpel en duwde zijn ribben van elkaar met een metalen wondspreider die voor dit soort eventualiteiten gereedlag maar zelden werd gebruikt.

Er was geen bloed of lucht in de borstholte van de patiënt omdat het mes, een stiletto, meteen het hartzakje en het rechterventrikel in was gegaan. Het enige wat ik zag was het gespannen, blauwe, uitpuilende hartzakje. Ik wist wat ik moest doen, mits mijn eigen transpiratie me niet het zicht benam en in de incisie druppelde.

Ik sneed het gespannen membraan open met een scalpel, en er spoten bloed en bloedklonters uit. Zijn hart klopte nog steeds maar was leeg. Toen het hartzakje zich leegde, vulden zijn ventrikels zich weer en begon zijn bloeddruk weer te stijgen. Uit de steekwond begon opnieuw bloed te spuiten, maar dat was nu geen probleem meer.

Ik plaatste mijn wijsvinger op de snijwond en zei: 'Geef hem een transfusie terwijl ik het ventrikel dichthecht.'

'Wat voor hechting wil je?' vroeg de zuster.

Ik had geen idee en zei gewoon: 'Geef me maar iets wat je hebt, en een kromme hechtnaald.'

De eerste naald was veel te groot, de tweede veel te klein, maar de derde was precies goed, met een blauwe, gevlochten hechtdraad die goed te knopen was. Perfect. De zuster en ik wisselden van vinger om de wond dicht te houden; ze had nog nooit eerder een hart aangeraakt en zat meteen onder het bloed.

Toen kwam het lastige stuk. Ik monteerde de kromme naald op de naaldvoerder en wurmde me in de beste positie om te kunnen hechten. Ik wist dat zodra de zuster haar vinger zou weghalen, er bloed zou gaan spuiten. Dat was niet het enige. Het jonge hart was nu flink aan het kloppen, een snel bewegend doelwit dat niet gemakkelijk nauwkeurig te hechten was. Diep ademhalen. Niet aarzelen, gewoon doen.

Ik haalde de hechtnaald recht door het midden van de scheur, van de ene kant naar de andere, met grove steken. De zuster sneed de naald los van het hechtmateriaal, en om te voorkomen dat het spierweefsel zou inscheuren en het gat groter zou worden, legde ik de knoop heel losjes. Dat ging goed, maar om het veilig af te werken moest ik aan beide kanten nog meer hechtingen plaatsen, drie in totaal. Het was zenuwslopend voor een beginneling, want elke keer dat de naald door de spier werd gestoken, veroorzaakte dat een reeks snelle, oncontroleerbare hartkloppingen. Ik denk dat het me in totaal tien minuten heeft gekost om de drie hechtingen te maken, veel langer dan ik er nu over zou doen.

De zuster keek me recht aan over haar mondmasker. Ik wist wat die ogen zeiden. Ze was onder de indruk. Eigenlijk was ik dat zelf ook – ik was op dat moment een held. De bloeddruk en hartslag van de patiënt waren snel weer normaal, en op het moment dat we hem niet meer nodig hadden, kwam de thoraxchirurg aanzetten.

Ik was blij de patiënt aan hem over te laten. De zuster en ik verdwenen naar de koffiekamer, zeer bezweet maar opgetogen. Toen zijn borstkas weer dichtgemaakt was, werd de patiënt op zijn rug op de brancard gelegd.

Overal was bloed – op het canvas van de draagbaar, in zijn haar en in zijn kleren; een bloedplas was aan het opdrogen op de vloer, allemaal sporen van onze strijd. Ze moesten hem naar de intensive care brengen om hem te wassen. Inmiddels waren er massa's andere patiënten op de eerstehulpafdeling, die allemaal onrustig waren geworden door het lange wachten.

Toen werd de jongen ineens wakker, onbeheersbaar opgewonden na zijn bijna-doodervaring. Hij ging rechtop zitten en begon aan de infusen te rukken. De infuuscanule in de halsader raakte los. Toen hij diep inademde, zoog de onderdruk in zijn borst lucht in zijn bloedsomloop, en hij stortte in, zonder pols, maar nu om een andere reden. Op het moment zelf realiseerde niemand zich wat er was gebeurd. Ze pasten uitwendige hartmassage toe, maar ze konden hem niet reanimeren. Mijn eerste solo-hartoperatie was fataal afgelopen, en in een paar minuten tijd was ik in plaats van een held een sukkel geworden. Shit en schande.

Plotseling was de nacht omgeslagen in een nachtmerrie en ik kreeg last van paranoia. Ik vreesde dat ik de schuld zou krijgen van zijn dood en dat ik beschuldigd zou worden van roekeloos handelen, maar dat was nergens voor nodig. De zuster en de anesthesist gaven een duidelijk beeld van de situatie; zonder mijn interventie zou hij eerder dood zijn gegaan. De zaak werd door justitie onderzocht. Het vonnis? Doodslag. Doodsoorzaak? Luchtembolie na een steekwond in het hart.

Niet alleen was deze operatie mijn debuut in de spoed-thoraxchirurgie, het was ook mijn eerste kennismaking met een fatale complicatie: lucht die in de bloedvaten van de hersenen terechtkomt. Helaas zou het niet mijn laatste operatie van dit type zijn. Ik was voorbeschikt om nog veel steekwonden in het hart te opereren in mijn carrière. De meeste waren simpel; enkele waren ingewikkeld, wanneer de hartkleppen of kransslagaders geraakt waren. Maar geen van de patiënten is overleden.

Messen en kogels zijn niet de enige aanstichters van penetrerende borstwonden. Sommige van de afschuwelijkste verwondingen zijn het gevolg van verkeersongevallen.

Op een rustige zaterdagmiddag in het najaar van 2005 stond ik te wachten tot een rugbywedstrijd van mijn zoon zou beginnen toen mijn gsm ineens overging en ik me weer op weg moest haasten. Een jonge vrouw had acuut levensgevaarlijk letsel opgelopen. Marks school was slechts tien minuten verwijderd van het ziekenhuis, en ik stond daar al te wachten voordat het ongelukkige slachtoffer daar aankwam.

Volgens de informatie die het ambulancepersoneel doorgaf, was een auto met hoge snelheid van de A40, een vierbaansweg, geraakt en had daarbij een houten hek versplinterd. Een scherp stuk hout met de lengte van een speer was door de voorruit gegaan en had de hals van de bestuurder doorboord. De brandweer had haar uit het wrak bevrijd, maar er kwam lucht uit de wond en ze had moeite met ademen. Haar bloeddruk was laag, waardoor ze inwendige bloedingen vermoedden.

Terwijl ik met het traumateam in de reanimatiezone stond te wachten, gingen er in mijn hersenen waarschuwingslampjes flikkeren. Zo te horen was haar luchtpijp in tweeën gesneden. Als dit het geval was, dan zouden blinde pogingen om een beademingsbuis in te brengen, de einden verder van elkaar duwen en haar luchtweg volledig afsluiten. Ik wilde een ervaren cardiothoracale anesthesist erbij hebben, en de hartchirurgische operatiekamer op standby.

Ik belde zelf dokter Mike Sinclair op en vroeg hem om zo snel mogelijk te komen, wat hij ook deed. Terwijl we stonden te wachten vroeg ik beleefd aan het reanimatieteam om niet meteen aan de slag te gaan maar mij eerst de gelegenheid te geven om de vrouw te onderzoeken. Er was inmiddels meer dan een uur verstreken sinds het ongeval, en als ze nu nog leefde, was haar toestand min of meer in evenwicht. Die paar extra minuten om de vermoedelijke verwondingen te onderzoeken, zijn nuttig besteed.

De spanning steeg voelbaar toen de vrouw binnen werd gebracht. Ze was bij bewustzijn maar doodsbleek, verstijfd van angst, en haar lippen waren blauw. Alle ogen richtten zich meteen op de wondopening onder aan de rechterkant van haar hals, waar de sternocleidomastoïdeus-spier zichtbaar was, terwijl de lucht die ze uitademde gescheurde huidflarden omhoog blies. Het klonk alsof ze met elke ademtocht een scheet liet door de wonde, terwijl er ook een nevel van bloed werd uitgespoten. Ik had geen twijfel over de oorzaak. Wat ik wel ongelooflijk vond, was dat er bij het doorboren van haar hals niet ten minste één van haar twee halsslagaders was gescheurd. Maar als dat was gebeurd, zou ze meteen ter plekke zijn overleden.

De vrouw tilde lichtjes haar rechterarm op om me haar bezwete hand te reiken. Dat deed me genoegen. We moesten contact maken omdat we de hele middag samen zouden doorbrengen. Instinctief zei ik dat het goed zou komen met haar. Niet omdat ik dat wist maar om haar wat gerust te stellen en duidelijk te maken dat ze zou worden behandeld als een persoon, niet als een interessant geval.

Ze was in shock, en niet alleen mentaal: het was duidelijk dat ze door inwendige bloedingen liters bloed had verloren. Mijn gok was dat de staak door haar hals naar beneden was gegaan, de linkerkant van haar borstkas was binnengedrongen en daar een belangrijk bloedvat had beschadigd. Een goede oude stethoscoop kon me dat vertellen. Lichamelijk onderzoek gaat snel en is nog steeds belangrijk in dit tijdperk van gesofisticeerde scans. Er kwam lucht in haar rechterlong, maar links was er geen ademhaling te horen. Toen ik haar ribben beklopte, klonk de linkerkant van de borstkast 'dof bij percussie', een traditionele fysische aanduiding voor vloeistof om de long. Dus ze had bloed in haar borstholte en een nauwelijks meetbare bloeddruk, en haar polsslag was 110.

We hadden hier te maken met een hachelijk chirurgisch probleem: ernstig letsel aan de onderkant van de hals én een inwendige bloeding links in de borstkas. Een gevaarlijke combinatie. Toch bleven de basisprincipes hetzelfde: begin met het betrouwbaar veiligstellen van de luchtweg. Zorg dan dat de ademhaling onder controle functioneert. Vervolgens moet de bloedsomloop worden ondersteund; in dit geval door de bloeding te stoppen en bloed toe te dienen. Het 'abc' van reanimatie.

Ik had Mike nodig om haar in slaap te brengen. De enige betrouwbare manier om haar luchtweg veilig te stellen was met behulp van een starre bronchoscoop – een lange, dunne buis van messing, met een lampje aan het uiteinde. We hadden samen honderden bronchoscopieën gedaan, om longkanker te onderzoeken of pinda's uit de luchtwegen van kinderen te verwijderen.

Op dat moment had het reanimatieteam een paar infusen in de armen van de vrouw ingebracht en ze dienden haar heldere vloeistoffen toe. Ik wilde daar vooral niet te veel van. Haar toestand was kritiek maar stabiel, het oude vertrouwde cliché. De bloeddruk daalt en een bloedstolsel dicht het gat af – de eigen reddingsstrategie van de natuur. Toedienen van heldere vloeistof doet de bloeddruk weer stijgen en de patiënt gaat weer bloeden. 'De meetcijfers behandelen in plaats van de patiënt' noem ik dat. Toen kwam Mike binnen en we waren het erover eens dat we haar meteen naar de operatiekamer zouden brengen. Daar had ik de volledige controle en was ik omringd door mijn eigen team, weg van het circus.

Zuster Linda had de bronchoscoop al klaar in de anesthesieruimte, maar eerst moest Mike haar onder narcose brengen en haar spieren verslappen. Daarna kon ik de buis langs de achterkant van haar keel naar binnen laten glijden, tussen haar stembanden door, en de gewonde luchtpijp in. Het is net als bij degenslikken, maar dan in de luchtpijp. Door de beademing onder hoge druk via de bronchoscoopbuis spoot er bloed uit haar hals; er was overal bloed, maar al snel kreeg ik de wond te zien. Twee derde van de omtrek van haar luchtpijp was aan flarden; alleen de gespierde achterwand was nog intact.

Ik duwde een lange, soepele rubbersonde langs de bronchoscoop omlaag, tot voorbij het verwonde gedeelte. Na eerst krachtig lucht in haar longen te hebben geblazen om haar zuurstofspiegels te verhogen, werd de bronchoscoop teruggetrokken. Mike kon toen zijn beademingsbuis veilig inbrengen, geleid door de sonde. A en b van het reanimatie-abc waren in orde gebracht. We konden haar longen nu veilig beademen.

Vervolgens moest ik verder met punt c, het stoppen van de levensbedreigende bloeding. De vrouw werd door de operatiekamer gereden en met haar linkerzijde omhoog op de operatietafel gelegd. Dawn was al helemaal klaar, en de instrumenten voor de thoracotomie lagen paraat op steriel linnen. Ik hoefde geen woord te zeggen. Alles om me heen liep als een goed geoliede machine. Mike had twee eenheden donorbloed klaarliggen en via een canule in de pols werd haar bloeddruk continu gemonitord.

Allerlei gedachten gingen door mijn hoofd terwijl ik mijn handen aan het wassen was. In de eerste plaats was ik opgelucht dat die arme vrouw bewusteloos was en niets merkte van haar beangstigende beproeving. Daarnaast was ik bezorgd. Wat zou ik aantreffen boven in haar borstkas? Ik vreesde laceratie van de grote ondersleutelbeenslagader naar haar linkerarm, hoewel haar hartslag nog voelbaar was aan de linkerpols. Hopelijk was het gewoon een veneuze bloeding met een lage bloeddruk, want dat zou makkelijker onder controle te krijgen zijn. Ik was me goed bewust van het feit dat de zenuwen naar de arm daar vlakbij liggen en dat ik moest zien te voorkomen dat ik ze met de elektrocauterisatie zou beschadigen.

Er kwam twee liter bloed uit haar borstkas, het spetterde op mijn broek en klompen en op de vloer. Warm en nat, maar verspild. Het zou goed geweest zijn voor de tuin. Toen de druk was weggenomen blies haar linkerlong op als de ballon. Hij was maagdelijk roze, heel anders dan de gevlekte grijze longen van rokers. We schepten en zogen bloed weg uit de holte van haar borstkas totdat het rafelige gat zichtbaar werd. Goddank was er geen hevige helderrode slagaderlijke bloeding, alleen de donkerrode bloeding van de hoofdader naar de arm. Ik ging aan het werk om het bloeden te stoppen. Als ik de ader zou afbinden, zou haar arm gaan opzwellen, daarom repareerde ik het gat met een stuk van een minder belangrijke ader, om de doorstroming te behouden.

Nu was ik er zeker van dat ze veilig was. We spoelden de borstholte uit met een antiseptische oplossing. Alle andere belangrijke slagaders en zenuwen waren duidelijk zichtbaar in de bovenkant van haar borstkas. De houten staak had ze gewoon opzij geduwd en zijn vernietigend werk beperkt tot de minst belangrijke structuren. Het was niet te geloven hoeveel geluk deze vrouw had gehad. De c voor bloedcirculatie was nu ook op orde.

Er restte ons nog een andere zware beschadiging die in orde moest worden gebracht – de doorgesneden luchtpijp. Dat is een grote buis die lucht bevat en deze reparatie was veel minder riskant dan wat we inmiddels al hadden gedaan. We maakten haar borst dicht, plaatsten een drain om nog resterende lucht en bloed af te voeren en ik injecteerde een royale dosis langwerkende plaatselijke verdoving in de zenuwen onder haar ribben om de pijn te verminderen. Ze had genoeg geleden.

Er was tijd voor een kop thee terwijl ze op haar rug werd gerold om de wond in de hals te kunnen onderzoeken. Ik hield van opereren in de hals. Die van haar was slank en zonder enig vet, waardoor alles gemakkelijker ging. De verschrikkelijke scheur, net boven het gewricht tussen borst- en sleutelbeen, was acht centimeter lang. Hij stond wijd open en ontblote spieren waren zichtbaar, als grijnzende lippen waarachter tanden te zien zijn. De eenvoudigste benadering was om de rafels van de wondranden weg te snijden, en vervolgens de incisie uit te breiden tot een kraagsnede.

Haar gescheurde luchtpijp lag vlak voor mij, met daarboven de schildklier en de stijve plastic beademingsbuis die erdoorheen liep. Dankzij de geslaagde reanimatie sijpelde er helderrood bloed uit de wondranden. Dit was makkelijk te stelpen, maar omdat de staak – een stuk hek om een veld – zonder enige twijfel bedekt was met bacteriën, sneed ik de verontreinigde randen van de luchtpijp weg en verbond de schone randen met elkaar met meerdere afzonderlijke hechtingen.

Het probleem had nogal angstaanjagend geleken, maar de operatie was toch eenvoudig. Ik slaagde erin alles stevig en luchtdicht te repareren en tot slot controleerde ik de zenuwen van de stembanden. Ook die waren op het nippertje gespaard gebleven. God moet bij haar in de auto hebben gezeten – of op mijn schouder. Misschien was het allebei het geval geweest. Mike gaf haar een shot breedspectrum-antibiotica als voorzorgsmaatregel, toen sloten we de huid en de onderhuidse weefsellagen met metalen clips. We hadden het tot een goed einde gebracht.

De familie zat in angstige spanning op de intensive care. Ze waren vast binnengekomen via de eerstehulpafdeling, daar geïnjecteerd met een dosis pessimisme en daarna doorgestuurd voor lange uren van wachten. Af moeten wachten wat het resultaat zal zijn van een spoedoperatie is echt een nare ervaring, vooral als het om je eigen dochter gaat en ze je vertellen dat ze bijna onthoofd is door een stuk van een hek. Is ze dood of leeft ze? Invalide geraakt of niet? Verminkt, of nog steeds mooi? Het is moeilijk om je dan te concentreren op het voetbal op de televisie.

Ik vertelde hun wat ik haar had gezegd toen ik haar hand drukte terwijl haar leven wegebde – dat het allemaal goed zou komen. Toen reed ik weg, de ondergaande zon tegemoet. Dat wil zeggen, tot aan de pub waar ik mijn eigen gezinnetje ontmoette. Daar hoorde ik hoe het was gegaan met de rugbymatch van mijn zoon en de golfwedstrijd van mijn dochter. Geruzie. Schrammen en kneuzingen. En dat waren dan gewoon golfende dames.

Wat de vrouw betreft, zij herstelde snel. Mike en ik gingen zondagochtend bij haar kijken en vonden haar klaarwakker. Dus we vatten de koe bij de hoorns en dapper trokken we de beademingsbuis eruit. Het was onvermijdelijk dat ze zich voelde alsof ze onder een vrachtwagen was gekomen. Haar keel en borst deden pijn, maar haar ademhaling was goed en ze kon praten. Alles was intact en na een week ging ze naar huis.

Het is maar goed dat met de jaren mijn adrenalineverslaving en mijn testosteron beginnen af te nemen, maar de opwinding van het onverwachte blijft onveranderd. Voor de ongelukkige patiënt hangen de overlevingskansen af van de beschikbaarheid van een ervaren traumachirurg. Dat voorrecht is maar voor weinig patiënten weggelegd.

14
WANHOOP

Sterkte komt niet door overwinnen. Het is door te vechten dat je je krachten ontwikkelt. Als je het moeilijk hebt en besluit om je niet over te geven, dat is kracht.

– Arnold Schwarzenegger

Oxford Brookes University ligt op minder dan twee kilometer afstand van mijn ziekenhuis, en er studeren daar allemaal levendige en gelukkige jonge mensen. Een van hen, een twintigjarig meisje dat Japans studeerde, kreeg last van regelmatig flauwvallen. Een eerste reeks onderzoeken, waaronder een ECG en een echocardiogram, gaf aan dat haar hart normaal was. Echter op een avond, terwijl ze aan het praten was met vrienden op de campus, viel ze plotseling bewusteloos neer.

Dit gebeurde slechts een paar dagen na de opzienbarende reanimatie van een Premier League-voetballer in Noord-Londen. Het had plaatsgevonden op het voetbalveld en kreeg daarom veel aandacht van de media. Hij overleefde omdat hij meteen effectief was gereanimeerd door een cardioloog die zich onder het publiek bevond. Daarna was hij met spoed naar een vooraanstaand hartcentrum gebracht. Door deze gebeurtenis was het publiek meer vertrouwd geraakt met reanimatie.

De vriendinnen van het meisje begonnen onmiddellijk met hartmassage en belden de hulpdiensten. Een ambulance met paramedisch personeel vertrok uit het nabijgelegen hoofdkwartier en was in nog geen vier minuten ter plaatse. Hun hartmonitor toonde ventrikelfibrilleren aan – ongecoördineerde elektrische activiteit waardoor het hart doelloos gaat trillen en niet meer pompt. Tegenwoordig zijn er in alle ambulances defibrillators aanwezig. Terwijl de meisjes de hartmassage voortzetten, haalden de ambulanceverpleegkundigen de defibrillator tevoorschijn en plaatsten de elektroden aan de voorkant en de zijkant van haar borst. 90 joules. Zap!

Meestal werkt dit bij patiënten met een hartaanval, maar na een korte periode van inactiviteit begon het fibrilleren opnieuw. Hoewel het ziekenhuis, goed voorzien van artsen en specialisten, op slechts twee minuten afstand van de campus lag, bracht men haar daar niet heen. In plaats daarvan kreeg ze een beademingsbuis in haar luchtpijp en ging men door met haar ter plekke te reanimeren. Zo kreeg ze in elk geval zuurstof. In de ambulance lag ook een nieuw stuk speelgoed, een 'Lucas'-hartmassageapparaat. Handmatige hartmassage is vermoeiend, maar dit apparaat wordt niet moe. Het drukt ritmisch de onderste helft van het borstbeen omlaag, en stuwt zo bloed uit het hart en door het lichaam heen.

Toen verschillende shocks niet hielpen, zette men het Lucas-apparaat vast op haar borstkas. Nu werd haar hart voortdurend tussen borstbeen en wervelkolom geplet, net zoals een slager vlees mals maakt met een vleeshamer. De tijd verstreek en pas na meer dan dertig minuten hartstilstand werd ze binnengebracht op de eerstehulpafdeling van het ziekenhuis, levenloos maar goed voorzien van medische apparatuur, en met het Lucas-apparaat volop in werking. Haar pupillen reageerden nog steeds op licht, dus haar hersenen waren in leven gehouden, maar haar arme toegetakelde en gekneusde hart deed nog steeds niets anders dan trillen.

Fabrice Muamba, de voetballer van de Bolton Wanderers, had het geluk dat er een ervaren cardioloog op het veld aanwezig was. Wat deze jonge vrouw nodig had, was een behandeling die rekening hield met het onderliggende probleem. Wat ze nu kreeg was de Standard Advanced Life Support-aanpak, de behandeling volgens een standaardprotocol, waarbij men eerst defibrilleert door toediening van elektrische schokken – als de originele elektroden worden gebruikt, met een hoge lading van 150 en 200 joules. Wanneer dit geen resultaat heeft en het fibrilleren niet ophoudt, wordt continue hartmassage toegepast met het Lucas-apparaat en wordt intraveneuze adrenaline geïnjecteerd. Als het hart had geklopt was de adrenaline mogelijk nuttig geweest, maar deze verhoogt wel de prikkelgevoeligheid van de hartspier van de patiënt, en dus ook de neiging tot ventrikelfibrilleren.

Als verdere maatregel gaf men haar het medicijn amiodaron om te proberen de elektrische storm in haar hart tot rust te brengen – een juiste beslissing, maar ook na de dertigste keer schokken begon het ventrikelfibrilleren opnieuw. Toen de situatie hopeloos leek te worden, arriveerde de opgeroepen cardioloog, dokter Bashir. Hij bekeek de patiënt zorgvuldig en veranderde toen één enkel ding, namelijk de positie van de elektroden op haar borst. Hij plaatste er een aan de voorkant van haar borst, boven het rechterventrikel, en een op haar rug, direct onder het linkerventrikel.

Een enkele schok van 200 joules, en het normale hartritme was weer hersteld. De adrenaline in haar systeem deed haar bloeddruk onmiddellijk stijgen tot een abnormaal hoog niveau. Weliswaar had dit het voordeel dat de bloedtoevoer naar de getraumatiseerde hartspier bevorderd werd, maar het nadeel was dat het ook de elektrische instabiliteit verhoogde. Het resultaat? Herhaalde periodes van ventrikelfibrilleren waardoor telkens weer elektrische schokken nodig waren, en ze had hoge doses bètablokkers nodig om de stimulerende werking van adrenaline tegen te gaan. Toen de elektroden eenmaal in de juiste positie waren geplaatst, werkten de schokken elke keer meteen. Dokter Bashir, een ervaren elektrofysioloog, schreef haar vervolgens een combinatie van krachtige hartritme-stabiliserende geneesmiddelen in hoge doses voor.

Ongeveer twee uur nadat ze was ingestort, begon het verstoorde hartritme van het meisje zich weer te herstellen, en werd voldoende stabiel om een echo van het hart te kunnen maken. Wat de echobeelden ook zouden laten zien, het zou belangrijke informatie zijn. Er zijn maar een klein aantal problemen die bij jongeren een plotselinge dood tot gevolg hebben. Een van de mogelijkheden is een erfelijke afwijking, een te dikke hartspier. De echo liet echter snel zien dat beide ventrikels normaal waren wat betreft grootte en wanddikte.

Inmiddels had haar rechterventrikel zichtbaar te lijden gehad van de langdurige hartmassage en de elektrische schokken. Het was gedilateerd en contraheerde slecht, hoewel alle hartkleppen er normaal uitzagen. Er bestaan zeer zeldzame afwijkingen aan de hartslagaders die ventrikelfibrilleren veroorzaken, maar voor zover men kon zien, waren ook deze kleine bloedvaten normaal.

Leed ze misschien aan een primaire ventrikelaritmie, een elektrische instabiliteit in een structureel normaal – hoewel in dit geval gehavend – hart? Dit kan zich manifesteren door plotseling flauwvallen of plotselinge hartstilstand zonder enig identificeerbaar genetisch syndroom. Het heeft niets te maken met lichamelijke inspanning of stress, maar komt voort uit het eigen elektrische prikkelsysteem van het hart, en veroorzaakt korte periodes van elektrische instabiliteit, of een regelrechte 'elektrische storm'.

Als die tot bedaren komt, kan hij behandeld worden door de elektrische activiteit van het hart in kaart te brengen, en zo de oorsprong te lokaliseren, om vervolgens de bron van alle ellende te vernietigen. Dit was dokter Bashirs specialisme en werd uitgevoerd op de hartkatheterisatieafdeling. Het kan tijdens een elektrische storm worden gedaan mits de bloedsomloop van de patiënt intussen in stand kan worden gehouden, maar zoiets is niet gemakkelijk om 's nachts te organiseren, want er is een goed opgeleid ondersteunend team voor nodig.

Het was de bedoeling om haar van de eerstehulpafdeling over te plaatsen naar de intensive care van de hartafdeling. De intensivecare-specialisten waren al met haar bezig, na drie uur reanimatie moest haar bloedchemie weer in orde worden gebracht. Ze waren bang dat haar hart het zou begeven en wilden van mij weten of ze mechanische ondersteuning van de bloedsomloop nodig zou hebben.

Ik kwam om half tien op de eerstehulpafdeling en trof daar bij de reanimatieafdeling een groot aantal mensen rond haar bed aan, van wie de meesten gewoon werkeloos toekeken. Het hartmassageapparaat was nog steeds op zijn plaats, maar werd gelukkig uitgeschakeld toen haar hartslag normaal was. Ik had een hekel aan dat ding. Hartmassage is een noodzakelijk iets, maar het hart is een gevoelig orgaan en ik zie het niet graag helemaal murw gemaakt worden door een machine. De intensivecare-artsen hielden haar inmiddels goed onder verdoving en aan de beademing, en haar bloedchemie was verbeterd omdat het normale hartritme haar bloedsomloop had versterkt. De cardioloog in opleiding stond zenuwachtig klaar bij de defibrillator.

Drie minuten nadat ik bij haar bed was gearriveerd begon ze weer te fibrilleren. Deze keer werd ze niet op de borst geslagen; een vingerdruk op de schakelaar van de defibrillator. Zap! En haar hart vertoonde weer het normale hartslagpatroon. Ik stelde voor om haar naar de intensive care van de hartafdeling te brengen, weg van het circus hier, en om die sloophamer uit de buurt van haar gebroken ribben te krijgen en terug op zijn plaats in de ambulance te zetten.

Na nog zeventig elektrische schokken namen we genoegen met de diagnose van idiopathisch ventrikelfibrilleren. In dit stadium begon ze te reageren op de antiaritmische medicijnen, dus misschien was het verstandig om haar niet naar de hartkatheterisatie-afdeling te brengen, want het leek erop dat we zouden winnen. Naarmate we minder frequent schokken moesten toedienen, werd het hart gemakkelijker gedefibrilleerd.

We bleven bij haar op de intensive care, vlak bij haar bed. 's Nachts kwamen haar ouders en haar vriend na een afschuwelijke reis vanuit het noorden van Engeland, helemaal overstuur door spanning en angst. Dit was voor mij de moeilijkste opgave. Ik keek toe hoe de verpleegkundigen hun het verhaal vertelden voordat ze haar te zien kregen, en daarna was ik getuige van de ontzetting op hun gezichten toen ze haar voor het eerst zagen, aan de beademing, bleek, met blauwe lippen, indrukwekkende infusen in haar hals, armen en pols. Zo ziet intensive care er altijd uit, maar de eerste keer dat je het ziet is het simpelweg schokkend, en het is nog erger als het je eigen kind is dat zich tussen leven en dood bevindt.

Toen kwamen de verwijten. Hoe had dit kunnen gebeuren? Het leek zo goed met haar te gaan op Brookes. Hadden wij haar in deze toestand gebracht? Dit was voor mij het moment om vragen te stellen aan haar ouders, maar ik vroeg mijn assistent om dat te doen, ik kon het gewoon niet opbrengen. Ik hield me afzijdig. Was er ooit iemand in de familie onverwachts overleden? Kwamen er hartziekten voor in de familie? Had ze eerder gezondheidsproblemen gehad? Elke vraag werd met nee beantwoord.

Ik wist wat haar vervolgens te wachten stond en daarom bleef ik bij haar, hoewel ik hoopte dat het niet zou gebeuren. Toen de adrenaline uitgewerkt raakte, verminderde de elektrische prikkelbaarheid, maar haar bloeddruk begon te dalen en vroeg in de ochtend was die zorgwekkend laag. Intussen steeg de druk in haar aderen, hoewel haar rechterventrikel – mishandeld, gekneusd en afgepeigerd – worstelde om te blijven werken. De urineproductie nam af, zoals altijd in dit soort omstandigheden, en het zuurgehalte van haar bloed begon toe te nemen, doordat de spieren als gevolg van verminderde bloedtoevoer meer zuren gingen produceren.

Ze had nog meer schokken nodig, en helaas was er geen tijd om haar ouders uit de buurt te krijgen. Dit was een bittere waarschuwing voor hen dat ze eigenlijk doodging. Haar handen en benen waren koud door beginnende cardiogene shock, die niet was veroorzaakt door haar hartritmestoornis, maar door de zware hartmassage en de herhaalde elektrische schokken. De hoge doses bètablokker die ze nodig had om de werking van de adrenaline tegen te gaan hebben vast ook een rol gespeeld.

Ik vroeg om een nieuwe echo, deze keer met een sonde in de keel. De camera zit dan direct achter het hart, zodat de foto's veel beter zijn. De toestand was dramatisch verslechterd want nu contraheerde zowel het linker- als het rechterventrikel slecht. Op zo'n moment komen de 'wat als'-vragen op. Zou dit zijn gebeurd als de elektroden van de defibrillator anders waren geplaatst? Wat als ze haar rechtstreeks naar het ziekenhuis hadden gebracht, zodat ze sneller was behandeld door degenen die een diagnose konden stellen, en dan gericht medicatie gaven zoals mijn collega had gedaan? Wat ze nodig had gehad was deskundigheid en medicatie, geen mechanische voorhamer ergens buiten in de stad.

'Wat als'-vragen zijn zinloos in de hartchirurgie – ze zijn totaal niet zinvol. We moeten gewoon doorgaan en behandelen wat we tegenkomen. Ik wist wat ze nu nodig had. Haar worstelend hart kon nog steeds herstellen, maar ze had ondersteuning van de bloedsomloop nodig en het enige wat we snel konden doen was het plaatsen van een intra-aortale ballonpomp, in het volle besef dat het vrijwel nutteloos was bij patiënten in shock. De pomp ging er in elk geval in en op de monitor was te zien dat dat de bloeddruk een beetje verbeterde. Maar ze had een grotere bloeddoorstroming nodig, en dat doet zo'n ballonpomp niet. We moesten haar het vaatvernauwende middel noradrenaline geven om de druk boven 70 mm Hg te houden, maar dat veroorzaakte spoedig weer nieuwe episodes van ventrikelfibrilleren.

Wat ik bedoelde toen ik zei dat ze ondersteuning van de bloedsomloop nodig had, was een steunhart om de bloedcirculatie over te nemen, pompen zoals we die hadden gehad voordat het geld op was geraakt. In haar geval hadden we een systeem nodig dat extracorporele membraan-oxygenatie wordt genoemd – afgekort ECMO. Dat is een combinatie van een centrifugale bloedpomp met een oxygenator. Het lijkt op de oxygenator van een hart-longmachine, behalve dat het systeem ontworpen is voor langdurig gebruik en dagen- of wekenlang veilig gebruikt kan worden, totdat het hart weer beter wordt. We hadden dit apparaat nodig omdat zowel haar linker- als rechterventrikel faalden, en haar longen verslechterden als reactie op shock. Maar we hadden er geen. Slechts een handvol hartcentra in het Verenigd Koninkrijk kregen financiering om deze apparaten te gebruiken, met name ten behoeve van jonge patiënten met ernstige longziekten.

Inmiddels begon mijn bloed stilaan te koken toen ik de wanhopige ouders aan haar bed zag zitten en de waterige lentezon zag opkomen boven de horizon terwijl normale, gezonde mensen aan hun dag begonnen, net zoals zij gisteren op Brookes.

Wat zeggen de laatste richtlijnen van het NICE – het National Institute for Health and Care Excellence – over gevallen van acuut hartfalen? Dat men 'advies moet vragen van een ziekenhuis dat over bloedsomloop-ondersteunende apparatuur beschikt'. Dat deden we. Mijn chirurgische collega's, die ik nog zelf had opgeleid, bevestigden dat ze ECMO nodig had. Maar wat waren de vooruitzichten voor een veilig transport van een stervend meisje met almaar terugkerende episodes van ventrikelfibrilleren? Een patiënt die al zeventig keer gedefibrilleerd was met elektrische schokken? Wier hart inmiddels zowat geroosterd was? De kans om haar veilig naar een ander hartcentrum over te brengen, was verwaarloosbaar klein. Dat feit werd door niemand betwist.

Gezien onze trackrecord op het gebied van innovatie, verbaasde het mijn collega's dat we geen ECMO-systeem hadden. Ze zeiden dat ik de apparatuur zo snel mogelijk in Oxford moest zien te krijgen via de vertegenwoordiger van de fabrikant. We konden de leverancier pas in de ochtend om half negen bereiken, en tegen die tijd was haar bloeddruk opnieuw gezakt, met een toename van de druk in haar aderen. Het gevolg hiervan was dat haar weefsels slecht doorbloed werden, de bloedstroom in de vitale organen was ernstig belemmerd en de zuurspiegels stegen tot kritieke hoogtes.

Ik overlegde of we haar naar de operatiekamer zouden brengen om haar aan een conventionele hart-longmachine aan te sluiten. Maar dat zou om een aantal redenen rampzalig kunnen zijn geweest. Het zou de longen nog meer kunnen beschadigen en het stollingsvermogen van het bloed verminderen. Bloedingen zijn de meest voorkomende levensbedreigende complicatie bij ECMO, en een langdurige periode aan een conventionele hart-longmachine zou dat risico nog sterk vergroten.

Maar er was nog een andere optie die ons een tijdje vooruit zou helpen, een krachtig middel tegen hartfalen dat Levosimendan heet en dat we in het verleden al gebruikt hadden. Het bevordert de koppeling van calcium aan de spiermoleculen en verhoogt de kracht van de spiercontractie, zonder de zuurstofconsumptie van het spierweefsel of de prikkelbaarheid van de ventrikels te verhogen. Ik vroeg de intensivecare-artsen om met een infuus van dit geneesmiddel te beginnen, maar kreeg te horen dat we niet meer over dit middel beschikten omdat het ziekenhuis het te duur vond. Het enige wat we konden krijgen waren vaatvernauwende middelen die het hart nog meer zouden prikkelen, of middelen die slecht voor het hart zijn en alles nog veel erger zouden maken.

De afschuwelijke waarheid was dat we wanhopig probeerden deze jonge vrouw in leven te houden zonder de apparatuur of de medicijnen die ze nodig had. Het werd een gespannen, miserabele morgen. De tijd verstreek en we probeerden de arme ouders gerust te stellen door ze te verzekeren dat we alles deden wat we konden, terwijl we aan het wachten waren op de ECMO-apparatuur die gebracht zou worden. Intussen gaven we haar infuusjes met natriumbicarbonaat om het zuur te neutraliseren en hielden we haar pupillen in de gaten. Reageerden ze nog steeds op licht? Kregen haar hersenen voldoende zuurstof? Hogere doseringen van vaatvernauwende middelen verhoogden korte tijd haar bloeddruk, in de hoop de bloedtoevoer naar haar hersenen te verbeteren, maar dat ging wel ten koste van haar ledematen en darmstelsel. Haar handen en benen waren al koud en wit, en de bloedsomloop werd gevaarlijk zwak terwijl de naar zuurstof smachtende spieren zuren in het bloed afscheidden.

Rond de middag kon ik het niet langer aanzien. Ik ging naar de operatieafdeling en zei daar dat we haar aan de hart-longmachine moesten aansluiten, hopelijk maar voor eventjes, totdat de ECMO-apparatuur in het ziekenhuis zou aankomen. Toen kwam iemand met de onvermijdelijke vragen. Wie zal die ECMO betalen? Wie gaat het 's nachts in de gaten houden? Wat als?

Ik was moe en prikkelbaar en werd laaiend. Wat zijn dat voor mensen die vraagtekens plaatsen bij onze inspanningen om het leven van een twintigjarige vrouw te redden? Wat maakte het verdomme uit dat we geen transplantatiecentrum waren? Ze had geen transplantatie nodig. Haar eigen hart had alleen maar rust nodig om te herstellen van de mishandelingen van de afgelopen vierentwintig uur. Waarom was dit zogenaamde 'centre of excellence' niet in staat om een meisje te redden dat op nog geen twee kilometer afstand van het ziekenhuis een collaps had gekregen? Het was in elk geval niet door een gebrek aan inzet van het medische personeel.

Net voordat ik mijn zelfbeheersing helemaal verloor, hoorde ik dat de apparatuur was aangekomen. Onze patiënt was al onderweg naar de operatiekamer, en ik liep de vertegenwoordiger van het bedrijf tegemoet, die enorm zijn best had gedaan om naar ons toe te komen om te helpen. Hij was al meer dan een uur in Oxford, maar had vastgezeten in het verkeer en daarna moest hij nog een hele tijd rondrijden voordat hij kon parkeren, ondertussen almaar gefrustreerder en bezorgder wordend. Verloren tijd betekende minder kans op overleven. Hij wist het en was pisnijdig.

Zodra de apparatuur klaar was, kostte het maar een paar minuten om het ECMO-circuit aan te sluiten, via bloedvaten in beide liezen. Echoscopie liet zien dat de dijslagader te smal was en daarom heb ik ervoor gekozen hem operatief bloot te leggen en een kunstmatige vaatbuis erlangs te plaatsen. Dat zou een adequate bloedtoevoer naar het been garanderen. In de andere lies werd een canule met een geleidedraad rechtstreeks in de ader ingebracht. De lange canule werd vooruitgeschoven tot in haar rechteratrium, en zorgvuldig gepositioneerd met behulp van een echosonde in haar slokdarm.

Toen de pomp werd aangezet, steeg haar bloeddruk meteen tot 110/70 mm Hg, terwijl de druk in haar aderen van 25 mm Hg daalde naar 5 mm Hg. Hoewel we een nierdialysecanule in haar hals hadden ingebracht, verbeterde haar urineproductie als reactie op de verhoogde bloedcirculatie. In enkele minuten tijd was ze door het ECMO-systeem getransformeerd – betere kleur, betere chemie, een heel andere patiënt. Ik was in jubelstemming en haar ouders konden zich eindelijk ontspannen.

Gedurende de eerste uren bleven haar pupillen reageren op licht. Maar laat in de namiddag, toen haar hart al aanzienlijk beter was geworden, verwijdden haar pupillen zich plotseling en reageerden niet meer op licht. Een nachtmerrie die werkelijkheid was geworden: het lichaam wordt beter maar de hersenen gaan kapot. Door gebrek aan bloed en zuurstof waren haar hersenen, opgesloten in de schedelholte, gaan zwellen. Door de druk die zo ontstond werd haar hersenstam in het ruggenmergkanaal van haar wervelkolom geperst. Een hersenbreuk, medisch jargon voor een ramp.

Toen dat gebeurde lag ik op de sofa in mijn kantoor, hopend dat de strijd nu eindelijk over was. Mijn secretaresse Sue klopte aarzelend op mijn deur voordat ze naar huis ging. De intensive care vroeg of ik kon komen, een boodschap die bij mij altijd een akelig voorgevoel veroorzaakt. Niemand belt met goed nieuws – het gaat altijd om problemen. Ik verwachtte een bloeding, of iets wat ik weer in orde zou kunnen krijgen. Maar toen ik bij haar bed kwam, waren de gordijnen helemaal dichtgetrokken.

Haar ouders zaten aan weerszijden en hielden ieder een van haar handen vast. Allebei waren ze nu lichamelijk en emotioneel volkomen uitgeput. Ik moest weten wat er was gebeurd voordat ik ze zou storen. De verpleegster die haar verzorgde kwam ontdaan op me toe om het te vertellen. Haar pupillen waren ineens vrij snel groot geworden, en ik moest meteen weten wat de oorzaak daarvan was – had ze een hersenbloeding opgelopen door het antistollingsmiddel heparine of waren haar hersenen gezwollen door zuurstofgebrek?

In het eerste geval zou een hersenchirurg kunnen helpen, door de klonter bloed te verwijderen. De andere mogelijkheid zou meer dan waarschijnlijk het definitieve einde betekenen van al onze inspanningen, en dat net toen we het ventrikelfibrilleren hadden overwonnen. Er waren vier uur voorbijgegaan sinds de laatste reanimatieschok, en nu moesten we zo snel mogelijk naar de hersenscanner. Ik ging er zelf heen om het te regelen en vroeg een collega-hersenchirurg om met mij de resultaten te bekijken.

Hersenscans worden schijf na schijf gemaakt en laten talrijke dwarsdoorsneden zien van windingen van grijze en witte stof. Het is complexe, maar goed afgetekende anatomie; elk deel is verantwoordelijk voor een deel van onze levens en sommige delen zijn belangrijker dan andere. De schedel is een harde doos, dus als de hersenen opzwellen, moet er ergens iets plaatsmaken. De vloeistofruimtes worden samengeperst en verdwijnen, de tere hersenaanhangsels en zenuwen worden vervormd, en uiteindelijk worden delen van de hersenstam uit de schedel geduwd, en dat is de reden waarom de pupillen hun reactievermogen op licht verliezen. En als er geen hersenstamreflexen meer zijn, is de patiënt dood.

Het maken van de scan was een kwestie van minuten. Daarna werden de schijfjes door de computer omgevormd tot een driedimensionale reconstructie van het gehele orgaan. Die vertelde een verhaal dat ik liever niet had willen horen. 'Ernstige hersenzwelling met herniatie van de hersenstam door het foramen magnum' luidde het officiële rapport van de radioloog. Ik heb nog geprobeerd de hersenchirurgen ertoe te brengen om de bovenkant van de schedel te lichten om de druk op de hersenen weg te nemen. Ze waren begripvol maar zeiden dat het daarvoor te laat was. Het spijt ons zeer. Maar mij speet het nog veel meer.

We hebben haar in haar bed teruggereden naar de intensive care. Dit was nog een hele onderneming vanwege alle apparatuur – ECMO-circuit, beademing, ballonpomp, monitoren – en we stapten nu langzaam voort in een trieste processie.

Waar waren we mee blijven zitten? Al haar andere organen waren aan het herstellen. Ze was warm en roze, haar lichaam werd doorspoeld met zuurstofrijk bloed uit de machine, haar nieren maakten urine, haar darmstelsel kon voedsel opnemen en haar lever kon toxines elimineren. Alle organen hebben bloed en zuurstof nodig, en ECMO – deze eenvoudige, goedkope technologie – leverde dat in overvloed. Maar voor de hersenen was het te laat gekomen. We hadden gefaald in het redden van de cellen die het belangrijkst waren.

Ik was hier erg verbitterd over. Er was geen enkel ander team in het Verenigd Koninkrijk dat zoveel ervaring had opgedaan als wij, dat zoveel werk in het laboratorium had verricht, dat zoveel belangrijke ontdekkingen had gedaan. Maar dat alles speelde geen rol. Wat wel een rol speelde was dat we geen transplantatiecentrum waren en dus niet in aanmerking kwamen voor financiering. Wat wel belangrijk was, waren de kosten. En de dood is goedkoop.

Ik kon het niet opbrengen om het aan haar ouders te vertellen. Als een lafaard maakte ik me uit de voeten en ging terug naar mijn kantoor, somber als een onweerswolk. De intensivecare-artsen deden hun best om de hersenzwelling met medicijnen te behandelen, maar dat waren zinloze handelingen. De teerling was al geworpen. ECMO werd na achtenveertig uur stopgezet omdat ze hersendood was. Ik heb eigenhandig de slangen verwijderd. Haar hart wekte nu goed – goede bloeddruk, normaal hartritme, geen ventrikelfibrilleren meer. Díé strijd was gewonnen.

Na de officiële vaststelling van de dood van de hersenstam werd de kwestie van orgaandonatie aangekaart bij de verdrietige ouders. Het bleek dat het meisje ooit de wens had uitgesproken om haar organen te doneren in het geval van een vroegtijdige dood, en haar ouders konden zich vinden in haar wens. Van tevoren, toen de ouders nog aanwezig waren, ging ik haar opzoeken. De verpleegster die ons had geholpen bij de strijd om haar leven was ook bij het bed. Ze wilde tot het einde voor haar patiënt blijven zorgen en de ouders ondersteunen. Zo'n plichtsgevoel is zeldzaam. Het vergt morele kracht en moed.

Wat kon ik in dit stadium zeggen? Ik was echt erg verdrietig. Mijn zoon was een van haar medestudenten op Brookes en was van dezelfde leeftijd. Hoe zou ik me hebben gevoeld als mij zoiets was overkomen? Daar hoefde ik niet over na te denken – ik had al zoveel getroffen ouders gesproken dat ik dat wel wist. Ik zei hun het volgende: Het speet me werkelijk heel erg dat ze dit verlies moesten ondergaan. Een ervaren team van specialisten had onder moeilijke omstandigheden dag en nacht gevochten om het onheil te keren. Al mijn collega's waren kapot van wat er was gebeurd en we waardeerden het genereuze aanbod om haar organen te doneren. Het was een geschenk dat levens van anderen zou veranderen.

Uiteindelijk schonk ze haar lever en beide nieren, dus drie patienten waren geholpen. Het feit dat deze organen nog steeds normaal functioneerden was een compliment voor ECMO.

Slechts enkele dagen later hadden we die uitrusting weer nodig, deze keer voor een jonge vrouw die net bevallen was en die een embolie van baarmoedervloeistof had gekregen in haar longen. Het enige wat ik kon adviseren was om haar meteen naar een ECMO-centrum te sturen, omdat ik goed wist dat de vertraging fataal zou zijn. Helaas had ik gelijk.

Daarna had ik hem weer kunnen gebruiken voor een veertigjarige patiënte die door een ongeval een luchtembolie had opgelopen en een hartstilstand had gekregen op onze eigen intensive care. Ze is overleden. En zo gaat de kroniek verder.

De dood van de jonge vrouw veroorzaakte erg veel verdriet bij haar medestudenten en docenten op Brookes University. Ik schreef een brief aan de vicedecaan om mijn spijt te betuigen dat we haar niet hadden kunnen redden nadat haar vrienden dat zo bewonderenswaardig hadden geprobeerd toen ze was ingestort. Maanden later kreeg ik een uitnodiging voor de afstudeerceremonie van de universiteit. Ze waren van plan om haar postuum haar diploma te geven, en of ik alstublieft met de ouders mee zou willen komen?

Ik zat met haar moeder, vader en vriend op de voorste rij, en we keken toe hoe al die pientere jonge mannen en vrouwen het podium beklommen om hun diploma's op te halen. Toen gaf de decaan Shami Chakrabarti een verklaring over het speciale diploma en bedankte de chirurg voor zijn dappere pogingen om haar te redden. Iemand moest naar voren komen en het document in ontvangst nemen. Dat was haar moeder. Haar vader was als versteend door verdriet en haar vriend zat er diep ongelukkig bij. Ik had een brok in mijn keel. Ik kon niets zeggen maar ik heb de arme dame geholpen om naar voren te strompelen. Dit was niet zoals haar universitaire studie afgerond had moeten worden. Al haar vrienden en docenten gingen bij de familieleden langs. Die vonden het fijn om ze te ontmoeten en gingen dapper mee naar de receptie.

Maar ik was verbitterd en gefrustreerd. Ik ging verpletterd weg, met het gewicht van de hele wereld op mijn schouders. Het was de zwaarste dag van mijn carrière.

Ter herinnering aan Alice Hunter, in de hoop dat anderen wel gered kunnen worden.

15
TWEE LEVENS OP HET SPEL

When I was young and full of life,
I loved the local doctor's wife
And ate an apple every day
To keep the doctor far away.

Toen ik jong was, bruisend, vief,
Had ik de doktersvrouw heel lief
En at een appel elke dag
Zodat de dokter ons niet zag

– Thomas W. Lamont, *My Boyhood in a Parsonage*

Julia was veertig. Ze was mooi, blond en assertief, en maakte carrière in Londen. Haar weekenden waren voor de paardensport; ze reed wedstrijden op hoog niveau en eindigde vaak bij de besten. Daarom was ze laat met haar eerste baby. Maar alles zou goed gaan omdat ze fit was, zowel fysiek als mentaal. Toen ze psychologie studeerde in Durham had ze hockey gespeeld voor de universiteit en daarna voor haar district, het graafschap Leicestershire. En ook nog voetbal en cricket.

Bij conditietests had ze echter iets eigenaardigs: ze heeft nooit een piepjestest kunnen voltooien, er was altijd iets wat haar tegenhield. Ook viel ze regelmatig in slaap tijdens vergaderingen, en dat gebeurde zo vaak dat ze opgenomen werd in een particuliere kliniek voor slaapstoornissen. Men dacht aan narcolepsie, maar er was niets te vinden, en het onderzoek heeft een smak geld gekost.

Ze raakte helemaal in vervoering toen de zwangerschapstest in april 2015 positief bleek, na twee maanden proberen. Bingo! Maar toen begon ze erg moe te worden en vervolgens een beetje kortademig, en uiteindelijk raakte ze al buiten adem als ze te paard steeg – maar men stelde haar gerust door te zeggen dat zoiets normaal was tijdens een zwangerschap, en dat het allemaal kwam door hormonen en vocht vasthouden.

Vastbesloten om zich niet te laten vloeren door haar vermoeidheidsklachten en weer fit te worden, begon ze weer met hardlopen. De eerste keer haalde ze nog vijf kilometer, maar de week daarop was ze aan het eind van de straat al buiten adem, en ze had een pijnlijke keel en een beklemd gevoel op haar borst. Haar borsten waren gevoelig en gezwollen, en ze dacht dat pijnlijke borsten voor een deel de reden van haar probleem konden zijn. Ze zou het een beetje kalmer aan moeten doen, maar paardrijden ging tenminste nog.

Toen ze dertien weken zwanger was, bezocht ze op een maandag de verloskundige van de huisartsenpraktijk. Zij kreeg het advies om preventief aspirine te nemen tegen pre-eclampsie – de gevaarlijk hoge bloeddruk waar sommige vrouwen in een later stadium van de zwangerschap last van krijgen. Ze vertelde hoe slap ze zich voelde, en hoe snel dat was verslechterd. In plaats van Julia als neurotisch af te doen, vond de verloskundige dat ze haar hart en longen moest laten nakijken, en ze beloofde dat met haar huisarts te bespreken. Goed dat de verloskundige zo reageerde – het was een cruciale beslissing.

De dokter luisterde zoals artsen dat altijd zouden moeten doen. Hij was vriendelijk en geruststellend. 'Het bloedvolume neemt met een derde toe tijdens de zwangerschap,' vertelde hij haar. 'Daardoor kan men kortademig worden. Laat me even uw borst beluisteren.' Toen veranderde zijn toon en keek hij plotseling ernstig. 'Slechts een licht geruis. Maar we moeten snel naar u laten kijken.'

Even later had hij de Windsor Clinic in Maidenhead aan de lijn. Daar kon een cardioloog haar op woensdag, twee dagen later, onderzoeken. Julia was bezorgd maar ging weer aan het werk. United Biscuits had haar nodig en door werken zou ze niet voortdurend aan dat woord 'geruis' hoeven denken.

De Windsor Clinic had een mooie wachtkamer, een efficiënte receptionist en een comfortabele zitbank, hoewel dit alles Julia geen barst kon schelen. Ze had twee belangrijke onderzoeken op het programma staan voordat de cardioloog haar zou zien. Daarvoor moest ze haar elegante zwarte jurk uitdoen en het bekende witte hemd omslaan, dat haar billen bloot liet omdat het achter de rug dichtgeknoopt moet worden, waar je niet bij kunt.

Eerst het elektrocardiogram. Ze klom op de bank en een vrouw vroeg haar om haar bovenlichaam te ontbloten. Sensoren registreerden de elektrische activiteit via haar polsen en enkels en door de borstwand, en het ECG-apparaat spuwde vervolgens snel een lange roze papierstrook uit met een zwarte kronkelige lijn. Voor artsen was dit belangrijke informatie, maar voor leken volstrekt onbegrijpelijk. De ECG-laborant zei echter dat het goed was. Dat klonk geruststellend! Alleen: het was niet goed.

Julia's ECG liet het getrainde oog zien wat we linkerventrikelhypertrofie noemen – een overbelaste hartspier. Vervolgens kreeg ze een echocardiogram, een niet-invasieve manier om in het hart te kijken, waarbij echobeelden worden gemaakt met een sonde en op een scherm te zien zijn. Julia kreeg een kleur want de echolaborant was een man, maar hij was vriendelijk en praatte veel terwijl hij viskeuze gel op haar borst smeerde. Dat hoort er allemaal bij.

Het kostte tijd om goede foto's te krijgen. Hij werkte om haar gezwollen linkerborst heen en probeerde haar geen pijn te doen. Hij begon met haar hartkamers – het linker- en rechterventrikel. Die zijn het best te zien vanuit de hoek waarbij beide atria en beide ventrikels in beeld komen. Het linkerventrikel was dikker dan verwacht. Het rechterventrikel en het linker- en rechteratrium zagen er normaal uit. Maar de echoscoop had het belangrijkste nog niet onthuld. De echolaborant verplaatste zijn sonde naar de bovenkant van het borstbeen en richtte hem omlaag.

Meteen veranderde zijn manier van doen en zijn gezichtsuitdrukking. Hij werd stil en bewoog de sonde heen en weer, en Julia voelde dat er slecht nieuws op komst was. De moed zonk haar in de schoenen en ze kreeg dat plotselinge gevoel van koude leegte, alsof je ineens al je ingewanden kwijt bent.

'Wat is het?' Ze moest het vragen.

'Stevige aortastenose.' Het antwoord klonk alsof het van een automaat kwam. 'Het spijt me zeer. Ik ga de dokter opzoeken om het hem vertellen.'

Toen kwam weer een dame met een andere echoscoop om naar de baby te kijken en deze keer kreeg Julia slijmerige gel op haar buik gesmeerd. Het was haar eerste kennismaking met haar foetus, en men was bezorgd of deze nog levend was. Het daaropvolgende tweegesprek wekte bij haar het gevoel dat men vond dat het beter was geweest als haar foetus dood was. Voor Julia was het een dag van rampspoed, maar de hartslag van de foetus was normaal; levenslustig klopte het hartje 150 keer per minuut.

Nu kwam ze bij de dokter, een slimme, jonge cardioloog die ook voor de NHS werkte. Hij had de onderzoeksresultaten al beoordeeld en kende de diagnose, maar er was niets wat hij kon doen om te helpen. Julia had nu tenminste haar kleren weer aan en voelde zich minder bekeken en lichamelijk minder kwetsbaar, maar psychisch was ze een instorting nabij. Vanwege haar bachelorstudie wist ze veel van psychologie, maar daardoor werd het niet makkelijker voor haar om zich te beheersen.

Ze viel met de deur in huis, zonder eerst beleefdheden uit te wisselen: 'Ik zit in de problemen, nietwaar?'

'Ja, het spijt me.'

Weer dat verdomde 'het spijt me'. Alle dokters zeggen het maar het betekent niets voor hen.

'U heeft een zeer ernstige aortastenose. Meer bepaald, een aangeboren aortastenose. Heeft niemand het geruis gehoord voordat u besloot om een kind te krijgen?'

Julia dacht zorgvuldig na. Andere artsen hadden inderdaad naar haar borst geluisterd, ja. Maar nee, niemand had iets gezegd over hartgeruis.

Wanneer de hartklep erg nauw wordt kan hartgeruis moeilijk te horen zijn. De klep was bij haar erg nauw en haar probleem werd pas onthuld door het toegenomen bloedvolume – het extra werk dat een hart moet verrichten om de placenta te ondersteunen.

Om de fysiologie van wat er is gebeurd uit te leggen, is het belangrijk om te weten dat van de twaalfde tot de zesendertigste week van de zwangerschap het bloedvolume dat het hart rondpompt, stijgt tot het piekniveau, dat vijftig procent hoger ligt dan het niet-zwangere niveau. Bij Julia was in de dertiende week de rek er al uit omdat de klep aan de uitgang van het linkerventrikel sterk was vernauwd. De drukkende pijn op de borst die ze voelde bij het sporten, kwam door een gebrekkige bloedtoevoer naar de kransslagaders. Toen de bloeddruk in haar arm 100 mm Hg was, was het 250 mm Hg in het linkerventrikel – gevaarlijk hoog. Bovendien werd bloed dat probeerde haar hart in te stromen vastgehouden in de longen, waardoor deze stijf werden. Nog meer belasting van welke aard dan ook kan ertoe leiden dat de longen overstroomd raken met oedeemvloeistof, en dat kan een plotse dood betekenen. En Julia dacht dat ze fit was!

En nu de genadeslag. De levensverwachting bij ernstige aortastenose zonder de baby zou zes, en op zijn hoogst vierentwintig maanden zijn geweest. Maar in haar huidige situatie was het slechts een kwestie van enkele weken. Het was veel te riskant om de zwangerschap voort te zetten, en de cardioloog was van mening dat hij nog voor het weekend een abortus moest regelen. Daarna zou het mogelijk zijn om een aortaklep te vervangen. Ze had die operatie dringend nodig.

Dit was absoluut niet wat Julia wilde. Ze had kinderen krijgen lang uitgesteld, en na drie maanden vol opwinding en verwachting was ze gehecht geraakt aan haar foetus. En niet alleen door de placenta. Stel dat ze nooit een andere kans zou krijgen? Ze voelde zich goed als ze maar niets deed. Waarom zou ze niet gewoon door kunnen gaan met nietsdoen tot de baby geboren was? Logisch gedacht, en de gevolgen wilde ze wel dragen. Maar verkeerd gedacht: de cardioloog liet er geen twijfel over bestaan dat als er niets zou worden gedaan zowel Julia als de baby allang dood zou zijn voor het einde van de zwangerschap, ook als het een premature bevalling zou worden over twintig weken.

Haar mogelijkheden waren beperkt. Geen enkele chirurg zou haar aortaklep opereren wanneer ze zwanger was. Als ze wilde, zou hij haar geval de volgende dag ter sprake kunnen brengen tijdens een multidisciplinaire teambijeenkomst van een groep cardiologen, chirurgen en intensivecare-artsen, waar hij, speciaal voor Julia's geval, ook verloskundigen bij zou vragen. Gezamenlijk zou men de informatie in detail bespreken, alle alternatieven overwegen, en dan de juiste weg aanbevelen.

Julia toonde zich verre van inschikkelijk. 'Hoe zit het dan met hoe ik erover denk?' Ze drong aan: 'Ik wil mijn baby houden. Ik wil geen groep betuttelende mensen om me heen. Op welke manier is de kans dat ik de baby kan houden het grootst?'

Deze vraag was niet eenvoudig te beantwoorden. Er was geen simpele oplossing. De cardioloog dacht even na en zei toen: 'Ik verwijs u naar een cardioloog in Oxford die zich heeft gespecialiseerd in hartproblemen tijdens de zwangerschap.'

De ethische principes met betrekking tot zwangerschap zijn helder. De arts is eerst en vooral verantwoordelijk voor de moeder. Hoewel een baby in de baarmoeder opgeofferd mag worden om de gezondheid van de moeder te beschermen, wordt het niet aanvaardbaar geacht om een moeder in gevaar te brengen omwille van een ongeboren kind. Normaal gesproken zal een baby in leven blijven als hij na dertig weken, zelfs al na achtentwintig weken, wordt geboren. Slechts in zeldzame gevallen zijn stervende moeders in leven gehouden met als enig doel een foetus te behouden.

De cardiologen in het regionale algemene ziekenhuis zagen de echobeelden. Ze waren van oordeel dat Julia's hartklep veel te nauw was om de zwangerschap tot dertig weken vol te houden, om dan een keizersnede uit te voeren. De hormonale veranderingen en de toename van het bloedvolume waren op zich al levensbedreigend, en ze zou niet nog zestien weken kunnen overleven. Iedereen was het hierover eens: Julia moest het advies krijgen om binnen een paar dagen haar zwangerschap te laten beëindigen, en vervolgens de aortaklep te laten vervangen. Een abortus zou een complex probleem simpel maken, ervan uitgaande dat je hartchirurgie als iets simpels kunt beschouwen.

De cardioloog belde haar donderdagmiddag op haar werk op, en vertelde haar kort over de deprimerende consensus van zijn collega's. Dat woordje 'sorry' deed haar opnieuw huiveren, maar hij had een afspraak voor haar gemaakt voor de volgende middag met Oliver Ormerod te Oxford, van de NHS. Hij benadrukte dat er geen tijd verspild mocht worden en dat ze tot die tijd absoluut niet moest gaan paardrijden of zich anderszins mocht inspannen.

Om op tijd op de afspraak te komen was een nachtmerrie. Files op de hoofdwegen naar het ziekenhuis, files om de parkeerplaatsen te bereiken, geen parkeerplaats, geen hulp. Ze dreigde te laat te komen op de belangrijkste afspraak van hun twee levens, en bovendien kreeg ze weer last van die drukkende pijn op de borst, die gepaard ging met verlammende angst. De vrijdag daarvoor was ze nog een blijmoedige aanstaande moeder. Nu was ze vervuld van een gevoel van naderend onheil.

Oliver bracht daar verandering in, want hij was geen doorsnee-arts. Hij droeg geen pak of stropdas en wekte de indruk alles licht op te vatten; hij deed Julia denken aan een van haar favoriete figuren uit haar kindertijd, Popeye de Zeeman. Hij gaf haar het gevoel dat zij de belangrijkste persoon in de spreekkamer was.

'U wilt uw baby houden? Laten we eens kijken hoe we u daarbij kunnen helpen.'

De beklemming in haar borst verdween en een golf van ontspanning ging door haar lichaam. Als vanzelf ging haar hand naar die kleine bult, alsof ze wilde zeggen: 'Maak je geen zorgen! Deze dokter zal voor ons tweetjes zorgen.'

Wat waren nu de mogelijkheden om Julia én de baby veilig in leven te houden? Oliver was het ermee eens dat de klep niet kon wachten tot de baby levensvatbaar was, na achtentwintig weken zwangerschap. Daarom zou de klep behandeld moeten worden terwijl men probeerde de zwangerschap niet af te breken. Er waren twee mogelijke manieren om verder te gaan. De eerste was een ballondilatatie van de sterk vernauwde klepopening, als een tijdelijke ingreep, alleen om tijd te winnen. De tweede was zo snel mogelijk het hart opereren, met behulp van de hart-longmachine. Alle eerder uitgebrachte medische opinies hadden zich uitgesproken tegen deze laatste optie.

Ballondilatatie werd gedaan op de hartkatheterisatieafdeling met behulp van röntgenbeelden, maar de baarmoeder kon worden afgeschermd tegen de straling. De ballon zou opgeblazen worden in de vernauwde klepopening om de aaneengesloten delen te splitsen en open te duwen. Als door deze behandeling Julia's zwangerschap tot dertig weken zou kunnen worden voortgezet, zou de klep na de geboorte van de baby vervangen kunnen worden. Ze zou dan een veiligere hartoperatie ondergaan als jonge moeder.

Mijn collega professor Banning was een expert in hartklepbehandelingen met een ballon, en Oliver had gedetailleerde echobeelden van de klep nodig om aan Banning te laten zien. Als hij ermee akkoord ging, zou de ingreep in het begin van de volgende week kunnen plaatsvinden. Maar wat waren de risico's? Het was mogelijk dat de klep zou scheuren en gaan lekken, met acuut hartfalen als gevolg, zodat er een operatieteam in de operatiezaal standby zou moeten blijven. Een ander risico was dat de klep niet voldoende zou kunnen worden geopend om een verschil te maken. Hoe dan ook, er was een groot risico voor de moeder en de baby. Het was geen simpele zaak.

Oliver besloot haar na het weekend op te nemen. In de tussentijd zou hij ook praten met de enige chirurg die hij kende die zwangere patiënten in vergelijkbare omstandigheden had geopereerd.

Oliver belde me vrijdagavond thuis op en we bespraken eerst onze vorige gezamenlijke casus. De laatste zwangere patiënt die we samen hadden behandeld, kreeg een ongewoon geruis in de achtentwintigste week. Het bleek dat ze een grote maar goedaardige tumor in het linkeratrium had, een linkeratrium-myxoma zoals bij Anna. We hadden haar vier weken lang in het ziekenhuis onder controle gehouden en in de tweeëndertigste week de baby met een keizersnede gehaald in een cardiologie-operatiekamer. Drie dagen later verwijderde ik de tumor. Moeder en kind deden het goed.

Eerder hadden we eens een jonge vrouw behandeld met een ontstoken kunstmatige hartklep die uit elkaar viel en ernstig lekte. In de drieëndertigste week brachten we haar naar de operatiekamer en voerden een keizersnede uit. Meteen daarna verving ik de aortaklep. Moeder en baby deden het goed, hoewel we problemen kregen met bloedingen van de baarmoeder.

Toen herinnerde ik Oliver eraan dat ik eens, in een ander ziekenhuis, een aortaklep had vervangen bij een vijfendertig jaar oude vrouw met een foetus van twintig weken. De klepvervanging ging prima, en de baby had daarna een detecteerbare hartslag. Maar midden in de nacht kreeg ze een spontane abortus en een hevige bloeding. Het had niet veel gescheeld of we hadden niet alleen de baby, maar ook de moeder verloren.

Een hartoperatie tijdens zwangerschap is een van de zeldzame gevallen waarbij je twee patiënten tegelijk kunt verliezen, moeder en baby. Ik had alles gelezen wat er over hartoperaties tijdens de zwangerschap was gepubliceerd en alle gegevens geanalyseerd, en vervolgens had ik er zelf een gedetailleerd overzichtsartikel over gepubliceerd. In die tijd waren er wereldwijd maar 133 gevallen bekend, en slechts negentien aortaklepvervangingen. Geen enkele moeder was gestorven maar men verloor zeven baby's. Was dit geruststellend? Nee.

De grote moeilijkheid hierbij is dat chirurgen het liefst verslag doen van succesvolle operaties. Er zouden dus honderden niet bekendgemaakte gevallen kunnen zijn waarbij de baby's – en mogelijk ook de moeders – dood waren gegaan. Beter om daar maar over te zwijgen, toch? Dat zit in de menselijke aard. Niettemin beschikten we over een paar statistische gegevens die we met Julia en haar familie konden delen.

Vervolgens vroeg Oliver me wat ik vond van de ballonoptie. Ik zei dat het een goed idee was, maar dat het in de praktijk op moeilijkheden kon stuiten. Meestal bestonden aangeboren misvormde aortakleppen niet uit aparte onderdelen die door de druk van de ballon uit elkaar gaan zoals dat gebeurt bij reumatische mitraliskleppen, waarvoor deze techniek goed geschikt is. Het was in wezen een blindelingse ingreep – de klep zou daarbij stuk kunnen gaan, en het was ook mogelijk dat de aorta zou splijten en hevig zou gaan bloeden. We moesten Banning vragen wat hij dacht dat de kans op slagen was. Als er zou worden gekozen voor de balloningreep, zou ik mijn best doen om voor back-up te zorgen. Daar lieten we het bij.

Na het weekend kwam Julia weer naar het ziekenhuis voor verder onderzoek. Het nieuws van haar zwangerschapsdilemma had zich snel verspreid, en er was een grote opkomst bij de wekelijkse meeting van het team aangeboren hartafwijkingen, donderdagochtend bij het krieken van de dag. Onze collega's kindercardiologie uit Southampton waren ook aanwezig, en Oliver presenteerde de casus met prachtige nieuwe foto's van haar hart.

Julia's aortaklepopening was een smalle spleet, en in plaats van drie slippen bleek er maar één te zijn, wat we een eenslippige klep noemen. Het zag eruit als een vulkanisch gebergte, was stijf en bijna één centimeter diep. De onderliggende spier was onheilspellend dik en het was uitzonderlijk dat ze met deze omstandigheden de leeftijd van veertig jaar had bereikt. Zou de balloningreep iets verbeteren? Onwaarschijnlijk. Was het veilig? Onwaarschijnlijk.

Dan de conclusie. Ze hadden hun beslissing al genomen. Julia zou meteen worden geopereerd om de aortaklep te vervangen door een biologische kunstklep, een klep waarbij geen antistollingsmiddelen nodig zijn die een bedreiging zouden vormen voor de zwangerschap. Dat was wat Julia wilde. Het was haar eigen beslissing, en ze hield niet van aarzelen. Ze was niet alleen doortastend maar ook dapper. Daar was iedereen in de vergadering het over eens.

Of ik het zou willen doen? Het zou snel moeten gaan en ze moest zo min mogelijk tijd aan de hart-longmachine doorbrengen. De hart-longmachine is weliswaar volkomen veilig voor de moeder, maar het blijkt vaak de oorzaak te zijn van de dood van de foetus; de baarmoeder en de placenta houden er helemaal niet van. De heldere vloeistof die gebruikt wordt om de hart-longmachine te vullen, verdunt het bloed van de moeder en deze verdunning verlaagt de concentratie van het zwangerschapshormoon progesteron, waardoor de baarmoeder minder stabiel wordt en sneller geïrriteerd raakt. Baarmoedercontracties tijdens de aansluiting aan de hart-longmachine zijn belangrijke indicators dat de foetus doodgaat. Daarnaast, als de hartfrequentie van de foetus afneemt door verminderde bloedtoevoer naar de placenta en lage zuurstofspiegels in de bloedsomloop van de baby, kan dit een fysieke noodreactie oproepen. Daardoor stijgt de bloeddruk en het zich ontwikkelende foetale hart komt onder druk te staan, vaak met fatale gevolgen.

Ik legde uit hoe er omgegaan moest worden met een zwangere vrouw aan de hart-longmachine. We moesten gebruikmaken van een hogere druk en stroomsnelheid dan normaal en koeling vermijden, zodat de bloedvaten van de placenta niet zouden vernauwen. Snel opereren was van vitaal belang. De cardioplegische vloeistof, nodig om Julia's verdikte hartspier te beschermen, bevatte een hoog gehalte aan kalium, en het hartje van de baby zou daar zeer gevoelig op reageren. Te veel moederlijke cardioplegische vloeistof zou het kunnen laten stilvallen.

Dus we zouden de foetale hartslag moeten monitoren en letten op baarmoedercontracties, en als we contracties ontdekten zouden we het zwangerschapshormoon progesteron kunnen toedienen om ze te onderdrukken. We zouden ook de hart-longmachine kunnen versnellen als de foetale hartslag zou wegvallen. Zolang iedereen precies wist wat ons te wachten stond, had ik het gevoel dat we een goede kans maakten om de baby in leven te houden.

Inmiddels was de stemming omgeslagen; gaf men eerst de voorkeur aan de beëindiging van de zwangerschap, nu wilde iedereen dat het kleine gezin bij elkaar werd gehouden. We hadden wel back-up nodig. Als na de operatie de baby 's nachts zou sterven en er spontaan een abortus zou optreden, moesten de gynaecologen daarop voorbereid zijn, omdat ze mogelijk baarmoederbloedingen zouden moeten behandelen bij een patiënt die net een hartoperatie had ondergaan. De afdelingen waren in verschillende gebouwen gehuisvest, maar de gebouwen lagen wel op dezelfde campus.

De volgende dag was vrijdag, geen gunstige dag om te opereren vanwege het weekend met plaatsvervangende artsen en uitzendkrachten bij de verpleging. Ik had het beste team nodig dat ik bij elkaar kon krijgen, en aangezien Julia's toestand perfect stabiel was, besloot ik dat we het op maandagmorgen zouden doen. Geen gedoe. Gewoon weer een aortaklepvervanging, maar een die een voorzichtige aanpak en de juiste back-up vereiste.

Hoe doe je dat, snel werken als chirurg? Niet door je te haasten of door je handen sneller te bewegen. Eigenlijk door juist het tegenovergestelde te doen: goed plannen, geen onnodige dingen doen, elke hechtsteek precies op de juiste plek. Snelle chirurgen bewegen niet snel, het is vooral een kwestie van samenspel van hersenen en vingertoppen. Je moet zo geboren zijn. Je kunt het met geen mogelijkheid aanleren.

Nu moest ik haar zelf ontmoeten. Oliver nam me naar haar kamer op de hartafdeling. Ze was alleen. Geen familiebezoek in de ochtend. Zoals ik al wist was ze assertief en wilde ze alles weten, maar ze was ook bang voor wat ik zou kunnen zeggen. Ze was zenuwachtig omdat anderen herhaaldelijk hadden gepleit voor beëindiging van de zwangerschap.

Haar eerste woorden waren: 'Ik wil de baby houden.' Ik antwoordde dat ook ik de baby wilde behouden. Nu hadden we een goede verstandhouding.

Dus wanneer zou de operatie plaatsvinden? Ik vertelde haar dat het maandagmorgen zou zijn, en legde haar uit wat voor type kunstklep we zouden inbrengen en dat ze zo geen antistolling nodig zou hebben. Het was duidelijk dat dit belangrijk was voor de latere fase van de zwangerschap en de bevalling. Ik zei dat de klep zou slijten en dat ze na vijftien jaar een andere nodig zou hebben, misschien al eerder. Maar Julia dacht niet zo ver vooruit. Ze wilde gewoon dat er een einde zou komen aan deze ongewenste, vreselijke situatie zodat ze haar geordende leven weer kon oppakken.

'Kan ik naar huis voor het weekend?' vroeg ze. Ze wilde nog een aantal zaken regelen en haar werk inlichten.

'Oké, maar niet paardrijden en geen enkele inspanning – van welke aard dan ook! Maar nu moet je nog even blijven voor bloedgroepbepaling, en de anesthesist moet je nog zien.'

Oliver was ook van mening dat het goed was als ze naar huis ging, en dat het geen zin had om erop aan te dringen dat ze zou blijven. De anesthesist van maandag was Elaine – ik belde haar om de delicate situatie uit te leggen, en ze kwam meteen. Toen Elaine met Julia gesproken had, ging ik de perfusionisten op de hoogte stellen en gaf hun wat vakliteratuur om vooraf te bestuderen. Ik vertelde hun wat ik van plan was en benadrukte dat er ditmaal twee levens op het spel stonden.

Toen ik maandag om zeven uur 's ochtends Julia terugzag was ze volkomen kalm. Ze vroeg me of ik de misvormde klep voor haar kon conserveren, aangezien die van haar was en ze hem wilde bewaren. Haar hele familie was in de kamer – echtgenoot, zus en haar bejaarde ouders, allemaal meegekomen om haar moreel te steunen. Ik zei dat ik later terug zou komen en met hen zou praten.

De arteriële en veneuze monitorcanules werden met plaatselijke verdoving ingebracht. Ik wilde de foetale hartslag liever niet monitoren. Dat had ik in het verleden eens wel gedaan en ik vond dat het me alleen maar angstig maakte. Als de hartslag vertraagde werd ik daardoor afgeleid, en er was toch niets wat we zouden kunnen doen om er iets aan te veranderen. We hadden al alle nodige voorzorgsmaatregelen getroffen. Elaine hield bloeddruk en zuurstof zorgvuldig op het goede niveau tijdens het onder narcose brengen. We hadden de foetale hartslag gecontroleerd voordat Julia naar de operatiekamer ging. Die was normaal, 140 slagen per minuut, tweemaal zo hoog als bij de moeder. De sonde van de echoscoop werd door de keel tot in Julia's maag geduwd, klaar om het hart te bekijken. Tot de laatste minuut hielden we haar toegedekt met dekens, om te voorkomen dat ze zou afkoelen. En toen weg met dat alles. De kleine bult op haar buik was goed te zien en waarschuwde het team dat ze zich goed moesten concentreren.

Ze werd snel beschilderd met ontsmettingsmiddel en bedekt met blauwe steriele doeken. Er bleef een lange, smalle strook tussen haar borsten zichtbaar tussen de met jodium geïmpregneerde zelfklevende randen van de steriele doeken. We bevestigden het elektrocauterisatieapparaat, de defibrillator en de slangen van de hart-longmachine aan de operatietafel, en we waren klaar om te beginnen.

Mijn scalpel sneed de huidlaag door – er was meer bloeding dan normaal vanwege de hyperdynamische circulatie bij zwangerschap – en vervolgens sneed het elektrocauterisatieapparaat door de dunne laag vetweefsel tot op het bot. Nu met de zaag midden door het borstbeen – bzzz! Bij dat geluid draait de maag van studenten zich om en krijgen ze slappe knieën. Beenmerg sijpelde naar buiten. Nog wat elektrocauterisatie door het restant van de thymus, en dan naar binnen in het hartzakje. Elaine diende heparine toe als voorbereiding voor de hart-longmachine.

We brachten met speciale katheters canules aan in de aorta en het rechteratrium en sloten ze aan op de slangen van de hart-longmachine. We stopten met de longen te beademen en de machine nam het over. In plaats van te koelen gebruikten we de warmtewisselaar om haar warm te houden, en een hoge pompsnelheid om zowel de baarmoeder als de placenta tevreden te stellen. Dan de aorta dicht met een klem en cardioplegische vloeistof erin totdat het hart doodstil ligt. Het ís niet dood, maar slap en koud, en het is veilig doordat het metabolisme stopgezet is.

Ik gebruikte een scalpel om de aorta open te splijten en de kwalijke klep bloot te leggen. Hij was niet eens herkenbaar als een hartklep. Zoals de echo al had laten zien, leek het meer op een rotsachtige vulkaan met een smalle spleetvormige opening. Met een ander, scherppuntig mes sneed ik hem in zijn geheel los en liet hem vervolgens voorzichtig in een fles met conserveermiddel glijden, een cadeautje voor Julia. Daarna hechtte ik de nieuwe biologische kunstklep met twaalf afzonderlijke steken vast. Deze klep was met zorg vervaardigd uit het hartzakje van een koe en was opgehangen in een plastic frame met een hechtring. Hij werd vastgenaaid op de plek waar de oude klep had gezeten, een heel gewone en ongecompliceerde operatie waar deze keer twee mensen nut van hadden – iemand die er al was en iemand die nog ter wereld zou komen. Tot nu ging alles goed.

We naaiden de aorta dicht en verwijderden de klem, en er stroomde warm bloed door haar kransslagaders. Het hart werd door dit levend bloed gereanimeerd, eerst ging het trillen door ventrikelfibrilleren, gevolgd door een plotse, spontane defibrillatie. Het lag volkomen stil totdat ik het een duw gaf, waarop het contraheerde en bloed uitpompte. Na nog een duwtje begon het te slaan met een normaal hartritme. De echoscoop liet zien dat de kunstklep goed functioneerde. Voor het eerst in tientallen jaren was de weg uit het linkerventrikel nu wijd open. Duizenden luchtbelletjes stroomden naar de naald. Dit was saai routinewerk en precies wat we nodig hadden.

Ik vroeg Elaine om te beginnen met de longen te beademen, de bloedgassen te controleren en zich gereed te houden om de hartlongmachine af te koppelen. Ze pompte ritmisch lucht de luchtpijp in, en de ingeklapte longen vulden zich met lucht en vouwden zich uit – eerst slap en leeg en nu trots opgeblazen en roze. Zij omgaven het hart, net als altijd, dag na dag. We zetten leven stil en laten het dan opnieuw beginnen om het beter te maken, en daarbij nemen we bewust risico's.

De monitor liet weer een streep met regelmatige, krachtige pieken zien. Maar ik keek niet naar het scherm; ik keek naar het hart zelf, dat nog steeds bezig was de laatste restanten aan luchtbellen uit te pompen. Ze dreven omhoog, recht in de rechterkransslagader, die nu door de luchtbellen verstopt raakte. Het rechterventrikel verloor daardoor zijn bloedtoevoer en viel tijdelijk stil. Geen probleem. We verhoogden de pompsnelheid en de bloeddruk om de lucht erdoorheen te duwen. Het rechterventrikel ging weer contraheren, en alles kwam goed.

Nu wilde ik zo snel mogelijk de hart-longmachine uitzetten. Ik gaf de perfusionist opdracht om langzaam van de machine los te koppelen zodat Julia's gerepareerde hart het kon overnemen. We waren slechts negenenveertig minuten aan de hart-longmachine, en al die tijd hadden we een hoog debiet en een normale temperatuur behouden, en daarmee ons best gedaan om zorg te dragen voor de baarmoeder en haar kostbare vracht. Ik hoorde de melding 'los van hart-longmachine'. We verwijderden de canules en dienden protamine toe om de heparine-antistolling tegen te gaan.

De aangesneden weefsels bleven nog bloeden, meer dan normaal. Mijn hyperactiviteit en mijn gevoelige blaas begonnen op te spelen en ik dacht dat het maar beter was om mijn assistent-chirurg Mohammed de operatie af te laten ronden – cauteriseren van de bloedende plekken, drains en tijdelijke pacemakerdraden plaatsen en ervoor zorgen dat ze veilig is. We probeerden bloedtransfusie te vermijden vanwege de negatieve bijwerkingen, maar tegelijkertijd wilden we niet dat het zuurstoftransport hinder zou ondervinden door te weinig rode bloedlichaampjes. Uiteindelijk moesten we haar twee eenheden donorbloed geven, gevolgd door vers ingevroren plasma met stollingsfactoren en ook nog bloedplaatjes, die kleverige cellen die kleine gaten dichtplakken. Nog geen uur later waren de bloedingen onder controle en kon ze naar de intensive care.

Elaine en Mohammed begeleidden Julia van de operatieafdeling, opgetogen dat alles volgens plan was gegaan. Maar ondanks al onze voorbereidingen werden ze ontvangen door een onervaren verpleegkundige. De intensive care was vooraf op de hoogte gebracht, net als alle andere betrokkenen, en het was zeker niet de schuld van die ene arme verpleegkundige – maar Elaine was kwaad. Hoe was men van plan om de baby goed in de gaten te houden? Wisten ze wanneer de kans het grootst was dat de baby dood zou gaan? Wat zouden ze doen als Julia een hevige bloeding zou krijgen in haar onderlichaam? Blanco gezichtsuitdrukkingen, verpleegkundigen die grote ogen opzetten, stomverbaasde jonge artsen in opleiding. Dus: breng een ervaren team bij elkaar en concentreer je op deze casus. Op dat moment was ik niet op de hoogte van dit alles, maar Elaine had volkomen gelijk. Ervaring is van enorm belang in dit soort risicovolle situaties, en hier stonden twee levens op het spel.

Julia's bloeddruk was aan de lage kant. Haar bloedvaten waren wijder dan normaal omdat we haar ongebruikelijk warm gehouden hadden aan de hart-longmachine, maar we konden haar niet de standaardmedicijnen geven om de bloeddruk te verhogen, omdat die de bloedvaten in de baarmoeder en placenta zouden vernauwen. Maar we konden ook niet laten gebeuren dat haar gemiddelde bloeddruk lager zou worden dan 70 mm Hg. De oplossing stond in de protocollen. Iedereen had die, maar had iemand van de intensive care ze ook gelezen? Het had geen zin om daar iets van te zeggen omdat het tot klachten zou leiden.

Toen ik terugkwam vroeg ik Mohammed om bij haar te blijven. Oliver gebruikte een echoscoop om het foetale hart te zien, en dat sloeg nog steeds levenslustig zo'n 140 keer per minuut. Op dat moment hadden we een levensvatbare foetus en geen baarmoedercontracties, dus ik gaf opdracht haar bij te brengen, haar van de beademing te halen en te stoppen met verdovende middelen. Dan zou haar bloeddruk wel spontaan gaan stijgen. Toen ik wegging om mijn volgende patiënt te opereren, gaf ik een laatste waarschuwing : 'Jullie hebben nu twee mensen onder jullie hoede, niet alleen degene die jullie zien.'

Julia kwam snel bij en de beademingsbuis werd uit haar luchtpijp verwijderd. Ze beschreef daarna het wakker worden met die buis als het ergste deel van de hele gebeurtenis. Ik ontmoette Oliver de volgende ochtend om zeven uur om het foetale hart te zien, dat nog steeds 140 slagjes per minuut maakte. Sterker nog, de foetus maakte buitelingen in de baarmoeder. En Julia's hart functioneerde prima met de nieuwe klep. Ze had warme voeten en een mooie hoeveelheid urine in de katheterzak. Geneeskunde is het enige beroep waar pissen iets is om te vieren. Niettemin bleef ik me zorgen maken omdat haar bloeddruk aan de lage kant was. Door ons gebrek aan kennis over hartoperaties bij zwangerschap wisten we niet of dat in dit stadium van belang was, maar we wilden nog steeds geen medicijnen geven die de bloedtoevoer naar de placenta in gevaar konden brengen.

Na haar ontwaken was Julia's eerste vraag of haar baby nog steeds oké was. We stelden haar gerust dat alles goed leek te gaan, maar we moesten afwachten of we vierentwintig uur later nog een sterke hartslag zouden zien. Pas dan zouden we zekerheid hebben, naar mijn gevoel. Later in de ochtend haalden we de drain uit haar borst. Ze verlangde erg naar een eenpersoonskamer op de afdeling, maar ik wilde dat haar bloeddruk en zuurstofniveaus nog eens vierentwintig uur lang werden gemonitord. We verhuisden haar wel naar een rustige isoleerkamer die normaal gesproken gebruikt wordt voor besmettelijke patiënten.

De volgende dag was de toestand van de foetus nog steeds hetzelfde, beweeglijk en met een normale hartslag, maar Julia voelde zich niet goed. De tweede postoperatieve dag is altijd het ergst, de eerste dag is er de euforie van in leven zijn, de volgende dag is er vooral pijn. Vanwege de baby konden we haar helaas geen krachtige pijnstillers geven.

De operatie was op maandag geweest. Vrijdag verveelde Julia zich, ze voelde zich goed en wilde absoluut naar huis. We konden haar niet tegenhouden. Een bezorgde Oliver belde haar een week lang elke dag op, en zag haar daarna regelmatig op de polikliniek. Echo's van de foetus lieten een normale groei en activiteit zien. Vijf maanden later, in januari 2016, beviel ze van een gezonde jongen van negen pond – haar wonderkind, ooit bestemd om te eindigen als een hoopje schraapsels in een roestvrijstalen bak. Wij hebben dat weten te voorkomen, Oliver en ik. Welkom in de wereld, Samson. Sterke man!

16
JOUW LEVEN IN HUN HANDEN

Heb een hart dat nooit verhardt,
En een geestdrift die nooit taant,
En een hand die nooit iemand slaat.

– Charles Dickens, *Our Mutual Friend*

In 2004, bijna vijftig jaar nadat het televisieprogramma *Your Life in Their Hands* (Jouw leven in hun handen) over het Hammersmith Hospital het zaadje in mijn hersenschors had geplant dat mijn verdere leven heeft bepaald, belde de BBC mijn kantoor op en sprak met mijn secretaresse Dee. Toen ik tussen twee gevallen in bij haar langsging, was ze opgetogen: of ik bereid zou zijn om mee te werken aan een documentaire, een televisieserie met afleveringen van een volledig uur, primetime? Ze zochten een hersenchirurg, een transplantatiechirurg en een hartchirurg. De titel van de serie: *Your Life in Their Hands*.

De prominente producent en zijn vrouwelijke assistent kwamen naar Oxford om te bespreken wat dit allemaal met zich mee zou brengen. Ze legden uit dat het maken van de opnames verstrekkende gevolgen zou hebben. Ze zouden me zes maanden lang volgen, in het ziekenhuis en bij me thuis. Ze wilden me filmen bij mijn patiënten en thuis met mijn familie, zodat de kijkers een indruk zouden krijgen hoe het is om hartchirurg te zijn. Het rauwe leven, in mijn geval soms erg rauw.

Ze wilden dat ik een Jarvik 2000 zou implanteren voor de camera en vroegen me of ik een geschikte patiënt met hartfalen voor hen kon vinden om te volgen, vóór, tijdens en na de operatie. Natuurlijk zouden ze ook andere gevallen laten zien. Ze wilden graag iets met een baby en andere dramatische en risicovolle onderwerpen. Grensverleggende, tot de verbeelding sprekende operaties in realtime, ongeacht of de patiënt het overleefde of niet. Zij zouden de opnames maken en beslissen wat ze zouden laten zien. Dus, vond ik het wat?

Door hun voorbereidend onderzoek wisten ze dat ik regelmatig live opereerde voor een publiek van chirurgen, en dat ik een flamboyante en zelfzekere performer was, en niet snel geïntimideerd. Als ik mijn toestemming zou geven, zouden zij de nodige afspraken met het ziekenhuis maken. Op dat moment hadden we een directeur die goed aanspreekbaar was, een sympathieke man die regelmatig uit zijn ivoren toren tevoorschijn kwam om de werkbijen te bezoeken – ik had geen twijfels over zijn akkoord. Nu moest ik alleen nog maar mijn familie laten weten dat er een filmploeg met me mee naar huis zou komen na mijn werk. En dat ze me 's morgens zouden opwachten. En dat ze hen zouden interviewen. Hoe is het om te leven met een hartchirurg? Goeie vraag!

Het werd al snel heel normaal om steeds een filmploeg in de buurt te hebben. Er werden veel operaties gefilmd: premature baby's met gaten in het hart, jongvolwassenen met marfansyndroom die complexe operaties nodig hadden en een vrouw van middelbare leeftijd die voor de vijfde keer een aortaklepvervanging kreeg, een lastige procedure die uiteindelijk vierentwintig uur lang heeft geduurd. Er ging van alles dramatisch mis voor de camera maar ze heeft het overleefd. Natuurlijk hebben ze dat beeldmateriaal gebruikt.

Ze filmden me aan het joggen met Mark, en toekijkend toen Gemma golf speelde voor de University of Cambridge. Enkele maanden later was er nog steeds geen geschikte kandidaat voor de Jarvik 2000. Uiteindelijk belde ik Philip Poole-Wilson op in het Royal Brompton Hospital. In minder dan een week lukte het hem om de ideale patiënt te vinden, een innemende achtenvijftigjarige Schot die al was afgewezen voor transplantatie in Glasgow. Jim Braids geval leek sterk op dat van Peter Houghton. Hij was stervende, maar wilde nog lang genoeg in leven blijven om zijn dochter haar diploma te zien behalen en te zien trouwen. Zoals het er nu naar uitzag, zou hij dat niet halen.

Er was al veel tijd verstreken sinds Jims transplantatiebeoordeling en we hadden up-to-date informatie nodig. Philip liet hem overkomen uit Schotland en opnemen in het Royal Brompton Hospital. Hij had opnieuw hartkatheterisatie nodig rechts en links, gedetailleerde echocardiografie en een heleboel bloedonderzoeken. Ik was me ervan bewust dat we dat alles nog steeds bekostigden met liefdadigheidsgelden. De NHS wilde dit niet betalen – ze hadden hem afgeschreven, net zoals Peter en de anderen. Ik was zijn enige kans.

Glasgow had gelijk dat hij ongeschikt was voor een harttransplantatie. De bloeddruk in zijn longen was te hoog, hoewel Jims rechterventrikel eraan gewend was geraakt. Zijn linkerventrikel ging echter achteruit. Hij had hetzelfde probleem als Peter – dilaterende cardiomyopathie. Ook werkten zijn nieren niet meer goed genoeg om de immunosuppressieve medicijnen te kunnen verdragen die nodig zijn bij een harttransplantatie. Een steunhart zou de functie van zijn linkerventrikel overnemen in zijn verzwakt, falend hart. En niet alleen dat – het zou misschien kunnen helpen om het te laten genezen. Misschien. De echo liet zien dat het beslist niet verder mocht verslechteren. Het was nu of nooit. We konden het risico niet nemen om hem terug naar huis te laten gaan, naar Schotland.

Ik nam het opgewonden BBC-team mee naar het Royal Brompton Hospital op Fulham Road om kennis te maken met Jim en zijn vrouw Mary. Peter Houghton kwam over uit Birmingham en was in goeden doen, nog steeds bezig met fondswerving zodat anderen kunstharten konden krijgen. Er waren inmiddels al bijna vier jaar voorbijgegaan sinds zijn implantatie en hij was dicht bij het wereldrecord 'overleven met een kunsthart'. Het deed hem plezier om Jim en Mary te begeleiden, hij deed dat zeer professioneel en wilde graag als lid van het team worden gezien.

Jim en Mary waren terecht zenuwachtig, maar ze wilden ermee doorgaan, en waren behoorlijk onder de indruk van de technologie. Bovendien was Jim een geweldige persoon, geknipt voor de televisie. Met gebogen hoofd schuifelde hij hijgend door de gangen, zijn neus en lippen zagen blauw, en hoewel hij nauwelijks kon praten, kon hij nog wel grappen maken voor de camera. 'Het is geweldig om hier in Londen te zijn tussen al deze Ferrari-mecaniciens, heel anders dan die Ford Escort-jongens in het noorden,' grapte hij. Daarmee raakte hij een gevoelige snaar in me.

Het was fijn om terug te komen in het Royal Brompton. De meeste mensen van het oorspronkelijke intensivecare-team van Oxford waren inmiddels vertrokken, en daarom vroeg ik Philip of we de implantatieoperatie bij hem in Londen konden uitvoeren, wat hem enorm veel plezier deed. Eerst moest ik contact opnemen met het hoofd van de afdeling chirurgie, professor John Pepper. Die was blij om te kunnen helpen, en we planden de implantatie voor de volgende week. Rob Jarvik was akkoord om op korte termijn zelf de pomp vanuit New York over te vliegen, en Andrew Freeland, mijn collega uit Oxford,
zou komen helpen met de bevestiging aan de schedel.

We hadden de patiënt, de pomp en een topteam – de droom van de producent. Wat we verder nodig hadden was een succesvolle implantatie voor de draaiende camera's, en dat Jim in leven zou blijven. De anesthesisten van het Royal Brompton Hospital benadrukten echter dat hij eigenlijk niet fit genoeg was voor de narcose. Niettemin bleef het ziekenhuis geïnteresseerd en behulpzaam, en we hoefden geen strijd aan te gaan met het management om door te gaan. Ze hadden nooit eerder een linkerventrikel-steunhart geïmplanteerd en het zou hen hebben teleurgesteld als we niet door waren gegaan.

Half zes 's ochtends, het was donker en koud. De filmploeg haalde me per taxi op en we reden naar Oxford om Andrew op te halen. Hij dwaalde langs Woodstock Road met de instrumenten om de stekker in Jims schedel vast te schroeven. Op de M40 deden we een interview in de auto.

'Hoe vind je het om in een ander ziekenhuis te opereren?'

'Opwindend. Ik heb overal geopereerd, van Teheran tot Toronto. Een operatiekamer is een operatiekamer, en ik heb een goed team. Zoals Baldrick in Blackadder het zou zeggen: "We hebben een sluw plan!"'

'En wat vind je van het feit dat de patiënt een groot risico loopt om te sterven? Ben je niet nerveus?'

‘Absoluut niet. Jim heeft nog maar een paar dagen te leven als we het niet proberen. Niemand anders kan helpen.’

‘Vind je dat de NHS deze pompen zou moeten betalen?’

Ik antwoordde met een tegenvraag. ‘Moet de gezondheidszorg in de eerste wereld gebruikmaken van moderne technologie om levens te verlengen? Of moet men in de zorg jonge patiënten met hartfalen ellendig laten sterven, zoals in de derde wereld?’

De BBC vond dat een prachtig antwoord, maar ze hebben het niet opgenomen in het programma. Te controversieel en angstaanjagend.

We kwamen om zeven uur aan in het Royal Brompton Hospital, en ik nam Andrew en de ploeg meteen mee naar de verlaten kantine. Er was weinig veranderd sinds mijn tijd. Ze serveerden nog steeds een goed ontbijt, dus ik nam een gezonde portie worstjes, bacon, bloedworst, gebakken ei en geroosterd brood. Andrew nam hetzelfde. Toen we daar samen zaten te eten, begonnen de camera’s te draaien. Dit was wat de producent graag zag. Hartspecialist eet berg vette kost – nokvol cholesterol.

Ik: ‘Dit is fantastisch. Dit krijg ik thuis nooit.’

Andrew: ‘Wat zou je vrouw hiervan zeggen?’

Ik: ‘Kan me niet schelen!’

Wat de meeste mensen zich later van het programma herinnerden bleek deze korte woordenwisseling te zijn. Toen mijn vriend, hersenchirurg Henry Marsh, aan een aflevering meewerkte, filmden ze hem op weg naar zijn werk door de straten van Londen, op de fiets en zonder helm! Hierover gevraagd stelde hij simpelweg: ‘Ik draag er nooit een. Het zou me niets helpen!’ De BBC wilde mensen met pit, en die kregen ze ook.

John Pepper kwam naar binnen om ons te begroeten. Gezien de omstandigheden vormden we een zeer ontspannen groep, misschien niet wat u zou verwachten, maar wel goed voor Jim. Gestreste chirurgen functioneren niet goed, tal van studies hebben dat aangetoond. Stress vermindert het oordeelsvermogen en je handen gaan ervan beven. In feite maakt stress mijn vak kapot.

We gingen naar de afdeling om de patiënt en zijn vrouw te zien voordat ze hem wegbrachten. Jim was zenuwachtig, Mary als versteend. Was dit haar laatste vaarwel, het einde van hun gezamenlijke reis? En hoe zou de thuisreis naar Schotland zijn – blij of verdrietig? Ik heb gedaan wat ik altijd doe bij dit soort gelegenheden – ik stelde ze gerust dat alles goed zou komen. Niet dat ik daar zeker van was. Ik wilde gewoon dat ze vol vertrouwen naar de operatiekamer gingen. Met draaiende camera's erbij zaten we allemaal in hetzelfde schuitje.

In de operatiekamer heerste er een sfeer van drukte en opwinding – verpleegkundigen legden bladen met glimmende instrumenten klaar, perfusionisten waren bezig met hun hart-longmachine, technici bewaakten angstvallig het kunsthart, dat pas op het cruciale moment zichtbaar zou worden. Maar deze keer niet de laarzen van Lord Brock. Nu was ik de grote man.

Zo zonder kleren was duidelijk te zien hoe uitgemergeld de arme Jim was door zijn hartfalen. De linkerkant van zijn hoofd was kaalgeschoren, klaar voor de bevestiging aan de schedel van de elektriciteitskabel. Hij stond op het punt om aangedreven te gaan worden door een batterij. John Pepper begon met naald en katheters en bracht kleine insnijdingen aan om de slangen van de hart-longmachine in de hoofdslagader en ader van Jims linkerbeen in te brengen. Hier werd meer geavanceerde apparatuur gebruikt dan ik tot mijn beschikking had. Ik leerde bij.

Nadat Jims borst met jodium was ontsmet en afgedekt met steriele doeken met zelfklevende randen, legde Andrew het oppervlak van zijn schedel bloot, terwijl ik de ribben doorsneed, en de camera heen en weer bewoog van de ene kant naar de andere. Er stroomde ongeveer een liter strokleurige vloeistof uit Jims borst – hartfalensap. Ik kon nu het enorm uitgezette linkerventrikel zien door het hartzakje.

Ik begon het elektrische snoer van de pomp vanaf de top van de borstholte naar de nek door te voeren, waarbij ik er goed op lette dat ik de kwetsbare bloedvaten en zenuwen naar de linkerarm niet raakte. In de nek aangekomen gaf ik het piepkleine stekkertje door aan Andrew. Hij schoof dit in het houdertje van titanium en schroefde het stuk metaal vast op de schedel, achter het oor. Vaste fixatie heet dat, waarmee de externe stroomkabel veilig kan worden aangesloten. Het zag er allemaal fascinerend uit op de televisie, maar we waren nog steeds niet toegekomen aan het moeilijke stuk.

Toen ik het hartzakje openknipte, stroomde er helder vocht naar buiten. Het bleke, gedilateerde linkerventrikel bewoog alleen nog maar krampachtig – je kon dat echt niet meer 'samentrekken' noemen. Ik zei tegen de cameraman om in te zoomen, want ik stond op het punt om de bevestigingskraag voor de pomp vast te hechten. Elke keer dat ik de naald door de hartspier stak, bewoog het hart en dreigde te gaan fibrilleren. Dat was hinderlijk; ik probeerde namelijk de pomp te implanteren zonder de hart-longmachine aan te zetten, want zo was er minder risico op bloedingen aan het einde van de operatie. Maar Jim was te onstabiel. Voordat de bevestigingskraag goed vastzat, begon het hart te fibrilleren. Geen bloeddruk meer, maar geen probleem. We zetten gewoon de hart-longmachine aan en leegden het hart.

Nu kwam het spannende gedeelte voor de camera: een gat snijden in de punt van het hart om de Jarvik 2000 naar binnen te kunnen schuiven. Eerst maakte ik de kruiselingse snedes met een scalpel, waarbij er telkens bloed uit spoot. Vervolgens haalden we een rond schijfje spier weg met een soort kurkboor, waardoor er bloed in het hartzakje stroomde. Dat stopte toen we de titaniumpomp in het hart inbrachten, en met een chirurgieprofessor als assistent ging het allemaal heel vlot. Andrew stak de externe stroomkabel in het contact dat aan de schedel was bevestigd, en we schakelden Jim aan, eerst heel langzaam totdat het bloed alle lucht uit de kunstmatige vaatbuis van dacron had uitgedreven.

Zoals gewoonlijk borrelde er lucht schuimend uit de naald en vormde rode blaasjes op de witte slang. Prachtig om te zien, zeer bevredigend beeldmateriaal. Ik gaf de perfusionist opdracht om de stroomsnelheid van de hart-longmachine te verlagen zodat we het hart zouden kunnen vullen met bloed alvorens de draaisnelheid van de Jarvik 2000-turbine op te voeren. De laatste paar luchtbellen sprongen weg uit het hoogst gelegen deel van het ventrikel, in dit geval de apex. Dit was elementaire natuurkunde – het kon zonder veel nadenken. Tegelijkertijd kwam er veel chemie bij kijken – het optimaliseren van het kaliumniveau, en het neutraliseren van het melkzuur met natriumbicarbonaat – en ook biologie speelde een belangrijke rol, met name het elektrisch defibrilleren van de ongecontroleerd trillende spier om een stabiel hartritme te verkrijgen. Mijn drie examenvakken van school kwamen goed van pas.

Veel televisiekijkers vonden de technische aspecten het opwindendst: een elektrische stekker in het hoofd en een turbine in het hart – met een toerental van 12.000 omwentelingen per minuut en dat zonder schade aan de bloedcellen – en een bloedsomloop zonder polsslag. Ik gaf ononderbroken commentaar voor de televisie terwijl ik mijn aanwijzingen gaf aan de anesthesist en de perfusionisten. 'Starten met beademing van de longen. Verminder het debiet. Draai de Jarvik hoger.' Alles tot in detail onder controle van een vent die nooit onder de motorkap van zijn auto keek en die niets van computer afwist. Niemand besefte echt hoe goed het allemaal was gegaan.

Waren we nu blij voor Jim of ging het om het maken van geweldige televisie? Het eerlijke antwoord is: beide. In mijn naïviteit dacht ik dat als het publiek het wonderbaarlijke herstel van Jim zou zien, er druk zou worden uitgeoefend op de National Health Service om patiënten met deze technieken te behandelen. We konden niet langer een programma voortzetten dat alleen door liefdadigheid was gefinancierd – zo bleef het tweedehandse gezondheidszorg. Poole-Wilson dacht er ook zo over.

We wilden een fatsoenlijke klinische trial uitvoeren door willekeurig gekozen hartfalenpatiënten die op sterven lagen een steunhart te geven en bij andere de traditionele medische behandeling voort te zetten. We wisten wat de uitkomst van de trial zou zijn: langer leven zonder klachten versus onvermijdelijke verslechtering en de dood. We vonden dit niet fair voor degenen die geen pomp zouden krijgen, maar zonder een dergelijke trial zouden de toestellen nooit door de NHS worden goedgekeurd voor medisch gebruik. Alleen de British Heart Foundation had genoeg geld om deze onderneming te ondersteunen, maar ze wezen onze aanvraag af. In die tijd kon een trial evenmin in de Verenigde Staten worden uitgevoerd. Zij wilden eerst de langetermijnresultaten met polsloze patiënten afwachten voordat ze ermee akkoord zouden gaan, en daarom waren alle ogen op ons gericht.

Jim kwam gemakkelijk los van de hart-longmachine. Dit was het lastigste deel voor de Brompton-anesthesisten. Het was de eerste keer dat ze te maken kregen met een patiënt met continue bloedsomloop. Een gemiddelde flatline-bloeddruk van 80 mm Hg was optimaal, hoewel dit voor elke andere hartpatiënt als onredelijk laag zou worden beschouwd. Normaal gesproken zou men vaatvernauwende middelen gebruiken om de bloeddruk boven 100 mg Hg te krijgen, maar bij Jim was een contra-intuïtieve aanpak nodig.

Hem gaven we juist vaatverwijdende middelen om de bloeddruk te verlagen. Hoe lager de vaatweerstand, hoe groter het volume bloed dat de Jarvik 2000 kon rondpompen. Voor de doorbloeding van zijn organen was een bloeddruk van 70 tot 90 mm Hg ruim voldoende. De nieren, de lever en de hersenen werken normaal bij deze druk; de doorbloeding van deze weefsels gebeurt via kleine capillairen – en de bloedstroom in capillairen is gelijkmatig, ongeacht of die in de slagaders pulserend is. We hebben dit alles geleerd door vallen en opstaan. Het werkte in het laboratorium, dus het zou ook goed moeten werken in het ziekenhuis, al is het een bron van fascinatie voor het medisch team van het Brompton en voor de filmploeg.

Andrew maakte de hoofdhuid en de nekinsnijdingen dicht, en vertrok toen weer naar Oxford. Hij had die middag een drukke polikliniek – snotterende neusjes en dichtzittende oren, geen kunstharten. John Pepper haalde de slangen uit Jims lies, en ik plaatste drains in de borstkas en begon daarna met het dichtmaken van de borstwond, waarbij alle bloedingen zorgvuldig werden gecauteriseerd. Zijn hoofdhuid was nog steeds aan het bloeden, dus ik maakte wat extra hechtingen in de hoofdhuid en veegde de aan de schedel bevestigde stekker schoon. Vandaag was het uiterlijk belangrijk. We hadden kraakschoon wit verband en lege drains nodig, en elk bloedvlekje werd zorgvuldig weggepoetst.

Met nostalgie dacht ik terug aan mijn allereerste hartoperatie in deze zelfde operatiezaal. Ik had toen de laarzen van Lord Brock aangetrokken, en ik herinnerde me dat toen ik de zaag door het borstbeen van die arme dame bewoog en daarbij haar hart had geraakt, Matthias Paneth door de deur kwam binnenwandelen in zijn streepjespak en uitriep: 'Westaby, wat heb je nú weer gedaan?' Maar nu maakte ik hier de dienst uit.

De camera's bleven draaien toen Jim naar de intensive care werd gebracht. Ik draaide me om en wierp een laatste blik in deze operatiezaal. Er lagen bloedplassen onder de operatietafel, helderrood glimmend onder de operatielampen, en een plas urine waar de katheterzak had gelekt. De perfusionisten stopten hun overbodige slangen in een gele plastic container. Bloederige groene steriele doeken werden in doorzichtige plastic zakken geduwd en de verpleegkundigen in hun blauwe operatiekleding gooiden de overbodige witte watten weg. Alle kleuren van de regenboog waren te zien, de droom van een kunstenaar.

Het was een historische dag geweest. De jongen uit een achterbuurtstraat van Scunthorpe had een kunsthart geïmplanteerd in het Royal Brompton Hospital voor hetzelfde televisieprogramma dat ervoor had gezorgd dat hij vijftig jaar geleden in dat ziekenhuis was begonnen.

Toen Jim eenmaal veilig aan de beademingsapparatuur en de monitoren was aangesloten, gingen we Mary en hun dochter opzoeken, met de camera's op sleeptouw. Er was geen ontkomen aan. Ze zochten drama en ze waren vastbesloten drama te vinden. We namen de familie mee om hem te zien. De intensive care is altijd een intimiderende omgeving, en zeker nu. Jims hoofdhuid was kaalgeschoren en er bengelde een zwarte elektriciteitskabel uit zijn hoofd. Zijn leven hing nu af van een batterij.

We hebben ze alles uitgelegd, maar het meeste wisten ze al van Peter Houghton, die nu op weg was naar het ziekenhuis. Bij Peter konden ze de elektrische stekker niet zien omdat die onder zijn haar zat. Toen ze er rechtstreeks mee werden geconfronteerd vonden ze het nogal angstaanjagend. Ik gaf Jims dochter een stethoscoop en plaatste het luisterende eind op zijn hart. Ze keek verrast op. Ze hoorde het continue zoemen van de draaiende turbine die haar vader in leven hield. Ik wees naar de cardiac-outputmonitor.

Het geïmplanteerde apparaat pompte vier liter bloed per minuut en verbruikte zeven watt via het controlepaneel en de batterij. Ik kon Jims bloedstroom hoger of lager zetten. Dat ging heel makkelijk, met één enkele draaiknop. De televisieproducent vond dat prachtig. Dit was veel spannender dan hersenchirurgie. Kleine gaten in het hoofd boren en stukjes tumor wegzuigen? Daar heb je een heel andere persoonlijkheid voor nodig.

Jim bleef ongelooflijk stabiel, het was bijna saai. Hij bloedde niet, terwijl Peter en anderen liters bloed hadden verloren. John, Philip en ik bespraken droefgeestig andere potentiële patiënten. Hoe zouden we aan geld kunnen komen? Ik kon voldoende fondsen werven voor een paar pompen, maar niet genoeg voor een echte klinische trial. Onze discussies eindigden waar ze moesten eindigen, in de pub, met camera's.

Toen ik op de intensive care terugkwam, was Peter Houghton bij de familie en straalde als de Cheshire Cat. Het was belangrijk voor hem om wat hij 'medecyborgs' noemde te krijgen: door batterijen aangedreven mensen die zo aan een nieuw leven begonnen, monsters van dokter Frankenstein met een metalen bout die uit hun schedel steekt. Voor mij was dit een gelukkige scène, en ik kreeg het gevoel dat op een dag al het leven zo zou zijn. Na die rare gedachte besloot ik terug naar huis te gaan, naar Woodstock. Hoe langer ik in het Royal Brompton Hospital bleef hangen, hoe meer ik verlangde dat ik er nog steeds werkte. Het was een 'alles kan'-omgeving – een beroemd oud ziekenhuis dat nieuwe dingen wil doen en niet steeds op zoek is naar redenen om die dingen juist niet te doen.

De volgende dag opereerde ik in Oxford, en daarna ging ik terug naar Londen. Jim was niet meer aan de beademing, de buis was uit zijn luchtpijp gehaald, en hij was aan het babbelen met Mary, terug onder de levenden. Hij zag er helemaal anders uit, levendig en stralend van vreugde, en zijn neus en oren waren roze in plaats van blauw. De pomp stuwde vijf liter bloed per minuut uit, en er was absoluut geen polsslag te zien op de monitor. Er was een liter urine in de zak, vloeibaar goud, want dat betekende dat zijn nieren tevreden waren.

Inmiddels was de cameraploeg weer in de pub. Ik vroeg de intensivecare-arts of hij het antistollingsmiddel warfarine had voorgeschreven. Het was allemaal geregeld en er was voor mij niets meer te doen. Deze ten dode opgeschreven hartfalenpatiënt was snel aan het herstellen, zonder immunosuppressiva of een van die andere gifstoffen die harttransplantatiepatiënten nodig hebben. Bovendien kon Jims eigen rechterventrikel goed overweg met de extra bloedstroom. Ik ging terug naar Woodstock met een gevoel van diepe voldoening.

Ik zag Jim verschillende keren voordat hij terugging naar Schotland. Philip heeft zijn hartfalenmedicatie drastisch verminderd, met name de plaspillen, die het leven van elke patiënt lastig maken, en het gezin had gemakkelijk kunnen wennen aan de pomp – de batterijen regelmatig verwisselen en ’s nachts inpluggen in het stopcontact. Jims enkels werden minder dik, hij was niet meer kortademig en voor het eerst in maanden kon hij weer gaan liggen.

Weken later was hij aanwezig toen zijn dochter afstudeerde, met een glas champagne in de hand. De BBC filmde hem en Mary nog wandelend bij zonsondergang op een Schots strand – een gelukkige man die goed kon ademen, en die terugblikte op zijn leven. Deze indrukwekkende scène werd gebruikt als slot voor het programma. De serie *Your Life in Their Hands* won een prestigieuze prijs voor beste televisiedocumentaire, en ik was trots dat ik daaraan heb meegewerkt. Het was een hoogtepunt in mijn carrière.

Jim kwam maar af en toe terug naar de Brompton voor een check-up. Zijn plaatselijke ziekenhuis en zijn huisarts raakten vertrouwd met de technologie, en waren blij om voor hem te zorgen. Maar toen kwam er treurig nieuws uit Schotland, vlak voor Kerstmis. Jim was een vriend gaan opzoeken zonder een reservebatterij mee te nemen. Hij genoot van het leven en zijn gedachten waren bij andere dingen. Het ‘low power’-alarm ging af op het controlepaneel, wat betekende dat hij twintig minuten had om de batterij te verwisselen voordat de stroom helemaal op was.

Jim haalde het niet tot aan zijn huis. Zijn eigen hart was niet voldoende hersteld om hem te helpen. Toen de batterij leeg was, was het ook afgelopen met Jim. Zijn longen vulden zich met vloeistof en hij stierf. Het was vreselijk verdrietig na drie jaar extra levensduur van goede kwaliteit. Voor mij illustreerde deze catastrofe hoe effectief deze apparaten kunnen zijn. Het was een tragisch verlies.

De tijd vliegt. Voordat ik het wist, was het 2016. Ik had nu al een heel leven achter de rug in de hartchirurgie. Hoelang wilde ik hier nog mee doorgaan? Het probleem was dat ik er goed in bleef. Ik kon het opereren niet laten, en pakte juist graag de moeilijke dingen aan. Na vijfendertig jaar beschikte ik over een brede ervaring – verworven op een manier die voor nieuwe chirurgen niet meer mogelijk is. Was ik het aan mijn patiënten verplicht om te blijven werken? Of aan mijn familie om ermee te stoppen, om een gemakkelijker baan te nemen?

Mijn karakter en met pensioen gaan waren op geen enkele manier met elkaar verenigbaar, maar mijn rechterhand was misvormd geraakt. De pezen van mijn handpalm – waar de operatiekamerverpleegkundige me keer op keer de metalen instrumenten in de hand kwakte – waren gecontraheerd en ik ontwikkelde een klauwhand, bekend als contractuur van Dupuytren. Nu kon ik de mensen zelfs niet meer behoorlijk begroeten, want mijn hand was gefixeerd in de houding waarmee ik scharen vasthield, en naaldvoerders, en de botzaag voor het borstbeen. Het was een echte aanpassing aan mijn beroep, en een die me uiteindelijk tot een beslissing zou dwingen. Bovendien, net als bij veel andere oudere chirurgen begon het urenlang gebogen over de operatietafel staan uiteindelijk zijn tol te vergen van mijn wervelkolom. Mijn assistent-chirurgen placht ik te verzoeken: 'Neem het nu over, wil je, mijn rug is slecht en aan de voorkant werkt het allemaal ook niet meer zo goed.' Maar geen van mijn lichamelijke kwalen richtte zoveel schade aan als de ziekenhuisbureaucratie, niet kunnen opereren, geen bedden, te weinig verpleegkundigen, stakende arts-assistenten. Daarbovenop kwamen dan nog de 'wettelijke en verplichte' trainingen, waarvoor ik in een klas moest zitten om me door een paramedicus te laten uitleggen hoe ik moest reanimeren, of vragen beantwoorden over hoe ik insuline of kankermedicijnen moet voorschrijven – dingen die ik nooit hoefde te doen – of mijn persoonlijke ontwikkelingsplan schrijven op de leeftijd van achtenzestig. Allemaal tijdsverspilling, terwijl ik eigenlijk aan het werk zou moeten zijn, met mijn armen tot aan mijn ellebogen in iemands borstkas.

Het brandalarm ging onlangs af in de operatiekamers, midden tijdens een hartklepoperatie, terwijl de patiënt nog steeds aan de hart-longmachine was, het hart koud en slap, en de kunstklep nog maar voor de helft vastgehecht. Iemand van de administratie stak haar hoofd om de deur en zei: 'Het brandalarm is zojuist afgegaan. We denken niet dat er brand is, maar we moeten het gebouw evacueren.'

Ik zei slechts: 'Oké, ik ben weg.' De uitdrukking op haar gezicht was onbetaalbaar. Ik riep haar na: 'Haast je, maak dat je wegkomt. Red jezelf. Maar geef ons eerst een emmer, alstublieft. We zullen erin pissen en met die pis het vuur blussen!' Er is een grens aan wat men kan verdragen. Mijn beroep was de richting kwijtgeraakt.

NAWOORD

Huil niet omdat 't voorbij is.
Glimlach omdat het is gebeurd.
– Theodor Seuss Geisel (Dr. Seuss)

Nadat ik in 1972 was afgestudeerd in de geneeskunde, werd het oude Charing Cross Hospital gesloten en naar elders verhuisd. Toen de laatste patiënt het beroemde gebouw op de Strand had verlaten, liepen veel van ons studenten rond door de lege ruimtes om herinneringen op te halen aan onze studietijd. Ik zocht die oude krakkemikkige liftkooi weer op en ging ermee omhoog tot onder het dak, en voor de laatste keer maakte ik de groene deur open naar de etherkoepel. Het elektrische licht werkte nog, maar alle stoffige, verouderde apparatuur was weg. Aarzelend liep ik over de vloerplanken om de operatiezaal in te kijken, net zoals ik dat zes jaar eerder ook had gedaan. En jawel, Beths allerlaatste bloedspat zat er nog steeds, boven op de operatielamp – zwart, vastgekoekt en onbereikbaar. Men heeft hem nooit kunnen wegpoetsen.

Beth is me steeds blijven opzoeken, midden in de nacht, vooral tijdens mijn slechte momenten, en daar waren er veel van. Dan had ze haar baby in haar armen en ingebed in haar tengere borstkas zaten die brute metalen wondspreider en haar dode hart, leeg en bewegingloos. Ze kwam telkens naar me toe, lijkbleek, en staarde me dan doordringend aan met haar wijd geopende ogen, net als op die ene dag. Beth wilde dat ik hartchirurg zou worden en ik heb haar niet teleurgesteld. Ik ben een goede hartchirurg geworden. Toch zijn, ondanks het feit dat ik mijn best deed, sommige patiënten regelrecht vertrokken naar de hemel. Hoeveel dat er zijn geweest, weet ik echt niet. Net als een bommenwerperpiloot stond ik niet stil bij de dood. Het zijn er meer dan driehonderd geweest, en minder dan vierhonderd, denk ik. Maar Beth was de enige die is blijven rondspoken.

Juni 2016. Vijftig jaar geleden was ik een zenuwachtige jonge student die aarzelend de dissectiezaal binnenkwam en begon te snijden in een vettig en rimpelig gebalsemd menselijk lichaam. Nu, vijftig verbazingwekkende jaren later, stond ik op het podium van het Royal College of Surgeons als eregast op een congres van hartchirurgen in opleiding. De organisatoren schoven me naar voren als een rolmodel – een pionier van de hartchirurgie die de strijd heeft overleefd zonder ooit te zijn gedagvaard of geschorst. Een soort die steeds zeldzamer wordt. Mijn lezing ging over de illustere geschiedenis van de hart-longmachine en de technologie om de bloedsomloop te ondersteunen. Ik roemde de grote mannen die ik had gekend, en vertelde over hun gewaagde daden en over die van mijzelf.

Toen de volgende lezing zou beginnen, probeerde ik ongemerkt weg te komen. Er ontstond echter een hele drukte van gretige jonge mannen die achter me aan kwamen en met mij op de foto wilden. Ik vond dat vleiend. We poseerden in de ingangshal voor het marmeren standbeeld van John Hunter – de legendarische chirurg, anatoom en lijkenrover. Op die specifieke plek voelde ik me nooit op mijn gemak. Het was daar waar ik verschillende keren te horen kreeg dat ik mijn examen niet had gehaald – wanneer mijn naam níét werd afgeroepen. Met vele anderen ging ik dan beschaamd weg.

Zelfs mijn uiteindelijke triomf was pijnlijk. Het was in de tijd dat ik mondelinge examens aflegde met een ernstige kaakfractuur, waardoor er niet veel uit mij kwam. Ik zat op een sombere wintermiddag in Cambridge op de eerstehulpafdeling van Addenbrooke's, onder de modder na een ongelukkige rugbytackle. Nog in mijn rugbykleren zat ik te wachten op de kaakchirurg toen een ambulance een jong slachtoffer van een motorongeluk binnenbracht, met een inwendige bloeding links in zijn borstkas die dodelijk kon aflopen. Er was geen tijd om de hartchirurgen van het

Papworth Hospital op te roepen, en het hoofd en de zuster van de eerstehulpafdeling, die beiden wisten dat ik in dat ziekenhuis gewerkt had, vroegen me om in te grijpen voordat het te laat zou zijn. Ik heb hem geopereerd met smerige kleren en modderige knieën, terwijl ik mijn eigen bloed uitspuwde in een bekken.

Dit bizarre verhaal deed snel de ronde, en onder mijn examinatoren waren ook chirurgen uit Cambridge. Misschien heeft dat zelfs een rol gespeeld. Maar mijn uiteindelijke succes heeft al die herinneringen niet uitgewist. Ik had een hekel aan die elitaire poppenkast met statig voortschrijdende examinatoren in zwierige, helderrode toga's – 'Flash Gordon-outfits' noem ik ze meestal. Het Royal College of Surgeons was nu een instelling geworden die stilzwijgend de 'name and shame'-cultuur steunde, die zich uitsprak voor de publieke bekendmaking van de sterftecijfers van met naam genoemde chirurgen, en die gedwee aan de leiband liep van politici die over de gezondheidszorg beslissen in plaats van op te komen voor de eigen leden.

Hoe alles was veranderd sinds mijn tijd... Het was afzien om zover te geraken, maar toen we eenmaal hartchirurgen waren, voelden we ons als reuzen – trots en onverzettelijk als kemphanen. De wereld was van ons, we hadden de top bereikt en iedereen had respect voor ons. De jonge beginnelingen van nu worden daarentegen onder de duim gehouden, zijn onderdanig, defensief en onzeker van zichzelf. De stemming in het Royal College was somber.

Een ernstige jongeman uit het Midden-Oosten wilde met me praten. Er liep een onderzoek tegen zijn ziekenhuis wegens ondermaatse resultaten, zijn mentoren – voor wie hij respect had – kregen veel kritiek te verduren in de kranten, en daarom vroeg hij zich af of hij wel zou moeten doorgaan. Was het de moeite waard, of zou hij het opgeven en teruggaan naar zijn familie? Ik vertelde hem dat ik ooit eens een zieke, blauwe baby had geopereerd in Iran, het kind van een politicus, langgeleden in de slechte tijd na de revolutie. Op dat moment, hoewel ik me echt zorgen maakte of mijn leven wel veilig was als het kind het niet zou halen, heb ik mijn nek uitgestoken, want voor de patiënt viel er niets meer te kiezen. Daarom was mijn eerste advies aan de jonge chirurg: 'We zijn er voor de patiënten, niet voor onszelf. Dat betekent dat we heel wat te verduren kunnen krijgen, maar we zullen er zelden spijt van hebben.'

We verlieten de sombere sfeer van dat historische gebouw, en liepen in de zon naar de Strand. Ik vroeg hem waarom hij voor hartchirurgie had gekozen, en hij vertelde me dat het was omdat zijn zuster overleden was als gevolg van een aangeboren hartkwaal. Hij wilde kinderen opereren, maar nu leek dit hem een 'brug te ver'.

Toen we langs het Savoy liepen, vertelde ik over mijn eigen achtergrond, over het verlies van mijn grootvader door hartfalen en mijn wens daar een oplossing voor te vinden. Als een achterbuurtkind uit Scunthorpe dat voor elkaar kon krijgen, dan kon hij dat ook. Ik vertelde hem over Winston Churchill, met wie ik vaak gesprekken voerde op het kerkhof van Bladon. In de donkerste dagen van de Tweede Wereldoorlog en tijdens zijn periodes van pessimisme heeft hij nooit opgegeven. Ikzelf heb ook niet opgegeven na het debacle van mijn eerste hartoperatie. Daarom luidde mijn tweede advies: 'Volg je ster. Doe het voor je zuster.'

We verlieten de Strand en kwamen langs Rules Restaurant in Covent Garden. Als arme student probeerde ik daar indruk te maken op mogelijke vriendinnetjes, en moest vervolgens de rest van de maand honger lijden. Ik vertelde hem dat hij niet bang moest zijn om risico's te nemen. Soms levert dat heel wat op. Na nog een paar honderd meter kwamen we bij de toegangspoort van het oude Charing Cross Hospital, mijn roemrijke medische opleiding, nu een politiebureau. Ik beschreef hem de etherkoepel en de operatie die me was blijven achtervolgen, een catastrofe die mijn leven een andere richting op had kunnen sturen. Maar dat was niet gebeurd. Het had me juist meer vastberaden gemaakt om door te gaan, tegen alle verwachtingen in. Daarom misschien nog iets voor hem om over na te denken: 'Het verleden is het verleden. Laat het achter je. Morgen, dat is belangrijk.'

De jonge man was dankbaar. Dat ik zoveel tijd had genomen om met hem te praten betekende veel voor hem. Misschien voelde hij zich zoals ik me in Amerika had gevoeld toen dokter Kirklin me adviseerde om de moeilijke weg te kiezen en kinderen te opereren, of toen dokter Cooley me voor het eerst een kunsthart liet zien. Toen hij terug naar de conferentie wilde, schudde hij me de hand. Aan zijn gezichtsuitdrukking kon ik afleiden dat hij verbaasd was dat mijn hand zo sterk misvormd was. Tot voor kort had het me niet gehinderd bij het opereren. Men had me al langgeleden aangeraden om mijn hand te laten opereren, maar dat advies had ik naast me neergelegd omdat ik vreesde dat die operatie het einde van mijn carrière zou betekenen. Nu was het te ver gevorderd. Ik kon de instrumenten niet meer vastgrijpen zonder er een paar te laten vallen, en ik kon geen handen meer schudden zonder dat mensen gingen denken dat ik lid was van een of ander geheim genootschap.

Op dat moment moest ik inzien dat ik niet meer kon opereren, die tijd was voorbij. Ik zou nooit meer een complexe operatie uitvoeren. In plaats daarvan zou ik me gaan richten op ons nieuwe stamcelonderzoek, en op het steunhart dat we aan het ontwikkelen waren – er was genoeg te doen, maar wel heel ander werk, onderzoek dat mogelijk miljoenen mensenlevens kon veranderen. Een paar weken later verdween ik stilletjes uit het ziekenhuis en liet mijn rechterhand opereren. Normaal gesproken zouden mijn collega's van de plastische chirurgie dit hebben gedaan met plaatselijke verdoving, maar ze wilden niet dat ik me met hun werk zou gaan bemoeien. Eerlijk gezegd was ik blij om onder narcose te worden gebracht, want ik kan er niet zo goed tegen om aan de andere kant te zitten. En voor mij was het niet zomaar een operatie. Het was het eind van een tijdperk.

Dankwoord

Mijn mentor in de Verenigde Staten was dokter John Kirklin, de grote man die het startschot gaf voor openhartchirurgie met de hart-longmachine. Tegen het eind van zijn uitmuntende carrière schreef hij:

> Na vele jaren hartchirurgie, met zoveel beproevingen en uitdagingen, en na zoveel doden die toen niet konden worden voorkomen, beginnen we langzamerhand een beetje moe te worden en, in zekere zin, oneindig verdrietig over de onvermijdelijkheden in het leven.

Ik schreef dit boek omdat ik op hetzelfde punt ben aangekomen in een carrière die samenvalt met de opkomst en de ondergang van de National Health Service. Vandaar dat mijn dankbetuigingen even vol zitten met emotie als de rest van de tekst.

Hartchirurgie was afwisselend een moeilijke weg en een eenzame bestemming. In de jaren zeventig en tachtig werkten we aan één stuk door. In de Verenigde Staten begon het om vijf uur 's ochtends met ronde lopen door de patiëntenafdeling, om zes uur de baas opzoeken, de hele dag opereren en 's avonds naar het laboratorium, vaak gevolgd door nachten waken naast een intensive-care-bed. In het Brompton Hospital of het Hammersmith Hospital in Londen was het niet veel anders.

In de vroege pioniersdagen was er enorm veel competitie en jonge hartchirurgen vormden de speerpunten van de medische wereld. Ik had geluk. Ik ben geslaagd omdat ik in het begin van mijn opleiding grote leermeesters heb gehad: Roy Calne, John Kirklin, Denton Cooley, Donald Ross, Bud Frazier en vele anderen. Ik begreep wat er nodig was om het specialisme vooruit te brengen. Wat mij betreft was dat niet-aflatende inspanning en buiten de geijkte denkkaders treden, en bovendien de nodige lef voor het bloederige werk.

Dit stond haaks op elk verlangen naar een normaal familieleven. Wij waren geen normale mensen. De meeste rationele jonge mannen zouden verlamd zijn door angst bij de gedachte om iemands borst open te snijden en vervolgens het hart stil te zetten, open te maken en te repareren. Maar dat is wat ik elke dag deed. We draaiden op testosteron en adrenaline. Slechts enkelen van ons zijn getrouwd gebleven in hun jonge jaren, en velen van ons hebben behoorlijk wroeging.

Ik heb altijd veel spijt gevoeld voor de ellende die ik mijn eerste vrouw Jane heb aangedaan, en ik ben haar eeuwig dankbaar voor mijn getalenteerde dochter Gemma, nu een in Cambridge opgeleide human-resourcesjurist. Ik heb talloze uren doorgebracht met kinderen van andere mensen proberen te redden, maar ik heb nooit voldoende tijd doorgebracht met die van mij. Met dit boek probeer ik uit te leggen wat me zo sterk in beslag nam. Het is ook een gelegenheid om te benadrukken dat er niets voor mij belangrijker was dan zij – en de rest van mijn kostbare familie. Het enige andere kind van mijn ouders, mijn broer David, ging naar dezelfde middelbare school in Scunthorpe als ik, maar ging daarna naar Cambridge. Hij studeerde geneeskunde aan Christ's College, en kwam me toen achterna naar Charing Cross. Hij is een eminent maag-darmspecialist geworden in Londen.

Het kon niet anders, maar mijn geliefde soulmate ontmoette ik op de eerstehulpafdeling, wij beiden gebogen over een geopende borstkas, volkomen vertwijfeld en onder het bloed. Sarah was de vriendelijkste eerstehulpzuster die ik ooit heb ontmoet. Ze was de dochter van een Spitfire-piloot die had gevochten in de Slag om Engeland, ze bleef altijd kalm en geen enkele inspanning was haar te veel. De patiënte ging dood, en toen ik het niet kon opbrengen om het de familie van de jongen te vertellen heeft zij dat gedaan. Ze deed hetzelfde voor anderen, keer op keer. Ze kwam uit Afrika, had een onafhankelijke geest en maakte geen enkel verschil tussen zwervers en politici – voor haar waren het allemaal waardevolle mensen die met respect behandeld moesten worden. Ik heb haar relatie kapotgemaakt en daar heeft ze veel onder geleden. Ze heeft me de afgelopen vijfendertig jaar haar onvoorwaardelijke liefde en onuitputtelijke steun geschonken, vooral in die moeilijke tijden. Mark kwam tien jaar na Gemma, hij is een sportman en avonturier die naar Zuid-Afrika is gegaan als wildopzichter.

Het was een hele strijd om het Oxford-programma op te bouwen. Het harde werk werd gedaan door een handvol toegewijde medewerkers, die het hartcentrum, dat begon met minder dan honderd operaties per jaar in 1986, hebben opgekrikt tot een instelling met meer dan 1600 operaties per jaar in 2000. Onze productiviteit ging gepaard met innovatie, en het team was goed voorzien van begaafde chirurgen en cardiologen, van behulpzame anesthesisten en perfusionisten en van uitmuntende verpleegkundigen – het zijn er te veel om op te noemen, maar ik ben ze allemaal zeer dankbaar.

We zouden er nooit in zijn geslaagd om het pediatrische hartprogramma en het kunsthartprogramma van de grond te krijgen zonder de steun van een geïnspireerde ziekenhuisdirecteur, Nigel Crisp, die later de gehele NHS heeft geleid en nu terecht een zetel bekleedt in de House of Lords. Het werk met kunstharten werd voornamelijk gefinancierd door liefdadigheidsfondsen. Sommige personen en organisaties waren wat dit betreft erg genereus. Hiertoe behoren Heart Research UK, Sir Kirby Laing, Jim Marshall van Marshall Amplifiers (met wie ik in contact kwam via mijn patiënt, de entertainer Frankie Vaughan), Christos Lazari en de TI Group, met dank aan Sir Christopher Lewinton en David Lillycrop. Ook wil ik hulde brengen aan professor Philip Poole-Wilson, voormalig voorzitter van de European Society of Cardiology, die ons enorm heeft geholpen met het Jarvik 2000-programma. Het is droevig dat Philip onverwachts is overleden, op weg naar zijn werk in het Royal Brompton Hospital.

Uiteindelijk, toen ik de laatst overgebleven kinderhartchirurg was, zijn we de afdeling pediatrische hartchirurgie kwijtgeraakt. Vervolgens moest ook mijn kunsthartonderzoek weg uit Oxford.

Mijn dank gaat uit naar mijn vriend, professor Marc Clement, hoofd van zowel het Institute of Life Sciences als de Business School van de University of Swansea, omdat hij ons een laboratorium en een ingenieursteam ter beschikking heeft gesteld. We hebben door serendipiteit kennisgemaakt, via mijn beroemde kunsthartpatiënt Peter Houghton, die zich, samen met Nicki King, onvermoeibaar aan fondsenwerving voor het onderzoek heeft ingezet. Onder de vlag Calon Cardio Technology beschikken we nu over een implanteerbaar Brits steunhart dat kan concurreren met de Amerikaanse pompen, die allemaal even duur zijn als een Ferrari! Stuart McConchie, voormalig directeur van HeartWareCompany en van Jarvik Heart, is ons hiermee komen helpen.

Door mijn relaties in Wales kwam ik in contact met Nobelprijswinnaar professor Sir Martin Evans van Cardiff University, die als eerste foetale stamcellen heeft geïsoleerd. Samen met zijn collega Ajan Reginald en het bedrijf Celixir heeft hij onderzoek gedaan naar specifieke hart-stamcellen in het kader van regeneratieve geneeskunde. Ons doel is om met pompen en stamcellen een blijvend alternatief te ontwikkelen voor harttransplantaties.

Hoewel ik een graad heb behaald in de biochemie en een doctorstitel heb in bio-engineering van mechanische harten ben ik een computeranalfabeet en een technofoob – ik ben niet in staat om de meest simpele reparatie aan mijn auto uit te voeren. Ik heb me altijd verlaten op goede, ouderwetse secretaresses. De afgelopen tien jaar heeft Sue Francis ervoor gezorgd dat ik het hoofd boven water heb kunnen houden. We waren allebei 's morgens voor half zeven op kantoor. Het raam van onze Portakabin-noodbehuizing keek uit op een rumoerige wirwar van buizen van de airconditioninginstallatie – net een apocalyptisch beeld uit Banksy's Dismaland. In de zomer vraten vliegende mieren gangen door het hout van de raamkozijnen, met als gevolg dat er in de winter koud regenwater doorheen sijpelde. Ik heb daar vele lange slapeloze nachten doorgebracht, in elkaar gekruld op een kleine sofa, bang om naar huis te gaan vanwege de precaire toestand van een patiënt. Behalve mijn patiënten hebben wereldberoemde mensen dat kantoor bezocht – Christiaan Barnard, Denton Cooley, Robert Jarvik, zelfs David Cameron, onze vorige premier. Allemaal waren ze stomverbaasd over de eenvoud van het hoofdkwartier van een hartchirurg van de NHS. Maar met z'n tweeën hebben Sue en ik daar grote dingen verwezenlijkt; ze nam werk mee naar huis en heeft zo honderden publicaties uitgetypt – en ook dit boek.

In dit verband wil ik John Harrison bedanken, die enkele van mijn chirurgische vakboeken heeft gepubliceerd. John stimuleerde me om voor het brede publiek te gaan schrijven en bracht me in contact met mijn literaire agent Julian Alexander, die dit boek mogelijk heeft gemaakt. Het was ook een plezier om te werken met experts als Jack Fogg, Emily Arbis, Mark Bolland en het uitgeversteam van HarperCollins. Ik wil ook graag mijn medische illustrator, collega en vriend Dee McLean bedanken voor haar prachtige illustraties.

Wat is er gebeurd met de hartchirurgie in het Verenigd Koninkrijk? Na verschillende ziekenhuisschandalen besloot de NHS de sterftecijfers van individuele chirurgen te publiceren. Nu is er niemand meer die hartchirurg wil worden: lange, vermoeiende operaties, angstige familieleden, nacht- en weekenddiensten. Het hele systeem zit vast in een absurdistische bureaucratie, en als beloning word je publiekelijk aan de schandpaal genageld wanneer je pech hebt gehad. Nu is al zestig procent van de kinderhartchirurgen in het Verenigde Koninkrijk afgestudeerd in het buitenland.

Uiteindelijk zijn mijn patiënten de sterpersonages van dit boek. Ik vrees echter dat slechts weinige van de dramatische gevallen nog een operatiekamer zouden bereiken in het huidige Verenigd Koninkrijk. Per slot van rekening is het onwaarschijnlijk dat een beroep dat zo verbonden is met de dood, goed zal gedijen – afgezien van dat van begrafenisondernemers en militairen. Dokter Kirklin heeft dit vaak benadrukt: dood is onvermijdelijk bij hartchirurgie. Wanneer een chirurg zijn best blijft doen om naar vermogen zo veel mogelijk patiënten te helpen, zullen sommigen van hen nog altijd sterven. Maar we zouden niet langer genoegen moeten nemen met ondermaatse faciliteiten, teams en uitrusting. De komiek Hugh Dennis kenmerkt zich niet door grote empathie. In het satirische BBC-programma *Mock the Week* kwam hij met hij een versje – een alternatieve interpretatie van dokter Kirklins uitspraak:

> Roses are red, Violets are blue.
> Sorry you're dead, What can I do?

> Rozen zijn rood, viooltjes blauw.
> Tja, je bent dood, Wat doen we nou?

Het antwoord? Begraaf die 'blame and shame'-cultuur en geef ons de middelen om ons werk te doen!

Dank van de vertaler

Voor het vertalen van een aantal medische begrippen en het begrijpen van chirurgische handelingen heeft prof. dr. Olaf Penn, emeritus hoogleraar Cardiothoracale Chirurgie, Universiteit Maastricht, me bereidwillig zijn hulp gegeven – waarvoor mijn hartelijke dank. Eventuele vertaalfouten komen echter volledig voor rekening van de vertaler.

Ook wil ik drs. Geke van de Kamp hartelijk bedanken voor haar deskundige adviezen bij het omzetten van vakjargon naar gewone taal.

Woordenlijst

aangeboren hartafwijking
Een misvorming van het hart die bij de geboorte al aanwezig is, bijvoorbeeld atriumseptumdefect, ventrikelseptumdefect, dextrocardie.

AB-180-steunhart
Een centrifugaalpomp om de bloedsomloop tijdelijk in stand te houden. Oorspronkelijk werd deze in de borstkas ingeplant. Tegenwoordig bekend onder de naam Tandem Heart, een uitwendige bloedpomp die wordt toegepast bij cardiogene shock (plotselinge afname van de hartfunctie).

acuut reuma
Auto-immuunziekte waarbij een streptokokkeninfectie een triggerrol kan spelen en die hartkleppen en gewrichten aantast. Zeer algemene oorzaak van hartklepaandoeningen in het pre-antibioticumtijdperk.

aders (synoniem: venen)
Bloedvaten waardoor bloed van elders in het lichaam terugstroomt naar het hart. Aders transporteren zuurstofarm bloed, met uitzondering van de longader (*vena pulmonalis*), die zuurstofrijk bloed van de longen naar het hart terugvoert.

ALCAPA (Anomalous Left Coronary Artery from the Pulmonary Artery)
In het Nederlands omschrijft men deze zeldzame, aangeboren afwijking als 'aberrante oorsprong van de linkerkransslagader uit de longslagader'. ALCAPA manifesteert zich pas na de geboorte, wanneer de longen van de baby zich hebben ontvouwd en de baby niet meer aangesloten is op de bloedsomloop van de moeder. Normaal komen beide kransslagaders van de aorta en voorzien ze het hart met zuurstofrijk bloed. Bij ALCAPA komt een van de kransslagaders echter van de longslagader, en omdat deze een lage druk en zuurstofarm bloed heeft, krijgt het babyhart te weinig zuurstof en wordt het onvoldoende doorbloed.

angina pectoris
Drukkende pijn op de borst en in linkerarm en hals, veroorzaakt doordat de hartspier niet voldoende zuurstofrijk bloed toegevoerd krijgt, meestal door vernauwing van de kransslagaders. Manifesteert zich bij lichamelijke inspanning. Indien de pijn in rust voorkomt, kan dat een waarschuwing zijn voor een naderende hartaanval.

angiogram
Cardiologisch onderzoek waarbij een lange katheter via de bloedvaten naar het hart wordt geleid. Hiermee kan de bloeddruk in de hartkamers worden gemeten en contrastvloeistof worden geïnjecteerd om de kransslagaders of de aorta goed zichtbaar te maken op röntgenfoto's.

aorta (synoniem: grote lichaamsslagader)
Grote, dikwandige slagader die uit het linkerventrikel ontspruit en vervolgens vertakt, en het gehele lichaam van bloed voorziet. De eerste, kleine aftakkingen zijn de twee kransslagaders die het hart zelf van bloed voorzien. Dit eerste stuk van de aorta, tussen linkerventrikel en aortaboog, wordt de stijgende aorta genoemd (*aorta ascendens*). De aortaboog (*arcus aortae*) heeft drie aftakkingen: een naar elke arm en een naar het hoofd. Dan zet de aorta zich voort in neerwaartse richting: de dalende aorta (*aorta descen-*

dens), met talrijke aftakkingen. Deze voorzien de rest van het lichaam van bloed. Uiteindelijk, onder in de buik, splitst de dalende aorta zich in de twee beenslagaders.

aortastenose
Vernauwing van de aortaklep, de uitstroomopening van het linkerventrikel. Dit belemmert de bloedsomloop door het gehele lichaam. Het kan een aangeboren afwijking zijn, of een degeneratieverschijnsel op late leeftijd.

apex
De onderste punt van het hart. Zie: hart.

arteria basilaris
Een belangrijke slagader in de hersenen, die de hersenen van bloed voorziet.

asystolie
Het ontbreken van elektrische activiteit van het hart, waardoor het hart stilstaat en dus niet meer klopt. Op de monitor ziet men dan een rechte horizontale streep.

ballonpomp (volledig: intra-aortale ballonpomp, IABP)
Een lange, worstvormige ballon die in de aorta wordt ingebracht. Wanneer deze met lucht wordt gevuld tijdens de diastole en weer geleegd wordt tijdens de systole, vermindert dat de weerstand die het linkerventrikel moet overwinnen bij het pompen. De ballonpomp wordt gebruikt om het linkerventrikel te ondersteunen wanneer dat is verzwakt. Het apparaat is ineffectief bij shock wanneer de bloeddruk te laag is of het bloedvolume te klein.

bloeddruk
De druk in de grote slagaders. Wordt meestal gemeten met behulp van een manchet en een stethoscoop, of met een canule die in een slagader is ingebracht. Een normale bloeddruk is ongeveer 120/80 mm Hg. Het hogere cijfer (de bovendruk) is de druk bij de contrac-

tie van het linkerventrikel, het lagere cijfer (de onderdruk) is de druk bij ontspanning van het linkerventrikel. Een te hoge bloeddruk (hypertensie) kan hartfalen of een beroerte veroorzaken. Een te lage bloeddruk (hypotensie) kan resulteren in shock, die onmiddellijk behandeld moet worden. De nieren stoppen dan met de productie van urine.

bougie
Flexibele buis van kunststof of rubber die meestal wordt gebruikt om de slokdarm of de luchtpijp te dilateren, bijvoorbeeld om het inbrengen van een endoscoop mogelijk te maken.

bypassoperatie (synoniemen: overbruggingsoperatie; omleidingsoperatie)
Een chirurgische ingreep waarmee vernauwingen van de kransslagaders van het hart worden verholpen. Dit gebeurt door nieuwe vaatverbindingen te maken rondom het hart, zodat de bloedvoorziening van de hartspier behouden blijft. Hiervoor kan worden gebruikgemaakt van transplantatie van lichaamseigen stukken bloedvat van de patiënt zelf.

canule
Een plastic buis ingebracht in het hart of een bloedvat om bloed of vloeistof te laten passeren.

capillairen (synoniem: haarvaten)
Microscopisch fijne bloedvaatjes, waarvan er miljoenen zijn in het lichaam. Hun diameter is ongeveer gelijk aan de doorsnede van een enkele bloedcel. Via de capillairen vindt de uitwisseling plaats van voedingsstoffen, zuurstof, kooldioxide en stofwisselingsproducten tussen weefsels en bloed.

cardiomyopathie
Aandoening van de hartspier. Er zijn verschillende oorzaken die onmogelijk te achterhalen zijn; men spreekt dan van idiopathische cardiomyopathie. Dilaterende cardiomyopathie wordt geken-

merkt door een gedilateerd (verwijd) linkerventrikel, dat slecht contraheert. Cardiomyopathie kan spontaan optreden in alle leeftijdsgroepen – na zwangerschap of als gevolg van vergiftiging door alcohol of andere toxische stoffen – en veroorzaakt chronisch hartfalen.

cardioplegische vloeistof (of: cardioplegische oplossing)
Een koude (4 °C), heldere of bloed bevattende oplossing die in de kransslagaders wordt ingebracht om het hart stop te zetten, slap te maken en te beschermen tijdens de operatie met de hart-longmachine. Meestal een hoge concentratie kalium bevattend. Wanneer de operatie klaar is, wordt het hart gereanimeerd door de normale bloedtoevoer naar de kransslagaders te herstellen.

CentriMag-steunhart
Uitwendig steunhart, een centrifugaalpomp met magnetische ophanging van de turbine. Wordt veel gebruikt voor tijdelijke ondersteuning van de bloedsomloop. Nu verkocht door Thoratec voor toepassing bij cardiogene shock.

chronisch hartfalen
Een aandoening waarbij de pompwerking van het linkerventrikel langzaam maar geleidelijk achteruitgaat. Er zijn verschillende oorzaken, maar meestal betreft het een ziekte van de kransslagaders. Het veroorzaakt ernstige kortademigheid en vermoeidheid. Meestal fataal binnen een termijn van twee jaar.

CT-scan (synoniem: computertomografie, afgekort: CAT)
Driedimensionale beeldvormingstechniek van borstkas en hart, gebaseerd op röntgenstraling. Toediening van contrastvloeistof maakt het mogelijk de kransslagaders nauwkeurig zichtbaar te maken.

denervatie (synoniem: enervatie)
Verbreking van zenuwverbinding.

dialyse
De uitwisseling van in water opgeloste stoffen door een semipermeabel membraan. Met dialyse wordt in medische context nierdialyse (synoniem: hemodialyse) bedoeld, een techniek toegepast bij falende nierfunctie.

diastole
De fase van de hartcyclus waarin de ventrikels zich ontspannen en weer volzuigen met bloed.

diathermie
Zie: elektrocauterisatie.

diuretia
Medicijnen die de afgifte van water door de nieren bevorderen. Het gevolg hiervan is een verhoogde urineproductie, daarom worden deze medicijnen vaak plaspillen genoemd.

ECG (elektrocardiogram; synoniem: hartfilmpje)
De registratie van de elektrische activiteit van de hartspier met behulp van een elektrocardiograaf.

echocardiogram
Een onderzoeksmethode waarbij door middel van gebruik van geluid met een zeer hoge frequentie de anatomie en de werking van de hartkamers zichtbaar kunnen worden gemaakt.

elektrocauterisatie
Chirurgische techniek om door weefsels te snijden en tevens bloedingen te stelpen. Bloedende vaten worden daarbij dichtgeschroeid. Hiervoor worden speciale instrumenten gebruikt die een elektrisch veld creëren. Door het principe van diathermie wordt de elektrische stroom omgezet in warmte. Vaak worden de termen 'diathermie' en 'elektrocauterisatie' als synoniemen gebruikt.

endocarditis
Bacteriële infectie die hartkleppen kan vernietigen.

extracorporele membraanoxygenatie (ECMO)
Procedure om bij acuut hartfalen of ernstig longfalen hart en longen langdurig te ondersteunen. Het bloed van de patiënt wordt (meestal via canules in de bloedvaten van het been) omgeleid naar een ECMO-machine buiten het lichaam, waar het van zuurstof wordt voorzien. Meestal gebruikt als overbrugging van de wachttijd voorafgaand aan de implantatie van een kunsthart of van een transplantatie.

fibrilleren
Snelle, onregelmatige contracties van de hartspier. Men onderscheidt twee typen van hartfibrilleren: ventrikelfibrilleren en atriumfibrilleren.
Ventrikelfibrilleren (synoniem: kamerfibrilleren) is een levensbedreigende toestand waarbij de spiervezels van de ventrikels ongecoördineerd samentrekken, zodat de pompfunctie van het hart ophoudt. Hierdoor verliest de patiënt binnen enkele seconden het bewustzijn en zal er, als er niet meteen wordt ingegrepen, binnen circa vijf minuten onherstelbare hersenbeschadiging optreden. De enige remedie is de toediening van een elektrische schok aan het hart: defibrillatie. Hiervoor bestaan apparaten die defibrillators heten.
Atriumfibrilleren (synoniemen: boezem- en voorkamerfibrilleren) is een hartritmestoornis waarbij de atria van het hart niet meer normaal maar veel te snel en onregelmatig samentrekken. Dit is niet acuut levensbedreigend.

fibrine
Een opgelost eiwit in het bloed dat een belangrijke rol speelt bij de bloedstolling, en bijgevolg bij het stelpen van bloedingen.

hart
Het hart is in vier afzonderlijke, door hartkleppen gescheiden holtes onderverdeeld: het linker- en rechteratrium, en het linker- en

rechterventrikel. In wezen zijn dat twee gecoördineerd werkende pompen die de bloedsomloop (synoniem: bloedcirculatie) op gang houden. De bloedsomloop bestaat uit de afzonderlijke, maar in serie geschakelde long- en lichaamscirculatie.
Het hart is asymmetrisch van vorm en ligt in de borstholte (synoniem: thoraxholte) onder het borstbeen, tussen de longen. De vorm is die van een kegel, met de basis aan de bovenkant en de punt – de apex – onderaan. Het hart beschikt over een eigen prikkelsysteem met een autonoom stimulatiecentrum (de sinusknoop), dat zich in de wand van het rechteratrium bevindt.

hartfalen
Het hart is niet meer in staat om een normale bloedsomloop in stand te houden, waardoor het lichaam onvoldoende bloed toegevoerd krijgt. De longen vullen zich in dat geval met vocht. De oorzaak is meestal een hartinfarct of een virale hartinfectie (virale myocarditis). Het is meestal het linkerventrikel dat faalt. Acuut hartfalen is in de meeste gevallen dodelijk.

hartinfarct (synoniem: hartaanval)
Het afsterven van een deel van de hartspier door onderbreking van de bloedtoevoer ervan via de kransslagaderen. Dood spierweefsel wordt vervangen door littekenweefsel.

hartkatheterisatie
Een lange, dunne katheter wordt via de lies of de pols tot in het hart of de kransslagaders ingebracht. Vervolgens wordt snel contrastvloeistof geïnjecteerd om de inwendige anatomie van het hart of de bloedvaten zichtbaar te maken. De katheter wordt ook gebruikt om de druk in de hartkamers te meten.

hartklepvervanging
Operatieve verwijdering van een zieke of misvormde hartklep, gevolgd door plaatsing van een kunstklep (klepprothese). Er bestaan biologische kunstkleppen, bijvoorbeeld varkenskleppen, en mechanische kleppen, van kunststof en/of metaal.

hart-longmachine
Apparatuur die er bij hartoperaties, waarbij het hart en de longen worden stilgezet, voor zorgt dat het bloed blijft stromen en van zuurstof wordt voorzien. Het bloed van de patiënt wordt daarvoor buiten het lichaam omgeleid naar de hart-longmachine en passeert niet meer door eigen hart en longen. Een hart-longmachine bestaat uit een mechanische bloedpomp en een complex gaswisselingsmechanisme (de kunstlong) om het bloed gedurende een beperkte tijd (enkele uren lang) van zuurstof te voorzien (te oxygeneren).

hartoor
Aanhangsels aan elk atrium van het hart. Ze worden het linker- en het rechterhartoor genoemd.

harttamponnade
Een aandoening die ontstaat doordat zich bloed of vocht ophoopt in het hartzakje rondom het hart, wat druk uitoefent, waardoor het hart zich niet meer goed kan vullen.

harttransplantatie
Het doodzieke hart van de patiënt wordt verwijderd en vervangen door een donorhart (van een hersendode donor).

HeartMate
Type kunsthart, ontwikkeld door Thoratec. Werd in de jaren negentig vaak gebruikt als overbrugging naar transplantatie. Het is een pulserende pomp (in tegenstelling tot modernere continue pompen) die in het lichaam werd ingeplant. Het was het eerste kunsthart dat voor onbepaalde tijd werd ingeplant. Inmiddels geldt het als verouderd; Thoratec ontwikkelde later nieuwe, permanente kunstharten.

hartzakje (synoniem: pericard)
Zak van stevig, vezelig bindweefsel dat het hart omgeeft. Het kan worden gebruikt als materiaal om gaten in het hart af te dichten. Hartzakjes van kalveren worden gebruikt om biomechanische kunstkleppen te vervaardigen.

idiopathisch
Zonder aanwijsbare oorzaak.

immunosuppressie
Onderdrukking van het afweersysteem van het lichaam met medicijnen die immunosuppressiva worden genoemd. Immunosuppressiva worden onder meer gebruikt bij orgaantransplantaties, bijvoorbeeld hart- of niertransplantaties, waarbij de natuurlijke afweer tegen een lichaamsvreemd weefsel ongewenst is.
Het nadeel is dat door het afremmen van het afweersysteem met immunosuppressiva het risico op infectieziekten wordt vergroot. Bij sterke immunosuppressiva worden patiënten meer vatbaar voor infecties door micro-organismen die normaal onschadelijk zijn, zoals schimmels.

ischemische hartklachten
Hartklachten doordat de bloedtoevoer naar de hartspier onvoldoende is, meestal als gevolg van vernauwingen of verstoppingen van de kransslagaders. Het meest voorkomende symptoom is een zwaar drukkend gevoel op de borst. Ischemische klachten kunnen voorafgaan aan een hartinfarct.

Jarvik 2000
Type kunsthart. Een duimgrote bloedpomp die voor een onbepaalde (langere) tijdsduur in het falende hart wordt ingeplant. De langst gerealiseerde implantatieperiode is meer dan acht jaar. Een praktische, kant-en-klare oplossing voor ernstig hartfalen.

kransslagaderen
De twee uit de aorta ontspringende slagaders die de hartspier van bloed voorzien. De linkerkransslagader splitst zich na de hoofdstam in twee takken, de *ramus interventricularis anterior* en de *ramus circumflexus*, de rechterkransslagader wordt de *arteria coronaria dextra* genoemd. Een kransslagader kan vernauwd of verstopt raken, bijvoorbeeld door aderverkalking (synoniemen:

atheromatose of atherosclerose), waardoor pijn op de borst optreedt (angina pectoris) in het geval van vernauwing, of een hartinfarct bij verstopping.

linkeratrium (synoniemen: linkerboezem; linkervoorkamer)
Verzamelkamer voor het bloed dat van de longen terugkeert naar het hart. Via de mitralisklep komt dit bloed in het linkerventrikel terecht, dat bij systole het bloed de aorta in stuwt, naar het gehele lichaam. Zie ook: rechteratrium.

linkerventrikel (synoniem: linkerhartkamer)
Krachtige, dikwandige conische pompkamer die het bloed via de aortaklep het lichaam in pompt. Zie ook: rechterventrikel.

longaders (synoniem: longvenen)
De vier aders die zuurstofrijk bloed vanuit de longen naar het linkeratrium vervoeren.

longoedeem
Ook aangeduid als 'vocht in de longen'. Ophoping van (schuimachtig en bloederig) vocht in de longen; treedt (onder andere) op als het linkerventrikel faalt.

longslagader
Wijd, relatief dunwandig bloedvat dat bloed vanuit het rechterventrikel naar de longen vervoert. Het splitst zich in de rechter- en de linkerlongslagader. In tegenstelling tot andere slagaders is het bloed in de longslagaders zuurstofarm; het heeft tijdens de circulatie door het lichaam de meeste zuurstof afgegeven.

lymfocyten
Witte bloedcellen. Er zijn verschillende typen lymfocyten; ze spelen allemaal een belangrijke rol in het immuunsysteem.

metabolisme, verstoring van
Als gevolg van slechte weefseldoorbloeding sluiten de slagaders

naar de spieren zich, en de weefsels gaan melkzuur en andere toxische stoffen afscheiden, die in de bloedbaan terechtkomen.

mitralisstenose
Vernauwing van de mitralisklep tussen het linkeratrium en het linkerventrikel, veroorzaakt door acuut reuma. De bloedstroom via de klep is belemmerd, waardoor kortademigheid en chronische vermoeidheid ontstaat.

MRI (magnetic resonance imaging)
Een vorm van medische beeldvorming zonder gebruikmaking van röntgenstralen. In België wordt het vaak NMR genoemd, de afkorting van nuclear magnetic resonance (kernspinresonantie).

myocarditis
Virusinfectie van de hartspier, waardoor het hart gaat falen.

myxoma cordis
De meest voorkomende van de harttumoren (maar harttumoren zijn zeer zeldzaam).

myxosarcoma
Een type harttumor – zeldzaam, maar zeer kwaadaardig.

necrotisch
Necrotische weefsels of cellen zijn dood. Meestal hebben ze dan een zwarte kleur. Oorzaken zijn onder meer ontoereikende bloedvoorziening en verbranding.

NHS (National Health Service; vertaald: Nationale Gezondheidsdienst)
Het openbare gezondheidszorgstelsel van het Verenigd Koninkrijk.

overbrugging naar herstel (Engels: bridge to recovery)
Procedure waarbij een kunsthart of steunhart wordt toegepast om de bloedsomloop te onderhouden terwijl het hart niet werkt van-

wege een aandoening van voorbijgaande aard. Wanneer het hart zich niet herstelt kan de tijdelijke steunpomp worden vervangen door een permanent geïmplanteerd kunsthart.

overbrugging naar transplantatie (Engels: bridge to transplant)
Procedure waarbij een kunsthart of steunhart wordt gebruikt om dood door hartfalen te voorkomen totdat er een donorhart beschikbaar is voor transplantatie. Tijdens de transplantatie worden het falende hart en het tijdelijke kunsthart verwijderd.

perfusionist (ook: klinisch perfusionist)
Technicus die de hart-longmachine en steunharten beheert.

perifere bloedvaten
De bloedvaten (slagaders en/of aders) in de ledematen.

rabdomyoom
Een goedaardige tumor van spierweefsel. Ontstaat vaak op kinderleeftijd of in de vroege jeugd.

rechteratrium (synoniemen: rechterboezem; rechtervoorkamer)
Verzamelkamer voor het bloed dat van het lichaam, via de aderen, terugkeert naar het hart. Het bloed gaat dan via de tricuspidalisklep naar het rechterventrikel. Zie ook: linkeratrium.

rechterventrikel (synoniem: rechterhartkamer)
Halvemaanvormige pompkamer die het bloed via de pulmonalisklep naar de longen pompt. Zie ook: linkerventrikel.

re-perfusie
Het proces waarbij de chirurg het bloed weer in de kransslagaderen laat stromen, na beëindiging van het stilleggen van het hart met cardioplegische vloeistof voor een hartoperatie. Het hart wordt vervolgens gereanimeerd en gaat weer kloppen.

shock
Acute, levensbedreigende toestand waarbij het hart niet in staat is om voldoende bloed en zuurstof naar de weefsels te pompen. Cardiogene shock is het gevolg van een hartaanval. Hypovolemische shock is het gevolg van plotseling bloedverlies door een hevige inwendige of uitwendige bloeding.

slagaders (synoniem: arteries)
Bloedvaten waardoor bloed van het hart naar de organen en de spieren van het lichaam stroomt.

stent
Een buisje van metaal of kunststof dat in een bloedvat of een ander kanaal in het lichaam van een patiënt wordt ingebracht om dit bloedvat of kanaal open te houden.

sternocleidomastoïdeus (*musculus sternocleidomastoideus)*
Tweekoppige spier in het halsgebied, met aan de ene kant aanhechtingen aan borstbeen en sleutelbeen, en aan de andere kant aan de schedel, aan de *processus mastoideus* en de *linea nuchea superior* op de schedel. De spier is van buitenaf goed zichtbaar en speelt een rol bij hoofdbewegingen.

steunhart (Engels: left ventricular assist device – LVAD)
Een mechanische pomp die de pompfunctie van het linkerventrikel ondersteunt of overneemt. Terwijl een donorhart of een kunsthart het eigen hart volledig vervangt, is het kenmerkende van een steunhart dat het eigen hart wordt ondersteund en zo veel mogelijk – of zo lang mogelijk – zelf blijft werken.

systole
De fase van de hartcyclus waarbij de ventrikels contraheren en zo bloed het hart uit pompen.

thoracotomie
Chirurgische ingreep waarbij de borstkas wordt geopend om de

organen en structuren in de borst (bijvoorbeeld hart, longen, slokdarm, aorta) te bereiken. Om in de thorax te komen moeten verschillende spieren van de borstkas worden doorsneden en vaak worden ook botstructuren, met name het borstbeen, doorgezaagd.

tracheotomie (synoniem: luchtpijpsnede)
Het chirurgisch plaatsen van een buisje (een tracheacanule) in de luchtpijp, via een snede in de hals. De ingreep wordt gedaan om de persoon te laten ademhalen wanneer dit niet gaat via de mond en de neus.

transducer (synoniemen: transducent; probe)
Toestel gebruikt bij echografie. Het ultrasone geluid dat voor medische echografie wordt gebruikt wordt in het lichaam gebracht vanuit een zogenoemde transducer, die tegen de huid wordt gehouden, waarbij een laag gel nodig is tussen de huid en het apparaat.

tricuspidalisklep
Hartklep tussen het rechteratrium en het rechterventrikel. Als deze zich sluit kan er geen bloed uit het rechteratrium terugstromen naar het rechterventrikel. De klep heeft drie slippen.

vena cava (synoniem: holle ader)
De twee holle aders – de onderste en de bovenste – zijn de grootste aders van het lichaam en monden beide afzonderlijk in het rechteatrium uit. De bovenste holle ader voert zuurstofarm bloed aan uit het bovenste gedeelte (hoofd, armen), en de onderste holle ader uit het onderste gedeelte van het lichaam (borst, buik, benen).

venen (synoniem: aders)
Dunwandige bloedvaten (in vergelijking met slagaders) die bloed vanuit het lichaam terug naar het hart leiden.

ventrikelseptum (synoniemen: kamertussenschot; interventriculair septum)
De stevige wand tussen het linker- en het rechterventrikel.

zuurstofarm bloed

Blauwachtig bloed dat de weefsels verlaat en teruggaat naar het hart. Het transporteert weinig zuurstof, maar wel kooldioxide dat via de longen wordt uitgeademd.

zuurstofrijk bloed

Helderrood bloed verzadigd met zuurstof dat door het linkerventrikel naar het lichaam wordt gepompt.